中国法院 2025 年度案例

国家法官学院　最高人民法院司法案例研究院 / 编

公司纠纷

中国法治出版社
CHINA LEGAL PUBLISHING HOUSE

《中国法院2025年度案例》通讯编辑名单

刘晓虹	北京市高级人民法院
王　凯	北京市高级人民法院
张　荷	天津市高级人民法院
徐翠翠	河北省高级人民法院
崔铮亮	山西省高级人民法院
杨钰奇	内蒙古自治区高级人民法院
张　健	辽宁省高级人民法院
苏　浩	吉林省高级人民法院
桑　松	黑龙江省高级人民法院
张　蕾	上海市高级人民法院
左一凡	江苏省高级人民法院
冯禹源	江苏省南通市中级人民法院
宋婉龄	江苏省无锡市中级人民法院
李　波	浙江省高级人民法院
刘伟玲	安徽省高级人民法院
林冬颖	福建省高级人民法院
杨云欣	江西省高级人民法院
李璐璐	山东省高级人民法院
卓峻帆	河南省高级人民法院
吴　杨	湖北省高级人民法院
唐　竞	湖南省高级人民法院
邵静红	广东省高级人民法院
邹尚忠	广西壮族自治区高级人民法院
韦丹萍	广西壮族自治区高级人民法院
黄文楠	海南省高级人民法院
吴　小	重庆市高级人民法院
任　梦	四川省高级人民法院
颜　源	贵州省高级人民法院
戚　雷	贵州省贵阳市中级人民法院
李丽玲	云南省高级人民法院
赵鸿章	云南省昆明市中级人民法院
索朗达杰	西藏自治区高级人民法院
郑亚非	陕西省高级人民法院
吴　莹	甘肃省高级人民法院
王　晶	青海省高级人民法院
马博文	宁夏回族自治区高级人民法院
石孝能	新疆维吾尔自治区高级人民法院
李　冰	新疆维吾尔自治区高级人民法院生产建设兵团分院

序

为深入学习贯彻习近平法治思想，落实习近平总书记“一个案例胜过一打文件”的重要指示精神，人民法院始终把完善中国特色案例制度，加强以案释法作为推进全面依法治国、支撑和服务中国式现代化的重要途径。人民法院案例库向社会开放一年多来，最高人民法院始终坚持高标准建设，实现入库案例对常见案由和罪名全覆盖，对于促进法律适用统一，实现严格公正司法发挥了重要作用。

“中国法院年度案例系列”丛书以及时记录人民法院司法审判工作新发展、新成就为己任，通过总结提炼典型案例的裁判规则、裁判方法和裁判理念，发挥案例鲜活生动、针对性强的优势，以案释法，以点带面，有针对性地阐释法律条文和立法精神，促进社会公众通过案例更加方便地学习法律，领悟法治精神，体现司法规范、指导、评价、引领的重要作用，大力弘扬社会主义核心价值观，积极服务人民法院案例库建设，加强对案例库案例的研究，促进统一法律适用，提升审判质效，丰富实践法学研究，增强全民法治意识和法治素养，展现新时代我国法治建设新成就。

“中国法院年度案例系列”丛书自2012年编辑出版以来，已连续出版13年，受到读者广泛好评。为更加全面地反映我国司法审判执行工作的发展进程，顺应审判执行实践需要，响应读者需求，丛书于2014年度新增金融纠纷、行政纠纷、刑事案例3个分册，2015年度将刑事案例调整为刑法总则案例、刑法分则案例2个分册，2016年度新增知识产权纠纷分册，2017年度新增执行案例分册，2018年度将刑事案例扩充为4个分册，2022年度将土地纠纷（含林地纠纷）分册改为土地纠纷（含环境资源纠纷）分册。自2020年起，丛书由国家法官学院与最高人民法院司法案例研究院共同编辑，每年年初定期出版。在全国各级人民法院的大力支持下，丛书编委会现编辑出版《中国法院2025年度案例系列》丛书，共 23 册。

“中国法院年度案例系列”丛书以开放务实的态度、简洁明快的风格，在编辑过程中坚持以下方法，努力让案例书籍“好读有用”：一是高度提炼案例内容，控制案例篇幅，每个案例字数基本在 3000 字左右；二是突出争议焦点，力求在有限的篇幅内为读者提供更多有效信息，便于读者快速抓取案例要点；三是注重释法说理，案例由法官撰写“法官后语”，高度提炼、总结案例的指导价值，引发读者思考，为司法审判提供借鉴，为法学研究提供启迪。

“中国法院年度案例系列”丛书编辑工作坚持以下原则：一是以研究案例库案例为首要任务。自 2024 年起，“中国法院年度案例系列”丛书优先选用人民法院案例库案例作为研究对象，力求对案例库案例裁判要旨的基本内涵、价值导向、法理基础、适用要点等进行深入分析，增强丛书的权威性、参考性。二是广泛选编案例。国家法官学院和最高人民法院司法案例研究院每年通过各高级人民法院从辖区法院汇集上一年度审结的典型案例近万件，使丛书有广泛的精选基础，通过优中选优，可提供给读者新近发生的多种类型的典型、疑难案例。三是方便读者检索。丛书坚持以读者为本，做到分卷细化，每卷案例主要根据案由或罪名分类编排，每个案例用一句话概括裁判要旨或焦点问题作为主标题，让读者一目了然，迅速找到目标案例。

中国法治出版社始终全力支持“中国法院年度案例系列”丛书的出版，给了编者们巨大的鼓励。2025 年，丛书将继续提供数据库增值服务。购买本系列丛书，扫描腰封二维码，即可在本年度免费查阅往年同类案例数据库。我们在此谨表谢忱，并希望通过共同努力，逐步完善，做得更好，探索出一条充分挖掘好、宣传好人民法院案例库案例和其他典型案例价值的新路，为广大法律工作者和社会公众提供权威、鲜活、精准的办案参考、研究素材，更好地服务司法审判实践、服务法学教育研究、服务法治中国建设。

“中国法院年度案例系列”丛书既是法官、检察官、律师等法律工作者的办案参考和司法人员培训辅助教材，也是社会大众学法用法的经典案例读本，同时为教学科研机构开展案例研究提供了良好的系列素材。当然，编者们在编写过程中也难以一步到位实现目标愿景，客观上会存在各种不足甚至错误，欢迎读者批评指正。我们诚心听取各方建议，立足提质增效，不断拓宽司法案例研究领域，创新司法案例研究方法，助推实现中国特色司法案例研究事业的高质量发展。

国家法官学院　最高人民法院司法案例研究院

2025 年 3 月

目　录

Contents

一、股东资格确认纠纷

二、请求变更公司登记纠纷

三、股东出资纠纷

四、股东知情权纠纷

五、股权转让纠纷

六、公司决议纠纷

七、损害公司利益责任纠纷

八、损害公司债权人利益责任纠纷

九、公司解散、清算责任和破产纠纷

十、其他

一、股东资格确认纠纷

1

不能仅凭股权证认定出资人取得股东资格

——蒋某诉某经贸公司与公司有关的纠纷案

【案件基本信息】

1. 裁判书字号

新疆维吾尔自治区乌鲁木齐市中级人民法院（2022）新01民终3308号民事判决书

2. 案由：与公司有关的纠纷

3. 当事人

原告（被上诉人）：蒋某

被告（上诉人）：某经贸公司

【基本案情】

2005年5月13日，某经贸公司向蒋某出具收据一份，载明收到蒋某交来股金10000元，某经贸公司加盖财务章予以确认。2005年6月28日，某经贸公司向蒋某签发股权证，股权比例为0.833‰，签发人王某。某经贸公司成立于2004年3月19日，注册资本700万元，股东出资情况如下：杨某出资70万元，占股10%；胡某出资105万元，占股15%；金某出资140万元，占股20%；王某出资385万元，占股55%。2011年5月13日，某经贸公司申请股权变更登记，变更后为：杨某出资70万元，占股10%；胡某出资105万元，占股15%；新疆某厂出资140万元，占股20%；王某出资385万元，占股55%。2015年5月17日，某经贸公司申请股权变更登记，变更后为：杨某出资70万元，占股10%；胡某出资105万元，占股15%；王某出资525万元，占股75%。

蒋某主张与某经贸公司存在股权认购关系，并向该公司支付了10000元，但是其并未记载于股东名册或公司章程之中，亦未实际参与公司经营管理、分红等。故诉至法院，要求判令某经贸公司退还投资款10000元。某经贸公司认为，公司已经向蒋某发放股权证，虽然对外蒋某并非某经贸公司的股东，但对内某经贸公司认可其系公司股东，故不同意返还款项。

【案件焦点】

能否依据股权证认定出资人取得股东资格。

【法院裁判要旨】①

新疆维吾尔自治区乌鲁木齐市沙依巴克区人民法院经审理认为：蒋某主张与某经贸公司存在股权认购关系，并向该公司支付了1万元，某经贸公司出具收据确认收款事由为“收股交来股金”且出具股权证。现蒋某主张某经贸公司返还投资款1万元，某经贸公司提出时效抗辩，关于请求返还投资款是否已过诉讼时效的问题，因蒋某一直向某经贸公司主张确认其股东身份，直到2022年主张返还投资款，诉讼时效期间从要求履行义务的宽限届满之日起计算，且当时蒋某权益是否受到损害情况不明，诉讼时效期间自权利人知道或者应当知道权利受到损害以及义务人之日起计算，故本案诉讼时效并未超过。关于蒋某主张某经贸公司返还投资款1万元的问题，某经贸公司辩称蒋某已享受过股东权益3万元，但并未出示相应的证据，故由某经贸公司承担举证不能的不利后果。对外蒋某并非某经贸公司的工商登记在册的股东，对内某经贸公司的公司章程，

---

① 本书【法院裁判要旨】适用的法律法规等条文均为案件裁判当时有效，下文不再对此进行提示。

股东名册，股东会决议中也未记载蒋某的股东身份，故蒋某请求某经贸公司退还1万元投资款，亦属合理，一审法院予以支持。

新疆维吾尔自治区乌鲁木齐市沙依巴克区人民法院依照《中华人民共和国合同法》第一百零七条，《中华人民共和国民事诉讼法》第四十条、第六十七条，《最高人民法院关于适用〈中华人民共和国民事诉讼法〉的解释》第九十条，《最高人民法院关于适用〈中华人民共和国民法典〉时间效力的若干规定》第一条规定，判决如下：

某经贸公司于本判决发生法律效力之日起十日内向蒋某退还投资款10000元。

某经贸公司不服一审判决，提出上诉。新疆维吾尔自治区乌鲁木齐市中级人民法院经审理认为：本案中，蒋某一直向某经贸公司主张办理股权登记手续，并于2021年向法院起诉要求某经贸公司为其办理股权登记，在该次诉讼中，某经贸公司对蒋某的股东身份不持异议，此后因某经贸公司迟迟未给蒋某办理股权登记，蒋某才再次向法院起诉要求某经贸公司退还投资款，故本案并未超过诉讼时效。股东身份认定的一般原则是股东应向公司出资并记载于公司章程或股东名册，前者是实质要求，后者是形式要求。只有两者兼备的情况下，出资人才拥有合法的股东权利并对外具有公示力。本案中，蒋某出资后，既未成为某经贸公司在工商部门登记的显名股东，亦未登记于某经贸公司的公司章程或股东名册内，没有参与公司的经营管理，也没有享有相应的股东权益，蒋某的出资目的无法实现。

新疆维吾尔自治区乌鲁木齐市中级人民法院依照《中华人民共和国民事诉讼法》第一百七十六条、第一百七十条第一款第一项规定，判决如下：

驳回上诉，维持原判。

【法官后语】①

本案中，蒋某向某经贸公司缴纳出资款1万元后，某经贸公司向其出具收

① 本书【法官后语】对此类法律问题涉及的法律法规等内容进行了时效性更新，下文不再对此进行提示。

据并向其签发载明股权比例的股权证，双方对达成投资入股的合意无异议，但某经贸公司未按照公司法规定的相关议事方式和表决程序完成吸纳蒋某为新股东的义务。某经贸公司于2004年3月成立，注册资本为700万元，后经过数次股权变更登记，均显示注册资本为700万元，股权变更登记中均未载明蒋某的持股比例。笔者认为，对于向公司投资并吸纳新股东的问题中，不仅涉及公司内部股东意思形成相关方式及程序，而且包括将形成的一致意思对外向新股东表示的相关要求，股权证及收据具有证明股东履行出资义务的效力，但其本身并无设权效力。

一、从公司治理内部程序判断是否取得股东资格

公司与自然人不同，自然人依靠自身就可以治理自己的事务，不仅行为的意思形成于自然人自身，而且行为的实施也可以亲力亲为。而公司则是一种法人组织体，不具有自然人那样的生理机能，因而公司自身无法表达意思和实施行为，公司治理必须依赖公司机关。《中华人民共和国公司法》第六十六条规定："股东会的议事方式和表决程序，除本法有规定的外，由公司章程规定。股东会作出决议，应当经代表过半数表决权的股东通过。股东会作出修改公司章程、增加或者减少注册资本的决议，以及公司合并、分立、解散或者变更公司形式的决议，应当经代表三分之二以上表决权的股东通过。"由此可见，增加注册资本需要股东会作出特别决议，通常需要公司与投资人签订增资协议。公司增资实质是认股人向公司进行投资，以增加公司的注册资本金。但股东会决议以及增资协议本身并无法导致注册资本金的增加，只有公司按照增资协议办理增资的工商变更登记手续，注册资本的增加才得以完成，认股人的出资才相应地转化为公司资本。本案双方对达成增资入股合意无异议，但是某经贸公司并未提交增资事项履行公司内部决策程序的相关证据，如增资协议是否经代表三分之二以上表决权的股东通过，公司现有股东是否行使了优先认购权等。某经贸公司成立时注册资本为700万元，而蒋某出资1万元后并未进行变更，后经过数次股权变更登记，均显示注册资本为700万元，股权变更登记中均未载明蒋某的持股比例，也未按照法律规定办理增资的工商变更登记手续，可见

蒋某的出资并未转化为公司资本。

二、股东资格认定的一般规则

股东身份的确认一般要从两个要件进行评价：一是是否向公司出资或者认购股份及享有股东权利；二是股东姓名或者名称是否被记载于公司章程或者股东名册。前者是对确认股东身份的实质要件，后者是对确认股东身份的形式要件。首先，从实质方面来看，股东地位的取得基于股东的投资，故对股东身份的认定首先要看该股东是否实际向公司投入资金，是否实际参与公司的经营管理、行使股东权利等。其次，从形式方面来看，投资人因向公司投入资金而成为公司股东需要借助外观形式得以表彰。这种外观表彰的形式就是公司章程、股东名册等，故从形式上，股东的姓名或者名称记载于公司章程者，即可以确认其股东身份。股东名册是记载股东姓名或者名称的簿册，形式上股东姓名或者名称记载于股东名册者，即可以推定其具有股东身份。本案中，蒋某已履行出资义务，按照法律规定，投资人履行出资义务成为公司股东后，应当享有股东权利，但蒋某未实际参与公司经营管理、参与分红等，故不符合取得股东资格的实质要件。某经贸公司至今未将蒋某记载于股东名册之中，亦未修改公司章程将蒋某记载于公司章程之中，故从形式要件来看，蒋某并未取得某经贸公司股东资格。虽然，某经贸公司向蒋某签发载明股权比例的股权证，但是蒋某的出资并未转化为公司资本，亦未实际参与公司经营管理、分红等，由于蒋某未记载于公司章程、股东名册之中，故不能仅凭股权证就认定蒋某具备股东资格。股权证及收据具有证明股东履行出资义务的效力，但其本身并无设权效力，股权证不是认定股东资格的必要条件，没有股权证也可能被认定为股东。

法院在判断投资人是否具有股东资格时，应综合审查其是否具有成为公司股东的真实意思表示、是否出资、是否获得公司其他股东过半数同意、是否实际享有股东权利等实质要件。还应符合将形成的一致意思对外向新股东表示，即借助记载于公司章程、股东名册等外观形式得以表彰的形式要件。

编写人：新疆维吾尔自治区乌鲁木齐市中级人民法院　刘春燕

2

仅有两名合伙人的有限合伙企业中单方除名决定的效力认定

——某科技公司诉某资产管理公司、某基金管理中心合伙企业案

【案件基本信息】

1. 裁判书字号

北京市第二中级人民法院（2023）京02民终13409号民事判决书

2. 案由：合伙企业纠纷

3. 当事人

原告（上诉人）：某科技公司

被告（上诉人）：某资产管理公司

被告（被上诉人）：某基金管理中心

【基本案情】

2018年3月，某科技公司与某资产管理公司签订《合伙协议》，共同设立某基金管理中心（有限合伙），由某科技公司担任有限合伙人，某资产管理公司担任普通合伙人（执行事务合伙人）。《合伙协议》约定：经营期限自工商核准之日起10年，经全体合伙人一致同意，可以提前延长合伙企业经营期限或提前终止合伙企业。某科技公司认缴出资20900万元，出资比例99.5238%，缴付期限为2028年3月2日，某资产管理公司认缴出资100万元，出资比例0.4762%，缴付期限为2028年3月2日，出资方式均为货币。合伙企业净收益的70%，由双方按实缴出资比例分配享有，合伙企业净收益的30%由某资产管理公司享有。合伙人会议由全体合伙人组成，除另有约定外，会议须由全体合

伙人共同出席方为有效。合伙人会议有权对下列事项作出决议：……延长合伙企业的经营期限，或者在经营期限届满前解散、清算合伙企业……执行事务合伙人有下列情形之一的，经其他合伙人一致同意，可以决定将其除名，并推举新的执行事务合伙人：(1) 未按期履行出资义务；(2) 因故意或重大过失给合伙企业造成特别重大损失；(3) 执行合伙事务时严重违背合伙协议，有不正当行为。合伙企业仅剩有限合伙人的，应当解散。

经营过程中双方产生争议，某科技公司于2020年12月22日以某资产管理公司存在不当行为对其作出《除名决定书》，并表示鉴于某资产管理公司退伙后，某基金管理中心仅剩下有限合伙人，依法应当解散，并于同日向某资产管理公司邮寄送达。某资产管理公司收到该除名决定书后提出异议，不认可某科技公司所述除名理由，认为某科技公司无权单方作出除名决议。2021年，某资产管理公司以某基金管理中心已具备解散事由，但未在法定期限内确定清算人为由，向北京市第一中级人民法院申请指定清算人进行强制清算。北京市第一中级人民法院裁定对强制清算申请不予受理。某科技公司不服，提出上诉，北京市高级人民法院裁定：驳回上诉，维持原裁定。

某科技公司提起本案诉讼，要求确认其作出的《除名决定书》已经于2020年12月23日即通知到达之日生效。

【案件焦点】

仅有两名合伙人的合伙企业，其中一名合伙人能否适用《中华人民共和国合伙企业法》第四十九条规定，以单方作出除名决议的形式将另一合伙人除名。

【法院裁判要旨】

北京市房山区人民法院经审理认为：某基金管理中心系仅有两名合伙人的合伙企业，某科技公司作为合伙人之一，其有权依据《中华人民共和国合伙企业法》第四十九条规定作出单方除名决议，虽某资产管理公司在执行合伙事务中的行为确实存在不当，但某科技公司提交的证据不足以证明其作出的除名决定符合法定或约定的事由。因此，《除名决定书》不具有法律效力。

北京市房山区人民法院依照《中华人民共和国合伙企业法》第四十九条、第六十三条，《中华人民共和国民事诉讼法》第六十七条第一款，《最高人民法院关于适用〈中华人民共和国民事诉讼法〉的解释》第九十条之规定，判决如下：

驳回某科技公司的诉讼请求。

某科技公司、某资产管理公司均不服一审判决，提出上诉。北京市第二中级人民法院经审理认为：某科技公司要求确认《除名决定书》已生效，实质系要求确认其单方作出的决定可产生将某资产管理公司除名的法律效力，进而发生当然退伙的法律效果。从文义解释角度分析，依据《中华人民共和国合伙企业法》的规定或《合伙协议》约定，均有“经其他合伙人一致同意”的适用条件。作出决议（决定）的合伙人应为两个或两个以上，由此方可满足“一致同意”所要求的双方或多方意思表示一致。如被除名人外仅余一名合伙人，则不存在形成双方或多方意思表示一致的可能。从法律行为性质角度分析，案涉除名决定应属决议行为范畴。决议行为应按法律或章程规定的议事方式和表决程序进行。某基金管理中心的“章程”应指向合伙企业合伙协议。因某科技公司单方作出《除名决定书》时，某资产管理公司作为被除名人无法参与，某基金管理中心亦不存在其他合伙人。《除名决定书》实质系欲使某科技公司单方作出的法律行为产生决议行为的法律效果，此举与法律规定、合伙协议约定的议事方式和表决程序并不相符，不能产生决议行为成立的法律效果。从纠纷解决途径角度分析，除名决议成立、进而有效的法律后果为被除名人当然退伙，如允许一方合伙人以除名退伙方式解决双方争议，则仅剩唯一合伙人的合伙企业将丧失合伙的基本特征，对于有限合伙企业而言更丧失了推举新的执行事务合伙人的可能，属于《中华人民共和国合伙企业法》第七十五条规定的法定解散情形。换言之，对于某科技公司是否有权作出《除名决定书》以及对《除名决定书》效力的实质性审查，实为对某科技公司就《合伙协议》的解除权是否成就的审查。某科技公司主张其享有的除名权，亦已等同于可单方解除合同之形成权；进而基于该形成权成就条件下所一并发生的合伙协议解除、双方当事人散伙、合伙企业解散。对于《合伙协议》是否应予解除、合伙企业是否应予解散之争议，当事人应依据适当的请求权基础予以解决。在此情况下，除名权的行使已无实质意义，反而客观上割裂了法律效力审查与法律后果处理二者之间的关联，不利于纠纷的实质性处理。法院依据《最高人民法院关于适用〈中华人民共和国民事诉讼法〉的解释》第三百三十二条规定，在纠正一审判决裁判理由后，对一审判决处理结果予以维持。

北京市第二中级人民法院依照《中华人民共和国合伙企业法》第四十九条，《中华人民共和国民事诉讼法》第一百七十七条第一款第一项，《最高人民法院关于适用〈中华人民共和国民事诉讼法〉的解释》第三百三十二条规定，判决如下：

驳回上诉，维持原判。

【法官后语】

合伙企业以其灵活性和税务透明等优势广受认可，有限合伙企业实现管理权与出资额分离，同时以有限责任减少财务投资者风险，从而日益受到市场欢迎。但合伙企业经营过程中，由于可能存在利益分配不均、决策分歧、信任危机等因素，合伙人之间的矛盾冲突在所难免，极端情况下还会出现一方合伙人企图通过合伙除名机制将另一方合伙人“赶出去”的现象，如何认定除名决定，有待进一步讨论。

本案中，仅有两名合伙人的有限合伙企业有限合伙人单方对普通合伙人作出除名决定，并起诉要求确认除名决定已生效。对此问题历来存在争议。一种观点认为，根据《中华人民共和国合伙企业法》第四十九条中“一致同意”的字面解释，作出除名决议的合伙人应为两个或两个以上，在仅有两名合伙人的合伙企业中，允许一方对另一方作出除名决议，则只剩下一方投资主体经营，该企业将丧失“合伙”的法律特征，因合伙人不具备法定人数而面临解散，当合伙企业要解散时，意味着要清算、处分合伙人财产，行使除名权已没有任何实质意义。[①] 另一种观点则认为，仅有两名合伙人的合伙企业可依据《中华人民共和国合伙企业法》第四十九条规定作出除名决议，“经其他合伙人一致同意”实质上应当更为完整地理解为其他合伙人均同意且同意的表示有且仅有一种，而不是片面强调同意的合伙人为两个或两个以上。[②]

本案裁判采用第一种观点，主要考虑从文义解释的角度入手，进而以“决议行为”性质的角度进行分析，最终以纠纷解决途径的角度予以印证，以探寻妥善解决此类争议的最优路径。

首先，从文义解释规则的角度入手。文义解释是关切法律文本意义的解释，不仅是文字意义最直接的表现，也是探讨规则意义的入口，对于保障法律的稳定性与可预期性具有重要价值。只有在文字含义模糊或存在歧义的情况下，才能适用其他解释方法。《中华人民共和国合伙企业法》第四十九条中“经其他合伙人一致同意”不存在文字含义模糊或歧义，应直接按照字面意思理解。通过文字含义探求立法本意，立法者并未考虑合伙企业仅有两名合伙人的情况，预设了合伙企业有两名或两名以上的合伙人，对合伙人除名后，合伙企业仍然存续。

其次，从决议行为法律性质分析。分析法律行为的效力，离不开研究法律行为的性质。《中华人民共和国民法典》第一百三十四条第二款规定延续了本案《除名决定书》作出等部分法律事实发生时适用的《中华人民共和国民法总则》第一百三十四条第二款，根据该规定，法人、非法人组织依照法律或者章程规定的议事方式和表决程序作出决议的，该决议行为成立。结合上述法律规定，本案争议的除名决定应属决议行为范畴。区别于作出即成立的单方民事法律行为，决议行为应按法律或章程规定的议事方式和表决程序进行，由此方能发生决议行为成立的法律效果。不同于单方法律行为一经作出即发生法律效果，

① 参见江苏省无锡市中级人民法院（2021）苏02民终2544号民事判决书，载中国裁判文书网，https：//wenshu. court. gov. cn，2025年4月24日访问。以下同一出处案例不再进行提示。

② 参见深圳前海合作区人民法院（2018）粤0391民初255号民事判决书。

决议行为属于多方民事法律行为，根本特征在于其根据程序正义的要求采取多数决的意思表示形成机制。①

本案中，有限合伙人作出的除名决定实质系欲使其单方作出的法律行为产生决议行为的法律效果，与法定或约定的议事方式和表决程序并不相符，即不能产生决议行为成立的法律效果，进而不能确认其效力。与公司股东除名制度相较，合伙人除名制度的程序要求较低，但亦须符合基本的决议成立要件。

最后，从纠纷解决途径的角度予以印证。判决确认除名决定有效，其法律后果为被除名人退伙，如允许一方合伙人以除名退伙方式解决双方争议，则仅剩唯一合伙人的合伙企业将丧失合伙的基本特征，对于有限合伙企业而言更丧失了推举新的执行事务合伙人的可能，属于《中华人民共和国合伙企业法》第七十五条规定的法定解散情形。因此，对于有限合伙人是否有权作出除名决定以及对除名决定效力的审查，实质上是对《合伙协议》解除权是否成就的审查。如前所述，本案中，有限合伙人仅要求确认除名决定有效，但如确认除名决定，将一并发生合伙协议解除、双方当事人散伙、合伙企业解散的法律后果。

综上所述，对于仅有两名合伙人的合伙企业中一方合伙人单方除名决定的效力认定，应当从文义解释的角度、法律行为性质的角度予以综合分析，而后从是否利于纠纷解决途径的角度予以印证，从而选择矛盾解决的最优路径。

编写人：北京市第二中级人民法院　周梦峰　张笑文

---

① 王雷：《论我国民法典中决议行为与合同行为的区分》，载《法商研究》2018 年第 5 期。

二、请求变更公司登记纠纷

3

法定代表人涤除登记之诉的司法考量要素与判项表述

——何某诉甲咨询公司等请求变更公司登记案

【案件基本信息】

1. 裁判书字号

浙江省绍兴市中级人民法院（2023）浙 06 民终 3304 号民事判决书

2. 案由：请求变更公司登记纠纷

3. 当事人

原告（被上诉人）：何某

被告（上诉人）：甲咨询公司、某资产管理公司

被告：乙咨询公司

【基本案情】

2018 年 4 月 23 日，某投资公司与某资产管理公司签订《合作协议》一份，约定双方通过共同出资设立甲咨询公司，公司董事长是公司的法定代表人。甲咨询公司于 2018 年 5 月 8 日成立，法定代表人为赵某，其职务为董事长。2018 年 12 月 31 日，甲咨询公司召开董事会，全体董事通过如下决议：（1）重新选举何某为公司法定代表人；免去赵某法定代表人职务；（2）赵某继续担任董事

长职务，何某继续担任总经理职务。2019 年 1 月 24 日，甲咨询公司的法定代表人由赵某变更登记为何某。

2021 年 7 月底左右，何某未再到甲咨询公司、乙咨询公司及其关联公司工作，参保人员城镇职工基本养老保险缴费情况显示，2020 年 5 月至 2021 年 7 月，乙咨询公司为何某交纳社保，2021 年 11 月至 2022 年 1 月，案外人某孵化器公司为何某缴纳社保。

2021 年 11 月 10 日、2022 年 1 月 7 日、2022 年 10 月 18 日，因甲咨询公司未履行生效法律文书确定的给付义务，甲咨询公司及何某被采取限制消费措施。2023 年 3 月 8 日，何某向甲咨询公司董事长赵某发送《关于提议召开股东会及董事会的通知》，提请董事长召开董事会，解除何某的董事、经理职务，聘任新的经理，变更公司的法定代表人，赵某签收该通知。同日，何某向甲咨询公司寄送了《关于要求甲咨询公司进行公司变更登记的函》，该函件被退回。2023 年 3 月 8 日，何某分别向乙咨询公司、某资产管理公司寄送《关于要求协助推进公司变更登记事宜的函》，上述函件均被签收。

因甲咨询公司未变更登记何某的法定代表人身份，何某遂起诉要求：(1) 确认何某不再担任甲咨询公司的法定代表人；(2) 判令甲咨询公司办理公司法定代表人变更登记，涤除何某为公司法定代表人的登记事项，乙咨询公司、某资产管理公司应协助办理上述事项。

【案件焦点】

甲咨询公司是否应当为何某办理公司法定代表人变更登记。

【法院裁判要旨】

浙江省绍兴市柯桥区人民法院经审理认为：公司法定代表人系公司法人对外进行民事活动的法定代表，其本质应属公司法人向自然人（法定代表人）对外进行民事活动的委托授权。该委托关系具有较强的人身属性，且应以被选任人同意为必要条件。依照《中华人民共和国公司法》第十三条之规定，变更法定代表人虽为公司自治事项，但应通过股东决议等内部自治途径进行变更。而何某已于2021年7月底左右离开甲咨询公司、乙咨询公司，现有证据亦显示此后何某未再以任何形式参与甲咨询公司的经营活动或管理事务，乙咨询公司自2021年8月起也未再为何某交纳社保，其与甲咨询公司之间现在既不存在员工或股东等身份关系，也不具备经济利益上的联系性，更与公司经营管理脱节。何某离开甲咨询公司、乙咨询公司距今已有二年，甲咨询公司至今仍未办理变更登记手续。何某在本案诉讼以前，已向甲咨询公司及董事长赵某、甲咨询公司的大股东某资产管理公司、乙咨询公司发出函件，要求召开股东会或董事会，解除其法定代表人身份，但甲咨询公司至今未变更何某的法定代表人身份。甲咨询公司的两股东之间已发生纠纷，甲咨询公司已陷入僵局，客观上已无法召开会议或形成一致决议，故从本案实际情况来看，若强求形成公司决议作为变更法定代表人登记事项的必要条件，本案争议将陷入僵局，只要甲咨询公司不办理变更登记，则何某所承受的法律风险将持续存在，且无其他救济途径。在甲咨询公司已经经营异常，何某早已离职的情形下，并不对甲咨询公司的经营状况、偿债能力产生实质影响，也不能有效推动甲咨询公司或其股东积极履行义务。综合考量本案事实，从保护何某作为普通公民的合法权益出发，立足甲咨询公司的实际经营状况，对何某要求甲咨询公司至相关部门涤除其作为法定代表人登记事项的诉讼请求予以支持。某资产管理公司系甲咨询公司的大股东，而乙咨询公司并非甲咨询公司的股东，故对何某要求某资产管理公司协助办理变更登记事项的请求予以支持，对要求乙咨询公司协助办理变更登记事项的请求不予支持。

浙江省绍兴市柯桥区人民法院依照《中华人民共和国民法典》第九百三十三条，《中华人民共和国公司法》第十三条之规定，判决如下：

一、甲咨询公司于本判决生效之日起三十日内到相关行政管理部门办理法定代表人变更登记，涤除何某所任法定代表人职务，某资产管理公司应予协助配合；

二、驳回何某的其他诉讼请求。

甲咨询公司、某资产管理公司不服一审判决，提出上诉。浙江省绍兴市中级人民法院经审理认为：第一，何某与甲咨询公司已缺乏实质关联性。何某自2021年7月底左右起就已离职，其也并非甲咨询公司的股东，故何某已不具备对内管理公司、对外代表甲咨询公司的基本条件和能力。第二，甲咨询公司主张何某恶意逃避责任的依据不足。甲咨询公司提交的证据均为证明何某存在侵占公司款项、损害公司利益的行为，但前述事实系何某与甲咨询公司之间的内部关系，可通过其他法律途径解决，不应剥夺何某要求涤除登记的权利。第三，何某已经穷尽公司内部救济途径。何某在诉讼前已经向甲咨询公司及董事长赵某、某资产管理公司、乙咨询公司发函要求解除法定代表人身份，但从后续事实来看，公司内部救济机制已然失灵。第四，甲咨询公司已经经营异常，何某并非甲咨询公司的股东，在何某已经离职的情况下，并不会对甲咨询公司的经营状况、偿债能力产生实质影响，也不能有效推动甲咨询公司或其股东、实际控制人积极履行义务。

浙江省绍兴市中级人民法院依照《中华人民共和国民事诉讼法》第一百七十七条第一款第一项之规定，判决如下：

驳回上诉，维持原判。

【法官后语】

法定代表人变更登记，始终存在公司自治与司法方式介入的分野，当前司法实践已普遍认识到公司自治固然是法定代表人变更登记的起点，但在穷尽内部救济途径时，亦存在司法干预的必要性。本案即涉及法定代表人涤除之诉如何处理的问题，在平衡内部救济与司法干预的关系时，对各项要素充分考虑，是处理此类案件的关键。

一、涤除登记之诉的几项重要考量要素

（一）前提条件

法定代表人与公司已不具备实质关联性、当事人已穷尽其他救济方式却无法办理相关变更登记，这是实践中涤除诉请得到法院支持的两项前提条件。一方面，法定代表人若与公司不存在信义基础、无任何利益关联，不变更登记不但违背其真实意愿，也不符合法律设立法定代表人制度的初衷。而法定代表人与公司之间的实质关联性，主要体现在法定代表人应对内参与公司的经营管理，对外代表公司从事民事活动。如果法定代表人已经从公司离职，且明确不再愿意担任相关职务，其本身与公司也不再有其他方面的关联，通常可以认为其与公司之间不再具有实质关联性。另一方面，为充分尊重公司自治制度，在发起涤除法定代表人身份诉讼前，原告应当以其在公司的身份所享有的股东权利或职权为基础，穷尽《中华人民共和国公司法》及公司章程规定的救济路径。若当事人为公司董事，可按照章程约定提议召开董事会商讨法定代表人变更事宜；若无果，该董事可按章程约定的召开股东会的条件提议召开股东会。若仅为公司总经理身份，至少应向公司及公司股东提出涤除事宜，且在合理期限内没有得到答复或被拒绝。但股东会的召集并非必需，在公司收到涤除请求后长期未召开股东会，且有证据证明已不可能达成涤除决议时，再以未召开股东会为由拒绝涤除有违诚实信用原则。《中华人民共和国公司法》第四十六条亦对法定代表人的变更方式作出规定，其仅要求在公司章程中记载，并不要求必然得经过股东会决议程序。若再以股东会决议作为前提条件，与现行《中华人民共和国公司法》立法本意相悖。

（二）关键要素

涤除申请人有无恶意逃避责任的可能性、涤除后是否会对公司经营造成实质性影响，均为涤除法定代表人诉讼中需要考虑的重要内容。一方面，如果任由公司法定代表人通过离职来消除实质关联性，则可能会产生通过涤除登记来进行逃债的道德风险。因此在公司以此为由提出异议时，对于涤除申请人是否有逃债的恶意仍需要进行一定程度上的审查，可要求其提供初步证据。但这并不意味着在公司被列入失信名单、法定代表人被列入限制高消费时不能支持涤除诉请。因为法定代表人的涤除变更和法定代表人的被采取限制高消费措施，是两个独立程序，并不必然相互影响，应在不同程序中进行独立审查，不能因为法定代表人被采取了限制高消费等执行措施，就剥夺其要求涤除登记的权利。另一方面，涤除法定代表人亦可能会对公司的经营造成影响，在个案裁判时应当充分予以考虑，而不是机械适用法条。本案中，由于涤除法定代表人的前提条件即为法定代表人与公司已不具备实质关联性，故法定代表人的涤除不会对甲咨询公司的经营状况、偿债能力产生实质影响，也不能有效推动甲咨询公司或其股东、实际控制人积极履行义务。实践中，有公司抗辩称法定代表人尚有配合公司后续清算工作的义务，但这同样属于内部关系，公司可另寻途径解决，但不得以此为由拒绝履行变更工商登记的义务。

二、涤除法定代表人的判项表述

司法实践中，部分法院在判令公司在判决生效后合理期限内涤除法定代表人登记事项或者办理法定代表人变更登记后，会再补充说明“若逾期未变更，视为原告从判决生效之日起不再担任公司的法定代表人”。这考虑的是对企业信息公示登记部门而言，在公司没有产生新的法定代表人人选之前，其无法对原法定代表人进行删除处理。但实践中已有部分地区在国家企业信用信息公示系统中对涤除的法定代表人以“×××”隐名处理，并备注“法院协助执行涤除”，可资借鉴。因此，在不涉及执行可行性的前提下，鉴于另行推选法定代表人系公司内部治理范畴，若公司尚未明确新任法定代表人，不宜直接确认原告非公司法定代表人及不再履行法定代表人职责，但公司因怠于履行变更登记义务，给原告造成损失的，应由公司承担相应责任，此做法更符合司法在介入公司自治时应保持的谦抑性。至于办理变更登记的时间，可考虑区分给予申请变更登记和变更不成后涤除登记不同的合理期限，但此期限并无标准，司法实践中，将期限设定为三十日是较为常见的处理方式。

编写人：浙江省绍兴市中级人民法院　姚文通

4

“挂名法定代表人”可通过诉讼要求公司办理涤除法定代表人登记手续

——薛某诉某棉业公司请求变更公司登记案

【案件基本信息】

1. 裁判书字号

新疆维吾尔自治区哈密市中级人民法院（2023）新22民终696号民事判决书

2. 案由：请求变更公司登记纠纷

3. 当事人

原告（上诉人）：薛某

被告（被上诉人）：某棉业公司

【基本案情】

2008年8月25日，某棉业公司注册成立，公司类型为自然人独资有限责任公司，薛某系某棉业公司法定代表人。截至2021年10月15日，某棉业公司欠付税款总金额6947.06414万元。2021年10月25日，某棉业公司被列为经营异常企业。

2022年4月21日，薛某委托某律师事务所在《H日报》刊登公告载明：某棉业公司：某律师事务所接受薛某的委托，办理关于薛某变更法定代表人及辞去总经理职务工商登记事宜。经本所律师查明：2013年6月21日起薛某担任某棉业公司的法定代表人和总经理，现由于公司一直没有实际业务，薛某根据公司实际情况，须辞去法定代表人及总经理的职务。薛某多次与公司股东取得联系，进行关于法定代表人及总经理变更一事的工商变更登记，截至本公告发布之日你公司一直未予办理变更手续。现薛某发布公告，请你公司自本公告发布之日起15日内联系薛某在工商局办理法定代表人及总经理的变更手续，望积极配合。之后，薛某给某棉业公司股东赵某发短信，内容为：赵某你好，关于某棉业公司法人及总经理一事我已经和你说过多次，并且也给你发过信息，可至今没有更换。我现在已在《H日报》登了公告，请你在公告发布日期内将公司法人及总经理更换。薛某同时发送公告截图。赵某回复：你找我舅舅啊，我现在又不在某棉业公司。薛某陈述赵某的舅舅李某是某棉业公司实际控制人。

另查，哈密市伊州区人民法院（2023）新2201刑初38号被告人杨某、李某、王某虚开增值税发票罪一案，刑事判决书经审理查明第二部分，证据42载明：被告人李某的供述证实，某棉业公司的出资人是我，实际负责人是我，股东都有具体分工，我和袁某负责车间设备维修及生产加工，王某负责收购、付款、开票、销售，周某负责收购棉籽。

薛某主张其在某棉业公司仅是挂名法定代表人，并未实际参与经营，要求涤除登记，引发诉讼。

【案件焦点】

薛某要求某棉业公司办理涤除法定代表人登记的诉讼请求能否得到支持？

【法院裁判要旨】

新疆维吾尔自治区哈密市伊州区人民法院经审理认为：薛某与某棉业公司之间属请求变更公司登记纠纷。本案的争议焦点是在某棉业公司已经被列为异常经营的情况下，薛某作为公司法定代表人请求变更公司登记，要求涤除其在某棉业公司相关身份的请求能否得到支持？薛某称其在某棉业公司仅仅是挂名，并未实际参与经营与决策，但未能提供证据予以证明。经查，某棉业公司截至2021年10月15日，欠付税款总金额高达6947.06414万元，且2021年10月25日起被列为经营异常企业长达两年多，仍未履行相关义务。薛某作为公示登记的某棉业公司法定代表人，现有证据不能排除薛某对某棉业公司被列为违法企业的事实存在过错和责任的可能性。因负有责任的管理人员需要在法律上承担一定的法律责任，薛某主张变更公司登记，涤除有关公司职务，存在逃避法律责任的嫌疑，在某棉业公司未合法选任新的法定代表人且前述相关责任未澄清前，薛某主张变更公司登记的诉讼请求，没有事实及法律依据，一审法院不予支持。

新疆维吾尔自治区哈密市伊州区人民法院根据《中华人民共和国公司法》第十三条、第三十七条，《中华人民共和国民事诉讼法》第六十七条第一款、第一百四十七条之规定，判决如下：

驳回薛某的诉讼请求。

薛某不服一审判决，提出上诉。新疆维吾尔自治区哈密市中级人民法院经审理认为：法定代表人是对外代表公司从事民事活动的公司负责人，法定代表人登记依法具有公示效力。一般认为，法定代表人是基于自身利益以及公司利益对公司事务进行管理的受托人，公司为了开展日常经营，将管理公司事务的权利赋予法定代表人，其在法律关系的设立、行为模式上都满足委托合同关系的相关要件，故法定代表人与公司间成立委托合同关系。作为民事主体从事民事活动，应当遵循公平原则及意思自治原则，法定代表人作为具有独立利益的个体，当其基于自身意愿解除与公司的委托关系时，不应违背其真实意愿强迫其担任法定代表人。此时，公司应当为其办理变更登记，当其怠于或无法办理变更登记时，法定代表人通过司法手段请求法院判决涤除其登记事项具有正当性。本案中，薛某并非某棉业公司股东，其身份仅仅是挂名法定代表人，薛某已经明确表示不愿意担任相关职务，并且已经向某棉业公司持股 100% 的股东赵某提出变更法定代表人申请，并在《H 日报》刊登公告，作出其不愿担任某棉业公司法定代表人的意思表示，而某棉业公司至今未启动变更相应工商登记的程序，侵犯了薛某的合法权益。因此，在公司内部救济机制失灵的情况下，薛某请求某棉业公司办理涤除法定代表人薛某的相关登记手续具有事实和法律依据，法院予以支持。

新疆维吾尔自治区哈密市中级人民法院依照《中华人民共和国民事诉讼

法》第一百七十七条第一款第二项规定，判决如下：

一、撤销新疆维吾尔自治区哈密市伊州区人民法院（2023）新 2201 民初 2339 号民事判决；

二、某棉业公司在本判决生效后三十日内办理涤除薛某作为某棉业公司法定代表人的登记事项。若逾期未变更，视为薛某从本判决生效之日起不再担任某棉业公司的法定代表人。

【法官后语】

公司治理结构是维系公司独立人格的重要保障机制，公司法定代表人作为代表公司对外参加各类民事活动的“象征”，其重要性不言而喻。《中华人民共和国公司法》（以下简称《公司法》）为公司意思自治预留了较大空间，绝大多数的公司行为均可依公司章程或股东之间的协议进行，充分保护公司股东选择公司法定代表人和管理者的权利，在秉持司法谦抑性的前提下，一般不应强制干预。近年来，“挂名法定代表人”现象时有发生，“挂名法定代表人”需要承担因公司经营问题可能带来的征信受损、限制高消费、限制出境、罚款、拘留甚至追究刑事责任等诸多风险。因此，在公司未同意变更法定代表人的情况下，由法定代表人单独起诉并要求涤除登记是否具有可诉性是本案中值得探讨的问题。

一、公司法中法定代表人变更程序的规定

2023 年《公司法》和 2018 年《公司法》在有关法定代表人的选任及变更问题上皆采取股东意思自治原则，原则上应由公司自行通过内部治理程序来确定，司法不宜主动干预。2018 年《公司法》未明确法定代表人的产生和变更办法，但根据规定，法定代表人的选举及变更属于股东会表决的一般决议事项。2023 年《公司法》第十条载明了公司法定代表人的担任条件、职务变更联动以及法定代表人辞任后公司及时委任义务，第三十五第三款则细化了公司变更法定代表人的登记程序规定。2023 年《公司法》扩张了法定代表人的担任范围，更强调法定代表人应实质参与公司管理、执行公司事务，从立法层面上强化法定代表人与公司治理权能的关联性，过往许多公司实际控制人以“挂名法定代表人”充当失信或者其他违法责任“挡箭牌”“替罪羊”的情况将受到遏制，也将有效避免法定代表人变更僵局的情况。

二、法定代表人起诉并要求涤除登记具有可诉性的法理依据及认定标准

2023年《公司法》第十条规定，公司法定代表人按照公司章程的规定，由代表公司执行公司事务的董事或者经理担任。担任法定代表人的董事或者经理辞任的，视为同时辞去法定代表人。法定代表人辞任的，公司应当在法定代表人辞任之日起三十日内确定新的法定代表人。该条规定系法定代表人辞任后如何实现诉讼涤除的规定，公司在原法定代表人辞任后，有义务确定新的法定代表人，如新的法定代表人未按规定实现产生，公司作为义务主体应承担不利后果，原法定代表人有权将义务主体即公司作为诉讼中的被告，请求涤除其作为法定代表人的登记。

法定代表人能否实现“涤除”的法律效果，需要从如下几个方面进行认定：一方面，公司与法定代表人之间属于委托法律关系，如法定代表人与公司之间符合特定条件的还构成劳动法上的劳动合同关系。就本案而言，薛某既不是公司实际控制人亦不是公司股东，其身份仅是挂名法定代表人，在薛某明确表示不愿意担任公司法定代表人后，其与公司之间不存在实质性的关联，实际上已不具备对内管理公司、对外代表公司的基本能力和实质条件。如果强迫其继续担任公司的法定代表人，可能使其承受持续的潜在法律风险。另一方面，从公司管理的角度出发，在公司内部关于法定代表人变更机制失范后，法定代表人穷尽救济途径仍无法维护其权益时，既不便于公司经营管理，也不利于保护债权人的利益，此时司法介入有一定的必要性，应当赋予公司法定代表人诉讼的权利。

编写人：新疆维吾尔自治区哈密市中级人民法院　张晓丽　杜苗苗

5

受委派担任公司法定代表人辞职后无法证明公司治理失灵径行通过诉讼涤除其身份或变更工商登记，不予支持

——陈某诉甲技术公司请求变更公司登记案

【案件基本信息】

1. 裁判书字号

北京市第三中级人民法院（2023）京03民终17807号民事判决书

2. 案由：请求变更公司登记纠纷

3. 当事人

原告（上诉人）：陈某

被告（被上诉人）：甲技术公司

【基本案情】

甲技术公司系于2019年5月27日成立的有限责任公司（法人独资），股东为乙技术公司。乙技术公司系成立于2014年8月11日的其他有限责任公司，股东为某咨询公司和某科技合伙企业（有限合伙）。

2019年5月10日，乙技术公司股东会开展决议，选举陈某、吕某某、杨某为董事；董事会选举杨某为董事长；并于2019年5月16日修改《乙技术公司章程》，规定经理为公司的法定代表人，任期3年，由董事会选举产生，任期届满，可连选连任。随后，乙技术公司向工商部门申请变更法定代表人等事宜，法定代表人由刘某变更为陈某。

2019年5月27日，乙技术公司作为法人股东，设立一人公司甲技术公司，并委派和任命陈某为甲技术公司执行董事和经理。同时根据《甲技术公司章

程》规定，经理为公司的法定代表人。

2019 年 6 月 5 日，乙技术公司与陈某签订《劳动合同书》，陈某在乙技术公司担任总经理一职。该协议有乙技术公司的盖章和陈某的签字。2022 年 6 月 25 日，陈某劳动合同到期。2022 年 6 月 27 日，陈某向乙技术公司、杨某发送邮件，告知因其离职，不再担任董事和法定代表人，并要求公司在一个月内予以变更。

庭审中，原告方对被告甲技术公司及第三人乙技术公司的委托代理手续质疑，认为上述公司的公章、法人章均已被登报作废，因此委托授权手续无效。本院为此调取了刊登公章作废声明的情况说明，显示作废公章的声明系陈某刊登。被告提请证人李某某出庭作证，证明本案被告和第三人公司委托律师代理此案，已获得杨某、股东某咨询公司、股东某科技合伙企业一致同意并出具了委托文书。就上述证言内容，被告及第三人提交了相关材料并有相关人员签字、加盖公司公章。

二审期间陈某提交执行董事决定一份，证明陈某与乙技术公司不再续签劳动合同，不再参与该公司经营管理，根据公司章程及法律规定，应解除陈某的总经理职务。甲技术公司是乙技术公司的子公司，子公司只有执行董事和总经理，都是陈某。甲技术公司、乙技术公司及杨某认为该证据是陈某制作，未经公司会议决定，故不予认可。

【案件焦点】

1. 能否以陈某劳动合同终止为由认定陈某已不具备担任被告法定代表人的资格和条件；2. 公司涉诉众多经营异常能否直接证明公司治理失灵从而无法履行法人内部自治程序。

【法院裁判要旨】

北京市密云区人民法院经审理认为：陈某以请求变更公司登记纠纷为案由起诉要求涤除其为甲技术公司的法定代表人和执行董事的工商登记事项，适用案由正确。甲技术公司及乙技术公司通过获得相关股东授权委托诉讼代理人参加诉讼亦符合法律规定。陈某的相关诉讼主张依据不足：首先，陈某是接受委派和任命担任甲技术公司的法定代表人，故登记事项系各方合意结果，对各方具有相应的约束力，如未经各方协商一致就履行法定变更程序，不宜仅因一方意愿而径行对登记事项进行变更。陈某主张其与公司劳动关系已经终止，不具备担任甲技术公司法定代表人的资格和条件，缺乏依据。其次，公司法定代表人的任免为内部自治事项，原则上应通过公司自治程序完成。依照相关法律、条例、章程之规定，甲技术公司法定代表人变更有一定的程序要求，在未履行相关程序的情况下，其直接起诉要求涤除法定代表人登记，依据不足。最后，法定代表人是代表法人从事民事活动的负责人，在陈某担任甲技术公司法定代表人期间，其对甲技术公司行使相应的经营管理权，甲技术公司对外亦具有相应经营行为，产生相关法律诉讼，陈某对此应属明知，应承担与其履行职务相应的法律责任，未经法定决议变更程序不宜直接对甲技术公司法定代表人予以变更。综上，陈某提供的证据不足以证明甲技术公司的股东乙技术公司就变更法定代表人和执行董事事宜做出决策，并履行了相应的决议变更程序，其直接以诉讼方式要求涤除登记，无事实及法律依据，且可能损及相关权利人利益，法院不予支持。基于此，对于陈某提出的其他诉讼请求，法院亦不予支持。

北京市密云区人民法院依据《中华人民共和国公司法》第十三条之规定，判决如下：

驳回陈某的全部诉讼请求。

陈某不服一审判决，提起上诉。北京市第三中级人民法院裁判理由与一审法院基本一致，认为陈某未提供证据证明公司治理已经失灵，其不能通过正常途径办理卸任及变更事宜。甲技术公司及乙技术公司在法定代表人陈某要求涤除其身份不再正常履职的情况下，公司股东授权委托诉讼代理人参加诉讼亦无不当。

北京市第三中级人民法院依照《中华人民共和国民事诉讼法》第一百七十七条第一款第一项规定，判决如下：

驳回上诉，维持原判。

【法官后语】

因法定代表人无意继续任职，却无合适人员可供变更登记，或公司不同意进行变更，在此情形下，公司通常会陷入经营困境，法定代表人可能被限制高消费，甚至影响其再就业，故法定代表人可通过诉讼要求涤除相关身份登记。

一、法定代表人劳动合同终止能否认定其已当然不具备担任法定代表人的资格和条件

在受委派和指定担任法定代表人的案件中，法定代表人与其任职公司的劳动关系中止，并不当然代表其失去继续任职的资格和条件，其仍具备对内管理公司、对外代表公司的基本能力和实质条件。第一，根据《中华人民共和国公司法》第十条第一款规定："公司的法定代表人按照公司章程的规定，由代表公司执行公司事务的董事或者经理担任。"因此要求法定代表人与其所代表的法人之间需存在实质关联性，并应参与公司的经营管理。其受委派或指定担任法定代表人，往往是基于其和公司的利益关联。第二，其在履职期间应是实际对涉诉公司行使了相应的经营管理权，因此在其辞职后的合理期间内，其仍需承担与其履行职务相应的法律责任，此亦为其继续任职的基础之一。公司章程中往往会对前任法定代表人已请辞而后任法定代表人尚未被选任的情况作出规定，在此合理的选任期间内限制原告单方面请求涤除其法定代表人的权利。此种的限制的初衷也是为了避免损害公司债权人权益，督促现任法定代表人积极参与处理其任职期间产生的与公司相关的问题，防止其逃避应有责任。

本案中，陈某劳动合同受委派和指定的基础是基于其系该公司上层控股公司的股东、董事、监事、其他高层管理人员等身份，并不单纯基于其系甲技术公司的总经理一职。其虽已辞职，但与该公司仍存在利益关联。另，被告公司严重亏损涉及多起诉讼，与其曾实际履职经营有直接关联，其作为实际经营人，仍应在其职责范围内积极履职，如作为法定代表人进行离任资产审计、亲自或授权委托代理人参加诉讼等。其通过诉讼径行变更其法定代表人身份摆脱执行措施，有逃避责任之嫌，也可能侵害其他股东和债权人的权益。

二、公司涉诉众多、经营异常能否直接证明公司治理失灵从而无法履行法人内部自治程序

公司涉诉众多、经营异常，是公司对外的一种状态，影响的是公司和债权人之间的关系，并不当然代表公司内部治理失灵。公司的母公司、全资控股公司、股东、董事等均有可能继续通过利益连接、依照公司章程或相应法律对公司进行实际控制和经营管理，并有能力继续推进公司内部的民主议事程序，这一点需要结合证据进行实质审查判断。公司治理结构是维系公司独立人格的重要保障机制，为保持公司的活力，应当充分尊重公司的意思自治，而不应进行强制干预。只有当公司内部的该项治理机制失范且被委托主体穷尽救济途径而无法维护其权益时，才有司法介入的必要。在秉持司法谦抑性的前提下，法院需准确把握公司自治与司法介入之间的尺度，促进现代公司治理结构制度合理有序运转。

本案中被告公司虽涉诉众多，但对其进行实际控制的上层控股公司及股东、董事均在正常履职，并在积极协调和处理造成该公司经营异常的关联问题，待相关条件成就，则该公司亦可能回归正常经营。陈某辞任后虽向上层公司、股东或高级管理人员提出改选变更，但对方从公司利益角度出发认为改选条件尚未成就而拒绝启动相关程序。由此看来，公司内部治理并未失灵，而相应条件成就从事实和法律上来看均是可操作的、在一定合理期限内可实现的。因此法院应充分尊重公司内部自治，避免过度干预。

综上，法定代表人以请求变更公司登记纠纷为案由申请司法救济的，法院需严格审查其任职基础、实际履职情况，根据在案证据判断公司内部治理是否失灵，注重秉持司法的谦抑性进行裁判。若确系公司股东恶意拖延或无正当理由拒绝改选，使法定代表人在继续履职期间利益受损，则法定代表人有权要求侵权人赔偿。此外，在法定代表人系股东的情况下，如果公司内部治理矛盾严重，法定代表人可主张解散公司；如公司具备破产原因，法定代表人亦可以适当身份申请公司破产，进而彻底解决因法定代表人身份引发的衍生问题。

编写人：北京市密云区人民法院　苏小琴

三、股东出资纠纷

6

公司具备破产原因但不申请破产的，未届出资期限的股东不再享有期限利益

——某建筑工程公司诉尤甲等股东出资案

【案件基本信息】

1. 裁判书字号

山东省临沂市中级人民法院（2023）鲁13民终8603号民事判决书

2. 案由：股东出资纠纷

3. 当事人

原告（上诉人）：某建筑工程公司

被告（被上诉人）：尤甲、韦某、尤乙

【基本案情】

2020年10月23日，山东省莒南县人民法院对某建筑工程公司和某科技发展公司建设工程施工合同纠纷一案作出（2020）鲁1327民初5704号民事调解。因某科技发展公司未主动履行生效法律文书确定的义务，某建筑工程公司向莒南县人民法院申请强制执行。莒南县人民法院立案执行。莒南县人民法院通过全国网络查控系统查询了被执行人某科技发展公司名下银行存款、互联网存款、

证券、企业工商、车辆、不动产信息，无可供执行财产，被适用限高措施。莒南县人民法院至被执行人某科技发展公司所在地现场调查，并询问所在地基层组织，确定公司没有经营。因某科技发展公司暂无其他财产可供执行，某建筑工程公司书面同意该案终结本次执行程序，莒南县人民法院于 2021 年 7 月 30 日作出（2021）鲁 1327 执 1931 号执行裁定书，裁定终结本次执行程序。

某科技发展公司股东为韦某、尤甲和尤乙，韦某认缴出资额为 4000 万元、尤甲认缴出资额为 500 万元、尤乙认缴出资额为 500 万元，三股东出资全部交付到位的期限均为 2038 年 12 月 31 日之前。

【案件焦点】

公司具备破产原因但不申请破产的，未届出资期限的股东是否应当在未出资范围内对公司不能清偿的债务承担补充赔偿责任。

【法院裁判要旨】

山东省临沂市河东区人民法院经审理认为：韦某、尤甲和尤乙认缴出资期限为 2038 年 12 月 31 日，认缴期限尚未届满。某建筑工程公司向一审法院提交了（2021）鲁 1327 执 1931 号执行裁定书，主张某科技发展公司已具备破产原因。但上述证据仅能证明某科技发展公司暂无财产可供执行，并不足以证实其资产不足以清偿全部债务或者明显缺乏清偿能力而具备破产原因，但不申请破产，不符合公司注册资本认缴制下股东出资加速到期的情形，故某建筑工程公司的诉讼请求证据不足，一审法院依法不予支持。

山东省临沂市河东区人民法院依照《中华人民共和国企业破产法》第二条，《最高人民法院关于适用〈中华人民共和国企业破产法〉若干问题的规定（一）》第二条、第三条，《中华人民共和国民事诉讼法》第六十七条之规定，判决如下：

驳回某建筑工程公司的诉讼请求。

某建筑工程公司不服一审判决，提出上诉。山东省临沂市中级人民法院经审理认为：在注册资本认缴制下，股东依法享有期限利益，债权人以公司不能清偿到期债务为由，请求未届出资期限的股东在未出资范围内对公司不能清偿的债务承担补充赔偿责任的，人民法院不予支持。但是，下列情形除外：（1）公司作为被执行人的案件，人民法院穷尽执行措施无财产可供执行，已具备破产原因，但不申请破产的；（2）在公司债务产生后，公司股东（大）会决议以其他方式延长股东出资期限的。本案中，某科技发展公司经人民法院调解书确认的债务到期未能清偿，且经人民法院强制执行仍未能清偿债务，符合不能清偿到期债务且明显缺乏清偿能力的情形，应当认定其具备破产原因。某科技发展公司已具备破产原因，但不申请破产，故该公司股东尤甲、韦某、尤乙虽未届出资期限，仍应在未出资范围内对公司不能清偿的债务承担补充赔偿责任。

山东省临沂市中级人民法院依照《中华人民共和国企业破产法》第二条，《最高人民法院关于适用〈中华人民共和国企业破产法〉若干问题的规定（一）》第一条、第二条、第四条及《中华人民共和国民事诉讼法》第一百七十七条第一款第二项之规定，判决如下：

一、撤销山东省临沂市河东区人民法院（2023）鲁1312民初2530号民事判决；

二、韦某在4000万元、尤甲在500万元、尤乙在500万元未出资范围内对民事调解书项下某科技发展公司不能清偿的债务承担补充赔偿责任。

【法官后语】

在注册资本认缴制下，公司无法履行到期债务时，股东出资期限加速到期的认定标准始终是审判实践中的难点。注册资本认缴制下，股东依法享有期限利益，债权人以公司不能清偿到期债务为由，请求未届出资期限的股东在未出资范围内对公司不能清偿的债务承担补充赔偿责任的，人民法院一般不予支持。但《全国法院民商事审判工作会议纪要》（以下简称《九民纪要》）第六条但书条款就股东期限利益下是否可适用出资加速到期的规定提供了两种认定路径：一是公司作为被执行人的案件，人民法院穷尽执行措施无财产可供执行，已具备破产原因，但不申请破产的；二是在公司债务产生后，公司股东会决议以其他方式延长股东出资期限的。司法实践中，对公司已具备破产原因、股东抗辩公司具有清偿能力、裁判法律依据援引等方面的认定与处理存在一定难度，本案契合上述第一种情形，为公司已具备破产原因但不申请破产的审查认定提供了分析样本。

一、公司已具备破产原因的初步审查

《九民纪要》第六条将公司“已具备破产原因”作为认定股东出资加速到期的重要条件，但对于公司处于何种状态即属于“已具备破产原因”并未明确。在股东加速到期纠纷案件中，债权人往往会提供终结本次执行程序裁定书以证明公司已具备破产原因，股东则抗辩公司具有清偿能力，并非资不抵债，不应适用股东出资加速到期，法院应严格按照法定程序对终本裁定作审慎审查。根据《最高人民法院关于严格规范终结本次执行程序的规定（试行）》第三条的规定，终本执行裁定应在严格按照法定程序“已穷尽财产调查措施”后作出，若未按前述规定履行必要程序的，法院在审查时，不能仅依据该终本裁定作为穷尽执行措施无财产可供执行的依据。本案中，某科技发展公司经人民法院调解书确认的债务到期未能清偿，某建筑工程公司向人民法院申请了强制执行，因某科技发展公司暂无财产可供执行，故人民法院对执行案件终结执行，应进一步审查该终结本次执行裁定是否系严格按照法定程序“已穷尽财产调查措施”后作出。

二、穷尽执行措施无财产可供执行的审查认定

《中华人民共和国企业破产法》第二条、《最高人民法院关于适用〈中华人民共和国企业破产法〉若干问题的规定（一）》第一条、第二条及第四条规定，公司已具备破产原因是指符合以下两种情形之一：(1) 公司不能清偿到期债务且公司资产不足以清偿全部债务；(2) 公司不能清偿到期债务且明显缺乏清偿能力。债权人依据法院终结本次执行裁定主张股东出资加速到期，仅是初步证明债务人公司具备破产原因。法院应当按照上述法律规定审查公司是否已具备破产原因，对公司资产状况及终结本次执行裁定作出情况进行必要审查。在此基础上，如无相反证据证明公司资产足以清偿债务或有清偿能力，且债权

人与公司均不申请破产的，法院可作出股东出资加速到期的裁决。本案中，执行法院通过全国网络查控系统查询了被执行人某科技发展公司名下银行存款、互联网存款、证券、企业工商、车辆、不动产信息，无可供执行财产，被适用限高措施，且执行法院至被执行人公司所在地现场调查，并询问所在地基层组织，公司没有经营，应认定法院对于某科技发展公司已穷尽财产调查措施，作出的终本裁定可以作为“人民法院穷尽执行措施无财产可供执行”的认定依据，故可以认定某科技发展公司明显缺乏清偿能力，已具备破产原因，未届出资期限的股东可以适用加速到期的规定。

编写人：山东省临沂市中级人民法院　赵凤全　崔国艳

7

公司瑕疵减资导致债权人利益受损时股东责任的认定

——某经营部诉某建设公司等公司减资案

【案件基本信息】

1. 裁判书字号

江苏省南京市中级人民法院（2024）苏 01 民终 918 号民事判决书

2. 案由：公司减资纠纷

3. 当事人

原告（被上诉人）：某经营部

被告（上诉人）：某实业公司

被告：某建设公司、陈某、程乙

【基本案情】

2023 年 8 月 11 日，三案外人分别将其对某建设公司享有的债权合计

4500079.79元转让给某经营部，并向某建设公司送达了《债权转让通知书》。某经营部受让前述债权后，要求某建设公司支付欠付款项，但某建设公司未能支付，故形成案涉诉讼。

某建设公司成立于2010年3月22日，注册资本600万元，股东为某实业公司、陈某。2010年6月7日某建设公司的注册资本全部缴足并进行股权变更登记，某实业公司将其持有的10%股权转让给程甲。2011年4月29日，某建设公司进行股权变更登记，程甲将其持有的10%股权转让给程乙。2013年10月21日，某建设公司增加注册资本1400万元，其中某实业公司认缴出资840万元，陈某和程乙均认缴出资140万元，该部分新增出资已于当日前全部缴足。2018年5月18日，某建设公司增加注册资本3000万元，其中某实业公司认缴出资1800万元，陈某认缴出资900万元，程乙认缴出资300万元，出资时间至2040年3月20日，该部分新增出资尚未缴足。

2023年8月23日，某经营部诉至法院。2023年10月16日，一审法院开庭审理。一审庭审结束后，某经营部提交某建设公司企业信息查询截图，证明某建设公司的注册资本于2023年11月8日由5000万元变更为2000万元且未向其告知。某建设公司、某实业公司、陈某、程乙对此表示认可，但称减资系公司正常经营需要，与本案无关，且某建设公司就减资事项于2023年9月22日至11月5日进行了公示公告，程序合法，某经营部未在公示期内要求某建设公司清场或者提供担保系自行放弃权利。某经营部认为某建设公司构成恶意减资，主张某实业公司、陈某、程乙在出资未实缴范围内对某建设公司的债务承担连带责任。

【案件焦点】

某实业公司、陈某及程乙是否应当在减资范围内对某建设公司案涉债务不能清偿部分承担责任，承担何种责任。

【法院裁判要旨】

江苏省南京市浦口区人民法院经审理认为：三案外人分别将其对某建设公

司的债务转让给某经营部，某建设公司对此无异议，故前述债权转让行为有效。某建设公司应当向某经营部支付欠款及逾期付款利息。

公司的注册资本既是公司股东承担有限责任的基础，也是公司的交易相对方判断公司财产责任能力的重要依据。公司在作出减少注册资本决议后，应当履行通知债权人的义务，以避免因公司减资产生损及债权人债权的结果，股东对于公司上述通知义务的履行亦应尽到合理注意义务。某经营部与某建设公司的债权在某建设公司减资之前已经形成，某实业公司、陈某、程乙均未依法履行通知某经营部的义务，亦未向某经营部清偿债务，违反公司法相关规定，应当承担减资程序不当的法律责任，即在减资的 3000 万元范围内对某建设公司债务不能清偿部分承担补充赔偿责任。

江苏省南京市浦口区人民法院依照《中华人民共和国民法典》第五百零九条、第五百四十五条、第五百七十七条、第五百七十九条、第八百零九条，《中华人民共和国公司法》第三条、第一百七十七条，《最高人民法院关于适用〈中华人民共和国公司法〉若干问题的规定（三）》第十三条，《中华人民共和国民事诉讼法》（2021 年修正）第四十条第二款、第六十七条第一款、第一百四十五条规定，判决如下：

一、某建设公司于判决生效后七日内支付某经营部运输费 4500079.79 元及逾期付款利息（以 4500079.79 元为基数，自 2023 年 8 月 23 日起至实际偿清之日止，按照全国银行间同业拆借中心公布的贷款市场报价利率计算）；

二、某实业公司、陈某、程乙在减资 3000 万元范围内对某建设公司上述债务不能清偿部分承担补充赔偿责任；

三、驳回某经营部的其他诉讼请求。

某实业公司不服一审判决，提出上诉。江苏省南京市中级人民法院经审理认为：某建设公司的减资行为发生在本案一审诉讼过程中，完全能够有效地联系某经营部，但其仅发布公告，未就减资事宜直接通知某经营部，不符合减资的法定程序。某实业公司、陈某、程乙作为股东及本案被告，明知案涉债权存在，仍通过股东会决议减资且未直接通知某经营部，既损害了某建设公司的清偿能力，又侵害了某经营部的债权，应在减资数额范围内对某建设公司债务不能清偿部分承担补充赔偿责任。

江苏省南京市中级人民法院依照《中华人民共和国民事诉讼法》第一百七十七条第一款第一项规定，判决如下：

驳回上诉，维持原判。

【法官后语】

公司股东负有按照公司章程切实履行全面出资的义务，同时负有维持公司注册资本充实的责任。公司减资未通知债权人时，减资股东承担何种责任、责任基础是什么，是本案中值得研究探讨的重点问题。

关于减资股东责任的承担，司法实践中存在以下几种观点：第一种观点认为，公司减资未通知债权人，对债权人不发生减资效力，此时债权人可以要求减资股东在减资本息范围内对公司债务承担连带清偿责任。第二种观点认为，公司减资的通知义务主体为公司，减资股东不存在通知义务，减资未通知债权人系公司侵害债权，与减资股东没有直接关系。但如果减资股东在减资过程中实际获益，由减资股东承担补充赔偿责任亦具有一定合理性。第三种观点认为，尽管公司减资时的通知义务主体系公司，但公司是否减资系股东会决议的结果，是否减资以及如何减资完全取决于股东的意志，减资股东对于公司减资的法定程序及后果均属明知。公司减资未通知已知债权人的情形与股东出资不实或者违法抽逃出资对债权人利益受损的影响，在本质上具有相似性。减资股东在明知债权人对公司享有债权的情况下，共同作出减资决议并完成减资变更登记，具有主观故意，构成共同侵权，应当在减资本息范围内承担补充赔偿责任。本案采第三种观点。让减资股东负担了解公司债权人的情况并督促公司通知债权人的义务，更有利于债权人的保护。尽管我国法律未具体规定公司瑕疵减资导致债权人利益受损时股东的责任，但可比照公司法相关原则和规定进行认定。关于减资股东的具体责任形式，相较于在减资本息范围内承担连带清偿责任，补充赔偿责任已经能够达到保护债权人利益的目的，亦更具合理性。

本案的特殊情形在于，公司减资针对的是未到期的认缴出资，减资股东未在减资范围内从公司取回出资或对应资产。本案观点为，认缴出资类似于公司未来的应收账款，减免认缴出资同样将损害公司的债务清偿能力。尽管减免的出资尚未到期，但公司法资本维持原则的目的在于防范公司资本的非法撤回、保护债权人的合法权益，减资股东明知公司有债务而减少注册资本，存在逃避出资义务的意图，主观上存在过错，因此可以参照出资期限加速到期的相关规定，判令减资股东承担补充赔偿责任。申言之，即便公司在减资后又等额增资甚至超额增资，恢复或者超出减资前的状态，但减资行为与增资行为系两个独立的行为，等额或者超额增资并不能弥补减资程序存在的瑕疵，减资股东仍应对于瑕疵减资承担相应的责任。

本案判决明确瑕疵减资导致债权人利益受损时减资股东应承担的责任，同时将责任方式限定为减资本息范围内的补充赔偿责任。对于瑕疵减资引发的债权人起诉股东责任纠纷，应当从严认定股东责任，从而督促公司及股东依法履行法定通知义务。

编写人：江苏省南京市中级人民法院　周温涛

江苏省南京市浦口区人民法院　鄢志文

8

股东补足出资行为有效性的认定

——某劳务派遣公司诉王甲、王乙追收抽逃出资案

【案件基本信息】

1. 裁判书字号

江苏省盐城市中级人民法院（2023）苏 09 民终 132 号民事判决书

2. 案由：追收抽逃出资纠纷

3. 当事人

原告（上诉人）：某劳务派遣公司

被告（被上诉人）：王甲、王乙

【基本案情】

某劳务派遣公司法定代表人为王甲，经营范围为劳务派遣，公司注册资本50万元，股东为王甲（持股比例70%）、王乙（持股比例30%）。王甲与王乙系姐弟关系。2011年10月21日，王甲以王甲、王乙名义分别向某劳务派遣公司汇款35万元、15万元，备注为“投资款”。2021年10月26日，某劳务派遣公司向王甲转账50万元。

2011年12月13日，某劳务派遣公司与某建设公司签订《土建劳务协议》。2011年12月16日，王甲通过其个人银行账户向卢某转账合计75万元，用于缴纳某劳务派遣公司应向某建设公司支付的工程保证金。某建设公司出具了保证金凭条一份。

某劳务派遣公司与某建设公司工程款纠纷一案，江苏省昆山市人民法院生效判决认定上述75万元系某劳务派遣公司向某建设公司支付的工程劳务保证金，并判决某建设公司向某劳务派遣公司退还工程保证金75万元并支付相应的利息。某劳务派遣公司根据该判决，向法院申请强制执行。

江苏省东台市人民法院受理覃某对某劳务派遣公司的破产清算申请后，某劳务派遣公司管理人向王甲、王乙送达《通知书》，要求王甲、王乙于接到通知书之日起三日内向管理人缴纳抽逃出资款。因王甲、王乙未在上述时间内缴纳抽逃出资款，某劳务派遣公司遂提起本案诉讼。

【案件焦点】

王甲、王乙是否构成抽逃出资。

【法院裁判要旨】

江苏省东台市人民法院经审理认为：公司是企业法人，有独立的法人财产，享有法人财产权。公司以其全部财产对公司的债务承担责任。出资是股东对公司的基本义务，也是形成公司财产的基础。公司成立后，股东不得抽逃出资。某劳务派遣公司股东王甲在公司注册成立后，即将该公司全部注册资本 50 万元转入其个人银行账户，并用于偿还个人债务。王甲的该转出行为未经任何法定程序、未基于正常的交易关系，直接导致某劳务派遣公司资产的减少，损害了公司合法权益，其行为构成抽逃出资。王乙已足额缴纳出资款，未有充分证据证明王乙授权王甲转出出资款，或王乙对王甲转出出资款的事实知情，故王乙不构成抽逃出资。王甲抽逃出资后，通过其个人银行账户代某劳务派遣公司向某建设公司缴纳工程劳务保证金的方式将其转出的款项全部返还公司，既补足了抽逃的出资款项，且未对公司造成实质损害。故，对某劳务派遣公司要求王甲、王乙返还抽逃出资款并对对方抽逃的出资款承担连带还款责任的请求，不予支持。

江苏省东台市人民法院依照《中华人民共和国公司法》第三十五条，《中华人民共和国企业破产法》第三十五条，《最高人民法院关于适用〈中华人民共和国公司法〉若干问题的规定（三）》第十二条，《最高人民法院关于适用〈中华人民共和国民事诉讼法〉的解释》第九十条规定，判决如下：

驳回某劳务派遣公司的诉讼请求。

某劳务派遣公司不服一审判决，提出上诉。江苏省盐城市中级人民法院经审理认为：王甲抽逃出资后，通过其银行账户代某劳务派遣公司向卢某转账缴纳工程保证金 75 万元。该保证金被江苏省昆山市人民法院生效判决认定为某劳务派遣公司向某建设公司支付的工程劳务保证金，并判决由某建设公司向某劳务派遣公司返还。某劳务派遣公司被宣告破产受理后，破产管理人接管该公司，具备举证条件和能力，但并未举证证明公司就涉案 75 万元与王甲存在其他经济关系，结合一审中王甲关于其转出出资款系为缴纳上述工程保证金的陈述，一审认定王甲已补足抽逃出资款项符合客观事实。综上所述，某劳务派遣公司的上诉请求不能成立，应予驳回；一审判决认定事实清楚，判决结果正确，应予维持。

江苏省盐城市中级人民法院依照《中华人民共和国民事诉讼法》第一百七十条第一款第一项、第一百七十一条规定，判决如下：

驳回上诉，维持原判。

【法官后语】

资本维持原则是我国公司法的基本原则之一，意在公司存续过程中，保持与其资本额相当的财产，以防止公司资本的实质性减少，保证公司具有足够的偿债能力，保护债权人利益不受侵犯。因此，《中华人民共和国公司法》第五十三条第一款明确规定："公司成立后，股东不得抽逃出资。"实践中，股东抽逃出资现象时有出现，而股东往往抗辩其已通过代偿债务等方式补足出资。因现实中部分公司财务制度不健全，会计账簿亦难以全面反映所涉款项的性质，且存在公司账户与股东个人账户混用、存在多笔往来等多种复杂情形，而法律对股东补足出资行为有效性的认定缺少明确具体的规定，导致审判实践中对股东是否通过代偿方式补足出资的认定存在一定难度。笔者认为，此种情形下，股东补足出资应当从意思表示、代付款项的真实性、公司与股东之间的经济往来关系等方面综合审查认定。

第一，股东必须有补足出资的明确意思表示。补足出资中的"资"意指注册资本，与普通资金不同。股东补足出资是为了纠正自己抽逃出资的行为，保证公司资本充实，并非股东向公司投入的所有资金都能认定为补足出资。在公司经营过程中，股东个人或者通过第三人代替公司清偿债务或者支付款项，必须有通过该种方式补足出资的明确意思表示，否则不能一概认定为补足出资。

第二，代付款项必须是真实的。股东对公司的出资义务，本质上是股东对公司所负债务。因此，当股东代替公司清偿债务来补足对公司出资时，实质上是第三人代偿债务。债务的真实性是补足出资行为效力认定的前提，公司对外存在需要承担的债务或者支付的款项时，股东通过个人财产或者委托他人代偿或者支付的，才存在是否补足的认定。如果债务是虚假或者虚构的，公司无须支付该款项，而股东擅自代替公司支付该款项则缺乏合法性支撑，不能认定为补足出资，代偿的行为后果应由股东个人承担。

第三，股东和公司之间不存在其他经济往来。实践中，公司与股东之间存在大量关联交易的情形十分常见，鉴于股东的特殊身份，股东与公司之间的往来交易背后可能存在通过交易方式转移公司资产或者抽逃出资等行为。因此，在股东代替公司偿还债务或者支付款项时，需要严格审查股东和公司之间的经济往来状况，以确保补足出资的合法性。

具体到本案中，王甲在某劳务派遣公司注册成立后，即将该公司注册资本全部转入其个人银行账户，并用于偿还个人债务。王甲的该转出行为未经任何法定程序、未基于正常的交易关系，直接导致某劳务派遣公司资产的减少，损害了公司合法权益，属于抽逃出资。王甲在抽逃出资后，通过其个人银行账户代替公司支付工程保证金，应当认定为补足出资，理由如下：第一，王甲在本案审理过程中，明确表示其转出出资款系为缴纳上述工程保证金。第二，生效法院文书载明的事实，可以证明该公司确实因经营需要缴纳工程保证金，王甲的款项支付事由是真实的。第三，根据生效裁判文书的判决结果，该工程保证金应由某建设公司返还给某劳务派遣公司。即王甲代某劳务派遣公司支付的该工程保证金，已经认定为该公司的债权。后某劳务派遣公司亦根据该判决，向法院申请强制执行。因此，王甲代某劳务派遣公司支付的工程保证金已经实际转化为该公司的有效资本。第四，经过审查，王甲与某劳务派遣公司之间不存在其他经济往来，可以确认其代付款项的合法性和真实性。故，一审法院在综合王甲支付款项时的真实意思表示、款项支付的真实性、公司资本数额、股东与公司之间经济往来等情形后，最终认定王甲补足出资行为有效。该判决不仅符合公司法的立法本意，更体现了股东利益和债权人利益的衡平保护。

编写人：江苏省东台市人民法院　宋倩倩

9

股东以通过账目调整的方式将关联企业之间的债权转化为出资款为由抗辩已履行出资义务的，不予支持

——甲机械公司诉黄某等追收未缴出资案

【案件基本信息】

1. 裁判书字号

重庆市第五中级人民法院（2023）渝 05 民终 2117 号民事判决书

2. 案由：追收未缴出资纠纷

3. 当事人

原告（被上诉人）：甲机械公司

被告（上诉人）：黄某、李甲

被告：李乙、徐某某

【基本案情】

2011 年 6 月，甲机械公司成立，注册资本 200 万元，法定代表人李甲。2018 年 2 月，公司进行增资和股权变更，其中股东黄某持股 88%，实际系为李甲代持，增资部分的认缴出资额为 5320720 元，出资时间为 2027 年 12 月 31 日。2019 年 10 月 28 日，李甲与乙机械公司、甲机械公司签订《协议书》，载明：李甲既是乙机械公司的法定代表人及实际控制人，也是甲机械公司的实际控制人。乙机械公司账目显示应收甲机械公司账款 7440809.62 元，实为李甲向乙机械公司所借用于投资进入甲机械公司。2019 年 10 月 31 日，甲机械公司、李甲、黄某等签订《协议书》，再次确认前述事实，并约定其中 5320720 元实为李甲出资的股本金，由公司会计对相应的账目按照各方本次确认的进行重新

记载或进行科目调整以反映真实意思。2020年10月31日，甲机械公司调整账目，实收资本显示根据协议调整账务5320720元。2020年12月28日，重庆市第五中级人民法院作出民事裁定书，裁定受理债权人对甲机械公司的破产清算申请，并指定管理人。2021年10月20日，管理人代表甲机械公司向法院起诉，请求李甲、黄某等公司股东履行缴纳出资款的义务。

2019年9月30日，重庆市高级人民法院作出二审民事裁定，裁定撤销重庆市第五中级人民法院作出的一审民事裁定，由重庆市第五中级人民法院裁定受理乙机械公司的破产重整申请。

【案件焦点】

实际股东李甲以已经通过协议将关联企业往来款转化为股东出资为由抗辩已经履行出资义务，能否成立。

【法院裁判要旨】

重庆市九龙坡区人民法院经审理认为：虽然李乙、徐某某、黄某、李甲举示2019年10月28日和2019年10月31日的《协议书》，并举示了乙机械公司和甲机械公司的财务账册，以证明实际股东李甲将欠款转为股本金的事实，即认为实际股东李甲已完成了5320720元的出资，但是这种以债权抵充股东出资义务的方式并不符合上述公司法律条款的规定，不应当认定为股东已经履行了出资义务。人民法院受理破产申请构成了股东出资缴付加速到期的法定事由，出资人有义务及时将尚未届至缴纳期限的出资缴付到位。因此，本案的股东应当及时履行出资义务。根据本案查明的事实，李甲作为甲机械公司的实际股东，应当承担缴纳未缴纳注册资本5320720元的出资义务，并承担资金占用损失。

重庆市九龙坡区人民法院依照《中华人民共和国公司法》第二十八条、第三十五条，《最高人民法院关于适用〈中华人民共和国公司法〉若干问题的规定（三）》第十三条、第二十六条，《中华人民共和国企业破产法》第三十五条，《中华人民共和国民事诉讼法》第六十七条之规定，判决如下：

一、李甲向甲机械公司缴纳出资款5320720元，并从2021年10月20日起，按全国银行间同业拆借中心公布的贷款市场报价利率计算资金占用损失至付清日止；

二、黄某承担补充赔偿责任；

三、驳回甲机械公司的其他诉讼请求。

李甲、黄某不服一审判决，提起上诉。重庆市第五中级人民法院经审理认为：第一，在乙机械公司即将正式进入破产程序之时，李甲作为乙机械公司的法定代表人应当依法等待人民法院指定管理人接管公司，无权代表公司作出任何对公司财产利益有重大影响的意思表示。第二，本案中，李甲与各关联方通过两份协议，试图将2014年至2016年乙机械公司对甲机械公司的多笔转账在多年后通过账目调整的方式转为李甲的出资款，并非一般意义上的货币出资，需要进行权利外观公示。李甲所称已履行出资义务，既未进行验资也未进行外部公示，这种内部关联账目调整的行为违反了资本充实原则，损害了重庆制造公司外部债权人的利益。法院对李甲抗辩已履行出资义务的意见不予认可。

重庆市第五中级人民法院依照《中华人民共和国合同法》第五十条，《中华人民共和国公司法》第二十八条，《最高人民法院关于适用〈中华人民共和国公司法〉若干问题的规定（三）》第二十六条，《中华人民共和国民事诉讼法》第一百七十七条第一款第一项规定，判决如下：

驳回上诉，维持原判。

【法官后语】

注册资本构成公司生产经营的经济基础，公司是以注册资本为限对外承担责任，缴纳出资款和保持公司资本充足是股东对公司的法定义务。《中华人民共和国企业破产法》第三十五条规定："人民法院受理破产申请后，债务人的出资人尚未完全履行出资义务的，管理人应当要求该出资人缴纳所认缴的出资，而不受出资期限的限制。"此时，股东应及时履行出资义务，该部分出资作为破产财产用于清偿债务，以维护全体债权人的公平受偿权益。司法实践中，部分债务人企业的股东、实际控制人在债务人企业进入破产程序前，通过签订协议，将关联方与债务人企业的往来款或其他性质款项转化为股东对债务人企业的出资款处理，用以规避债务人企业进入破产程序后，出资期限加速到期，股东应承担的缴纳出资款责任。如果对股东虚假出资或未补缴出资不予追究，一方面会给股东提供假借破产逃废债的机会，另一方面也会严重损害债权人、债务人及利害关系人的合法权益。本案中，管理人在对企业清产核资过程中发现大股东有部分出资未到位，提起诉讼进行追缴，股东以已经通过协议将关联企业往来款转化为股东出资为由抗辩已经履行出资义务。本案的裁判思路分为以下三个层次。

一、具备破产原因情况下，法定代表人不应作出对公司财产利益有重大影响的意思表示

《中华人民共和国企业破产法》第三十一条规定："人民法院受理破产申请前一年内，涉及债务人财产的下列行为，管理人有权请求人民法院予以撤销：（一）无偿转让财产的；（二）以明显不合理的价格进行交易的；（三）对没有财产担保的债务提供财产担保的；（四）对未到期的债务提前清偿的；（五）放弃债权的。"同时，依照《中华人民共和国企业破产法》第一百二十八条的规定，债务人有前述行为，损害债权人利益的，债务人的法定代表人和其他直接责任人员依法承担赔偿责任。根据上述法律规定精神，在企业已经具备破产原因的情况下，企业相关人员特别是法定代表人及高级管理人员应当对企业继续负有忠实勤勉义务，依法不得作出减损公司财产的意思表示，即在企业具备破产原因的前提下，法定代表人及其他高级管理人员没有被赋予对公司财产利益作出减损意思表示的权利。本案中，乙机械公司已经向法院申请破产，且法院即将作出受理破产重整裁定。乙机械公司法定代表人作出将该公司对外的债权转化为其法定代表人个人的债权，明显对乙机械公司的财产利益产生重大影响，可能大幅减损乙机械公司的财产，违背了高级管理人员的忠实勤勉义务，从合同法的角度来看，法定代表人超越权限，将乙机械公司对甲机械公司的应收款调整为对李甲个人借款，损害乙机械公司债权人利益，人民法院对该行为的法律效力应作出否定性评价。

二、将关联企业往来款转为股东出资的行为，违反资本充实原则，损害公司债权人利益

关联公司是指公司之间为达到特定经济目的通过特定手段而形成的公司之间的联合。关联公司之间存在着较一般公司更为紧密的联系，所以也就更容易出现人格混同等问题。本案中，乙机械公司与甲机械公司的实际控制人均系同一人，双方之间有大量往来款项，具有明显关联企业的特点。由于关联企业法人财产不再泾渭分明，在关联公司之间随意移转，所以很容易导致债权人的权益落空。关联企业之间往往有大量往来款项，其款项性质在转款之初并不明确，无法直接认定系关联企业之间的债权债务关系。故，直接通过协议的方式，将之前关联企业的往来款项转化为股东对其中一家企业的出资款可能会将虚假债权、无法实际实现的债权转化为股东的出资，难免造成公司资本空洞化，违反公司资本充实原则，损害广大公司债权人的利益。

三、股东以债权出资应符合法律规定和商事外观原则，避免其利用破产程序"逃废债"

一方面，根据2023年修订的《中华人民共和国公司法》规定，公司股东可以债权作价出资。不过，基于债权本身的特性，以债权出资具有区别于其他出资形式的高风险。首先，债权存在具有相对性，在实践中会带来虚假债权的突出问题；其次，债权实现具有不确定性，能否实现受制于债务人的具体情况。因为债权实现的不确定性本身就是作价出资中需要考虑的因素，所以债权存在的相对性是重点。本案中，李甲作为乙机械公司和甲机械公司的实际控制人，以两公司之间的资金往来作为自己对于甲机械公司享有债权的证明，并没有经过权利外观公示，对外应当无效。

另一方面，股东以其对公司的债权出资包括两种形式：一是增量债转股，即公司债权人以其对公司享有的债权增资入股，由债权人转化为股东；二是存量债转股，股东以对其公司享有的债权抵销其对公司负有的出资义务。本案即属于第二种情况。根据《最高人民法院关于适用〈中华人民共和国企业破产法〉若干问题的规定（二）》第四十六条规定，可以解释为在破产程序中，瑕

疵出资的股东不能以对公司享有的债权抵销对公司负有的出资义务。因为在公司已经明显丧失清偿能力或无法正常经营的情形下，为保护公司债权人利益，避免公司股东债权优先受偿或者逃避出资义务，应当禁止以股东对公司享有的债权抵销其对公司的出资义务。

编写人：重庆市第五中级人民法院　吴跃辉　王慧杰

10

基于特定目的而零对价受让股权的受让股东不应对转让股东的瑕疵出资承担连带责任

——某建筑工程公司诉毛某等追收抽逃出资案

【案件基本信息】

1. 裁判书字号

江苏省南通市中级人民法院（2023）苏06民终5159号民事判决书

2. 案由：追收抽逃出资纠纷

3. 当事人

原告（被上诉人）：某建筑工程公司

被告（上诉人）：毛某

被告（被上诉人）：包某、周某、陈某

第三人（上诉人）：朱某

【基本案情】

2012年9月13日，某建筑工程公司设立，公司股东为包某、毛某、周某、陈某，注册资本3000万元，该3000万元注册资本在汇入某建筑工程公司后的次日即被转出。同月，某建筑工程公司股东变更为周某、毛某、包某。2014年

9月，某建筑工程公司作为发包人与朱某作为承包人签订建设工程施工合同一份。2015年10月，朱某与毛某签订股权转让协议一份，约定毛某代表全体股东将某建筑工程公司53.2%股权转让给朱某，转让费为零，手续费由朱某垫付，转让前某建筑工程公司债权债务由毛某负责，将来在双方协商一致（是指毛某须结清朱某投资及垫付）的情况下，可将朱某所持某建筑工程公司53.2%的股权以零转让费收回，收回手续费由毛某承担。随后，某建筑工程公司接收朱某为新股东，周某、包某将股权转让给朱某及毛某后退出某建筑工程公司。毛某陈述，基于和朱某以某建筑工程公司名义共同承接浙江项目，其才将某建筑工程公司股权转让给朱某。2016年2月，朱某与毛某约定，2016年3月30日前，毛某将朱某股权53.2%转出，转出之前需结清朱某代垫费用。2016年4月，朱某、毛某与王某签订股权转让协议，约定将股权全部转让给王某，转让价51万元，后王某向朱某支付51万元。2016年5月，朱某与王某就51万元约定分配方案。2016年6月、9月，毛某、朱某分别将股权转让给王某，并退出某建筑工程公司。2022年5月，某建筑工程公司被裁定进入破产清算程序。

【案件焦点】

毛某是否存在抽逃出资，朱某对相关人员的出资义务是否应当承担连带责任。

【法院裁判要旨】

江苏省海安市人民法院经审理认为：某建筑工程公司注册资本被全额转出，包某等四人对此未作合理解释，其作为发起人存在“通过虚构债权债务关系将出资转出”的抽逃出资行为，应各自对彼此的返还出资承担连带责任。朱某、毛某对某建筑工程公司设立时的股东出资情况负有审慎核查义务，两位受让人对抽逃出资行为应当知晓。王某低价受让股权，朱某、王某对此原因未作说明，亦未提供任何证据证明其对包某等四人的抽逃出资情况不知情。综合以上情形，依照法律规定，朱某、王某应当在两人各自受让股权范围内承担连带责任。

江苏省海安市人民法院依照《中华人民共和国公司法》《最高人民法院关

于适用〈中华人民共和国公司法〉若干问题的规定（三）》的相关规定，判决如下：

一、包某、毛某、周某、陈某于判决发生法律效力之日起十日内向某建筑工程公司返还出资款400万元，包某、毛某、周某各自在150万元限额范围内承担上述责任，包某、毛某、周某、陈某对彼此的还款义务承担连带责任；

二、朱某在1596万元股权范围内，对周某的上述还款义务承担连带责任；

三、王某在1404万元股权范围内，对毛某的上述还款义务承担连带责任；

四、驳回某建筑工程公司的其他诉讼请求。

朱某、毛某不服一审判决，提起上诉。江苏省南通市中级人民法院经审理认为：对王某的责任承担同一审法院裁判意见。但朱某受让案涉股权仅是为了承接相关工程项目，其并无经营某建筑工程公司的目的，且其受让股权时也难以发现原股东的出资已抽逃，在无证据证明其与转让人恶意串通、知道或应当知道某建筑工程公司原股东存在抽逃出资行为的情况下，苛求朱某负有审查某建筑工程公司原股东是否存在抽逃出资行为亦有违公平原则。

江苏省南通市中级人民法院依照《中华人民共和国民事诉讼法》第一百七十条第一款第二项规定，判决如下：

一、维持江苏省海安市人民法院（2022）苏0621民初7605号民事判决第一项、第三项；

二、撤销江苏省海安市人民法院（2022）苏0621民初7605号民事判决第二项、第四项；

三、驳回某建筑工程公司的其他诉讼请求。

【法官后语】

《最高人民法院关于适用〈中华人民共和国公司法〉若干问题的规定（三）》第十八条对瑕疵股权转让的有关后续义务和责任分配作了原则性规定。一方面，基于瑕疵担保责任，该条明确发起人股东的出资义务不因股权转让而免除；另一方面，受让人是否承担相应责任要视其“是否知道或应当知道”进行不同区分。审判实践中，对于发起人是否履行出资义务依据查明事实往往可以作出准确判断，但对于受让人而言，“知道”属于主观明知，需要查明转让股东已将出资瑕疵的事实告知受让人，或者受让人通过其他方式得知受让股权存在瑕疵出资。从举证角度而言，无论是公司还是债权人都很难对相应事实予以证明，公司或者债权人以此为由提出主张的情况并不多见；而“应当知道”是客观推定，是基于相关事实推定受让人在受让股权时可能知晓股权存有出资瑕疵，对公司或者债权人而言，其举证责任大大减轻，从对该类案件的检索情况看，公司或者债权人大部分也都是基于此提出主张。

从理性商事主体角度分析，通常情况下受让人受让股权时必定会对公司状况进行深入了解，借以判断是否应当受让股权或者确认受让股权的实际价值，而其之所以愿意受让瑕疵股权也必然具有一定“特殊原因”，同时亦会伴随产生一些“特殊表象”。因此，通过对“特殊表象”的分析，往往可以帮助快速甄别受让人是否存在“应当知道”的情形，具体分析如下：

1. 身份关系。如转让人与受让人之间存在亲属关系，受让人与公司其他股东之间存在亲属等特定关系，转让人与受让人均为公司高级管理人员或者均受同一实际控制人控制时，此时受让人基于其特殊身份关系在获取公司出资情况等交易信息方面具有优于一般外部交易主体的优势，在其不能作出合理解释时，可以据此推定受让人应当知道受让股权存在瑕疵出资。

2. 转让对价。基于等价有偿原则，除非是赠与，否则转让人通常情况不可能以零对价或者不合理低价转让股权，抑或约定了合理价格却不要求受让人实际给付。如果双方对此都不能作出合理解释，结合公司的实际运营情况，也可以对受让人作出“应当知道”的认定。

3. 受让目的。受让目的直接反映受让人的真实意思表示，分析受让目的能更直观地帮助识别受让人的主观意图。例如，在建设工程领域，挂靠人之所以愿意受让股权往往是为了借用公司资质等特定目的，其并不具有长期经营公司的意愿，在特定目的完成后即将股权转出，其在受让时往往不会对公司的资产进行核查，不会过多地关注转让价格等问题，故此时就不能对受让人课以过重的注意义务，认定其“应当知道”。

4. 权利救济。受让人成为公司股东后，其通过查询财务账册等方式理应发现受让股权存在瑕疵时却不予以主张或寻求司法救济，应视为其认可瑕疵股权转让的效力。

具体到本案中，朱某与毛某系合作关系，朱某成为某建筑工程公司股东的目的是承接工程，虽然其零对价受让了股权，但其本身不具有经营某建筑工程公司的意愿，对于股权是否存在瑕疵并非其应当予以注意的义务，故二审改判朱某对瑕疵股权转让不承担责任。

编写人：江苏省南通市中级人民法院　陈燮峰　刘杰

11

监事违反勤勉义务应对股东抽逃出资承担连带责任

——某实业公司诉范某等追收抽逃出资案

【案件基本信息】

1. 裁判书字号

重庆市第五中级人民法院（2023）渝 05 民终 7169 号民事判决书

2. 案由：追收抽逃出资纠纷

3. 当事人

原告（被上诉人）：某实业公司

被告（上诉人）：范某

被告：黄某、曾某

【基本案情】

某实业公司于 2014 年 2 月 10 日登记设立，注册资本 1000 万元，发起人为股东黄某持股 95%，任执行董事兼经理，范某持股 5%，任公司监事。2014 年 2

月10日，黄某首次缴纳出资190万元，范某首次缴纳出资10万元。2014年2月14日，某实业公司验资账户向某咨询公司转账199.9万元。2015年11月11日，黄某向某实业公司转账800万元，备注为黄某投资款。某实业公司记账凭证登记为“收到投资款，实收资本/黄某”。2015年11月12日，某实业公司向某劳务公司转账799.99万元。某实业公司的记账凭证登记为“预付款，其他应收款/某劳务公司”。事实上，某实业公司与某咨询公司、某劳务公司并无生意往来。2016年1月25日，范某与黄某签订《股权转让协议》，协议约定：范某将其持有的某实业公司5%的股权转让给黄某，股权转让价格为10万元，转让的股权中尚未实际缴纳出资的部分，由黄某继续履行出资义务。黄某出具《情况说明》，认可其于2015年11月11日向某实业公司转账的800万元中，760万元为其应履行的出资义务，40万元系代范某履行出资义务，因疏忽，才在进账单上将前述款项备注为“黄某投资款”。

2014年4月17日至2015年7月10日，范某参加了J大厦改造项目工作会议，出席了某实业公司与某管理公司签署《J大厦合作协议》签字仪式，审阅了《B广场升级改造工作简报》第3期、第4期，持续关注某实业公司内资转外资办理进程等。黄某陈述范某有参与某实业公司项目运作，范某除了与其沟通外，其也会将每个阶段的进展情况告知范某，由范某负责沟通协调政府。

2014年2月9日和2015年7月30日的两份《某实业公司章程》中均载明：“公司设监事一名，监事行使下列职权：（一）检查公司财务；（二）对执行董事、高级管理人员执行公司职务的行为进行监督，对违反法律、行政法规、公司章程或者股东会决议的执行董事、高级管理人员提出罢免的建议；（三）当执行董事、高级管理人员的行为损害公司的利益时，要求执行董事、高级管理人员予以纠正……”

【案件焦点】

范某是否应对黄某抽逃出资承担连带责任。

【法院裁判要旨】

重庆市九龙坡区人民法院经审理认为：在某实业公司将上述款项转出时，范某作为某实业公司的监事，未尽到防止股东抽逃出资的义务，反而存在放任其抽逃出资的行为，故应对黄某的返还出资义务承担连带责任。

重庆市九龙坡区人民法院依照《中华人民共和国公司法》第三十五条，《最高人民法院关于适用〈中华人民共和国公司法〉若干问题的规定（三）》第十二条、第十四条之规定，判决如下：

一、黄某向某实业公司返还出资款 9499050 元，范某对该项返还义务承担连带责任；

二、范某向某实业公司返还出资款 499950 元，黄某对该项返还义务承担连带责任；

三、驳回某实业公司的其他诉讼请求。

范某不服一审判决，提起上诉。重庆市第五中级人民法院经审理认为：

第一，无论按照法律规定，还是《某实业公司章程》规定，监事有检查公司财务，并对董事、高级管理人员执行公司职务的行为进行监督的职权和义务。《中华人民共和国公司法》第五十三条规定："监事会、不设监事会的公司的监事行使下列职权：（一）检查公司财务；（二）对董事、高级管理人员执行公司职务的行为进行监督，对违反法律、行政法规、公司章程或者股东会决议的董事、高级管理人员提出罢免的建议；（三）当董事、高级管理人员的行为损害公司的利益时，要求董事、高级管理人员予以纠正；（四）提议召开临时股东会会议，在董事会不履行本法规定的召集和主持股东会会议职责时召集和主持股东会会议；（五）向股东会会议提出提案；（六）依照本法第一百五十一条的规定，对董事、高级管理人员提起诉讼；（七）公司章程规定的其他职权。"2014 年 2 月 9 日和 2015 年 7 月 30 日的两份《某实业公司章程》中均载明："公司设监事一名，监事行使下列职权：（一）检查公司财务；（二）对执行董事、高级管理人员执行公司职务的行为进行监督，对违反法律、行政法规、公司章程或者股东会决议的执行董事、高级管理人员提出罢免的建议；（三）当执行董事、高级管理人员的行为损害公司的利益时，要求执行董事、高级管理人员予以纠正……”《中华人民共和国公司法》第一百四十七条第一款规定：“董事、监事、高级管理人员应当遵守法律、行政法规和公司章程，对公司负有忠实义务和勤勉义务。”范某作为公司监事，无论按照法律规定，还是《某实业公司章程》的规定，均有检查公司财务，并对董事、高级管理人员执行公司职务的行为进行监督的职权和义务。

第二，范某未履行监事职责，对公司未尽到勤勉义务，应对黄某抽逃出资承担连带责任。根据本案查明事实：范某在某实业公司成立后，作为公司发起人股东、监事，有积极实质参与某实业公司的经营管理，对某实业公司项目经营情况非常清楚，且对某实业公司收到案涉两期出资款，并将两期出资款分别转给某咨询公司、某劳务公司的情况是知道或应当知道的。从出资过程看，案涉两期出资款系由现金汇入，转入和转出均有某实业公司记账凭证记载。范某作为公司监事，有检查公司财务，并对董事、高级管理人员执行公司职务的行为进行监督的职权和义务。对黄某抽逃出资损害公司利益行为，范某并未予以制止，也未要求黄某返还、纠正错误行为。范某未履行监事职责，未尽到防止股东抽逃出资的义务，对公司未尽到忠实、勤勉义务，存在放任黄某抽逃出资损害公司利益的行为，因此，范某应当对黄某返还出资负连带责任。

重庆市第五中级人民法院依照《中华人民共和国民事诉讼法》第一百七十七条第一款第一项规定，判决如下：

驳回上诉，维持原判。

【法官后语】

《最高人民法院关于适用〈中华人民共和国公司法〉若干问题的规定（三）》第十四条第一款首次明确协助抽逃出资的董事、高级管理人员、其他股东等的连带责任。2023年修订的《中华人民共和国公司法》（以下简称新《公司法》）第五十三条将董事、监事、高级管理人员承担责任的条件限定在对“股东抽逃出资给公司造成损失”负有责任。这样的立法修改实际扩展了董事、监事、高级管理人员承担责任的条件。“负有责任”不仅包括直接协助的故意严重违法行为，也包括董事、监事、高级管理人员怠于履职的消极行为。“负有责任”的具体内涵要结合新《公司法》第一百八十条规定的董事、监事、高级管理人员对公司负有的勤勉义务进行理解判断。“执行职务应当为公司的最大利益尽到管理者通常应有的合理注意”是新《公司法》第一百八十条第二款规定监事应尽的勤勉义务。本案虽发生在新《公司法》施行前，但结合当时施行的2018年修正的《公司法》（以下简称原《公司法》）及司法解释有关董事、监事、高级管理人员勤勉义务制度规范进行体系化解释和适用，依法认定怠于行使职权违反勤勉义务的监事构成“协助抽逃出资”，判定监事对股东抽逃出资承担连带责任，符合新《公司法》立法精神。

本案所涉法律问题是，监事对股东抽逃出资负连带责任的认定问题。本案生效裁判认为，公司监事对公司负有勤勉义务，应当按照《公司法》和公司章程规定，积极履行检查公司财务、对执行董事、高级管理人员执行公司职务的行为进行监督的法定职责。监事知道或者应当知道股东抽逃出资而未予以制止，也未要求股东纠正错误行为，属于怠于行使法定职权，违反了勤勉义务，客观上为股东抽逃出资创造了便利条件和违法环境，监事对股东抽逃出资损害公司利益行为负有责任，应认定其行为构成“协助抽逃出资”，应当对股东返还出资负连带责任。

一、监督公司财务以及董事、高级管理人员依法履职情况是监事应当行使的法定职权

原《公司法》第五十一条规定，有限责任公司设监事会，股东人数较少或者规模较小的有限责任公司，可以设一至二名监事，不设监事会。第五十三条明确规定检查公司财务，对董事、高级管理人员执行公司职务的行为进行监督，当董事、高级管理人员的行为损害公司利益时，要求董事、高级管理人员予以纠正等是监事应当行使的职权。第五十四条第二款还赋予了监事对公司经营情况的调查权。第一百五十一条还规定了监事有权依法对董事、高级管理人员损害公司行为提起诉讼的权利。从以上规定可知，监事会或监事是公司的监督机构，负责监督公司业务执行情况和财务状况，监督对象是董事和经理等高级管

理人员。设立监事会或监事的目的是防止董事、高级管理人员滥用权力，保护公司和股东的利益，是建立健全公司内部约束机制的一项重要措施。因此，监督公司财务，监督董事、高级管理人员依法履职情况是监事应当依法行使的职权。

二、监事怠于行使监督职权违反勤勉义务

权利和义务是相辅相成的，没有无义务的权利，也没有无权利的义务。由于权利义务相一致原则的要求，原《公司法》在赋予监事上述权利的同时，第一百四十七条还规定了监事的勤勉义务。虽然原《公司法》对勤勉义务的判断标准未作具体规定，但其第一百四十七条第一款规定："董事、监事、高级管理人员应当遵守法律、行政法规和公司章程，对公司负有忠实义务和勤勉义务。"从该条文内容可知，监事违反法律、行政法规，或者不遵守公司章程，影响公司治理，给公司、股东利益造成损害，必然会违反其对公司的忠实义务和勤勉义务。原《公司法》第一百四十九条也规定："董事、监事、高级管理人员执行公司职务时违反法律、行政法规或者公司章程的规定，给公司造成损失的，应当承担赔偿责任。"上述规定是对勤勉义务的基本要求。新《公司法》第一百八十条第二款规定："董事、监事、高级管理人员对公司负有勤勉义务，执行职务应当为公司的最大利益尽到管理者通常应有的合理注意。"该条明确了勤勉义务的认定标准为"执行职务应当为公司的最大利益尽到管理者通常应有的合理注意"。即要求监事应当以善良的管理人的注意来管理公司，避免公司、股东的利益受到不必要的损害。因此，公司监事知道或者应当知道股东抽逃出资损害公司利益，而未采取必要措施要求抽逃出资股东予以纠正，应当认定监事未依法行使自己的监督职权，未尽到管理者通常应有的合理注意义务，违反了勤勉义务。

三、监事违反勤勉义务应对股东抽逃出资承担连带责任

股东抽逃出资实质上是侵害公司法人财产权，其后果是公司资本的不充分，对公司法人的财产完整性造成严重损害，对法人抵御风险的能力造成巨大损害。《最高人民法院关于适用〈中华人民共和国公司法〉若干问题的规定（三）》

第十四条规定了协助抽逃出资的董事、高级管理人员、其他股东等的连带责任。从立法目的而言，如此规定在于对协助抽逃出资人课以更加严格的责任，以达到预防此类侵害公司财产权行为频繁发生的目的。因此，从立法目的的实现与严厉打击抽逃出资行为的现实需要而言，主观上直接故意，客观上为股东抽逃出资实施了“教唆、帮助”等直接辅助的积极行为可认定构成“协助抽逃出资”。同时，虽然主观上为放任的间接故意，客观上应当依法行使职权而怠于履职，为股东抽逃出资创造了便利条件和违法环境的，也应当认定为构成“协助抽逃出资”。监事的勤勉义务要求其应当以善良的管理人的注意来管理公司，应当依法积极行使监督职权，避免公司、股东的利益受到不必要的损害。若监事知道或者应当知道股东抽逃出资损害公司利益，而未采取必要措施要求抽逃出资股东予以纠正，是严重的怠于行使监督职权的行为，其主观上对股东抽逃出资为放任的间接故意，客观上因未尽职履责，为股东抽逃出资创造了便利条件和违法环境，违反了勤勉义务，对“股东抽逃出资给公司造成损失”负有责任。因此，应当认定监事的行为构成“协助抽逃出资”，应对股东返还出资负连带责任。

综上，监事对公司负有勤勉义务，应当按照《公司法》规定和公司章程规定，积极行使对董事、高级管理人员执行职务行为进行监督的职权。监事怠于行使职权，违反了勤勉义务，对股东抽逃出资负有责任，应当对股东返还出资负连带责任。

编写人：重庆市第五中级人民法院　肖雯雯

四、股东知情权纠纷

12

公司注销后，原股东能否行使股东知情权

——邱某诉张某等股东知情权案

【案件基本信息】

1. 裁判书字号

广东省广州市中级人民法院（2023）粤 01 民终 8071 号民事判决书

2. 案由：股东知情权纠纷

3. 当事人

原告（被上诉人）：邱某

被告（上诉人）：张某、某物业公司、李某、刘某、周某

被告：某汽车贸易公司、吴某、易某

【基本案情】

某小额贷款公司系有限责任公司，经营范围为其他金融业，设立时注册资本为 2 亿元，后变更为 3000 万元，某物业公司持股 30%、某汽车贸易公司持股 20%、张某、李某、刘某、周某、邱某各持股 10%。

2017 年，邱某通过与张某分割夫妻共同财产成为某小额贷款公司股东，出资金额 300 万元，持股比例 10%。

2020 年 9 月 3 日、9 月 15 日，邱某两次以股东身份邮寄了《〈关于召开某小额贷款公司 2020 年度第一次股东会议通知〉的意见》《〈关于延期召开某小额贷款公司 2020 年度第一次股东会会议〉的建议》，以此证明其向某小额贷款公司主张股东知情权。

2020 年 9 月 16 日，某小额贷款公司成立由吴某、易某、周某、刘某、李某、张某组成的清算组进行清算。2020 年 11 月 23 日，《清算报告》载明，清算净值为 7897.77 元，应分配给邱某 789.78 元，公司清算会计报表及其他所有会计凭证、账簿、报表等会计资料移交给股东某物业公司保管，该报告上有吴某、刘某、李某、易某、周某、张某六人的签名确认，无邱某签名。

2021 年 9 月 30 日某小额贷款公司被核准注销登记。

庭审中，某物业公司、李某、刘某、周某、某汽车贸易公司确认，诉请提及的部分资料由某物业公司保管。

另查，2021 年 2 月 19 日邱某诉请确认某小额贷款公司 2020 年 9 月 16 日作出的股东会决议（决议内容为公司解散、清算、注销）无效，后法院以某小额贷款公司注销为由裁定终结诉讼。2021 年 4 月 8 日法院立案受理邱某诉某小额贷款公司股东知情权纠纷一案，后以某小额贷款公司注销登记为由，终结该案诉讼。

二审期间，邱某提交了（2022）粤 7101 行初 1711 号行政裁定书和（2022）粤 71 行终 3846 号行政裁定书，邱某认为行政机关违法注销某小额贷款公司的企业登记，主张作出补偿措施以及赔偿，法院以其不是案件的适格原告为由裁定驳回起诉，二审维持。

邱某主张向张某、某物业公司、李某、刘某、周某、某汽车贸易公司、吴某、易某行使股东知情权。

【案件焦点】

公司注销后，邱某是否有权要求各被告提供某小额贷款公司的相关资料供其查阅和复制。

【法院裁判要旨】

广东省广州市越秀区人民法院经审理认为：某小额贷款公司的清算组成员为吴某、易某、周某、刘某、李某、张某，其中张某、周某、刘某、李某四人作为某小额贷款公司的股东，依法系清算义务人，其应当妥善保管占有和管理公司的账簿、文书资料。张某等四人作为清算组成员签署某小额贷款公司《清算报告》，对公司清算资料决定交由某物业公司保管，说明张某等四人有能力提供某小额贷款公司的相关资料，邱某在某小额贷款公司注销前已提出行使股东知情权但无果，且未能参加到某小额贷款公司的清算过程的情况下，张某等四人作为某小额贷款公司的股东兼清算义务人，向同为股东身份的邱某提供某小额贷款公司的相关资料，让其了解某小额贷款公司自设立至注销期间的公司经营状态和财务状况，符合《中华人民共和国公司法》第一百八十九条规定的清算组成员应当忠于职守，依法履行清算义务的要求。因此，邱某对张某、周某、刘某、李某提出的相关诉讼请求，予以支持。某物业公司作为某小额贷款公司相关资料的保管人，对邱某行使股东知情权负有协助义务。吴某、易某并非某小额贷款公司的清算义务人，某汽车贸易公司非清算组成员，邱某要求吴某、易某、某汽车贸易公司提供的相关诉讼请求，缺乏法律依据，不予支持。

广东省广州市越秀区人民法院依照《中华人民共和国公司法》第三十三条，《中华人民共和国会计法》第十五条，《最高人民法院关于适用〈中华人民共和国公司法〉若干问题的规定（四）》第十条规定，判决如下：

一、张某、周某、刘某、李某在本判决发生法律效力之日起10日内在某物业公司经营地址内提供某小额贷款公司自设立至注销期间的股东会会议记录、财务会计报告等，供邱某查阅和复制，查阅和复制时间不超过10个工作日；

二、张某、周某、刘某、李某在本判决发生法律效力之日起10日内在某物业公司经营地址内提供某小额贷款公司自设立至注销期间的公司财务报表、会计账簿以及会计凭证，供邱某查阅，查阅时间不超过10个工作日；

三、某物业公司对被告张某、周某、刘某、李某提供上述资料负有协助义务；

四、邱某在查阅上述文件材料过程中，可由依法或者依据执业行为规范负有保密义务的会计师、律师辅助进行；

五、驳回邱某的其他诉讼请求。

张某、某物业公司、李某、刘某、周某不服一审判决，提起上诉。广东省广州市中级人民法院经审理认为：首先，股东提起知情权之诉，本应以公司为被告。在（2021）粤0104民初20290号案中，张某、周某、刘某、李某等人作为某小额贷款公司的股东明知邱某以存续中的某小额贷款公司为被告要求行使股东知情权，在该案审理期间即注销某小额贷款公司，导致案件被裁定终结，上述行为明显存在规避某小额贷款公司承担法定义务的故意，损害了邱某的合法权益。其次，张某、周某、刘某、李某作为某小额贷款公司股东、清算组成员签署某小额贷款公司《清算报告》，决定某小额贷款公司清算资料交由某物业公司保管，且在一审期间亦确认公司部分资料由某物业公司保管，故邱某查阅、复制公司的相关资料存在可行性。如仅以某小额贷款公司被注销而否定邱某要求查阅、复制公司相关资料的权利，不利于其合法权益的救济与维护。一审判决符合诚实信用、公平合理原则，本院予以维持。

广东省广州市中级人民法院依照《中华人民共和国民事诉讼法》第一百七十条第一款第一项规定，判决如下：

驳回上诉，维持原判。

【法官后语】

一般而言，股东得向公司行使股东知情权，但当公司注销登记后股东能否向其他主体主张行使，《中华人民共和国公司法》及其相关司法解释未有明确规定，司法实践中多以被告主体不适格为由否定其他主体作为股东知情权的义务主体。然而，根据《中华人民共和国会计法》的相关规定，公司注销登记并不必然会导致查阅、复制公司相关资料在事实上不可能，并且绝对封闭式认定股东知情权的义务主体也将导致败诉的股东在关联诉讼中面临包括无法明确诉讼请求，无法计算损失数额以及举证不能等在内的诉讼困境，背离了股东知情权的工具性及共益性功能，不利于发挥股东知情权保障股东财产性权益以及完善公司治理的作用，因此在特定情形下，应当认定股东知情权义务主体可扩张为公司外的其他主体。

一、股东知情权义务主体的适度扩张之合理性证明——以控股股东信托义务为法理基础

实际上，对于将股东作为股东知情权的义务主体在法理上有其合理性。股东知情权制度为股东提供了一个重要的信息获取途径，从而有助于降低代理成本。从股东与股东之间的关系审视，对于股权集中的有限责任公司，资本多数决原则使得股东知情权纠纷实质上是控股股东与普通股东之间的冲突。由于控股股东在行使控制权时，存在只注重自身利益，而忽视公司利益、少数股东利益的问题，《中华人民共和国公司法》对股东滥用股东权利作出了原则性规定，即控股股东除应遵守一般股东应承担的义务之外，还应对公司和其他股东承担诚信义务。因此，当控股股东利用其控制权力侵害其他股东知情权的行为时，应当赋予其他股东直接救济的权利，股东提起知情权诉讼中可以将控股股东同时列为被告。也就是说，在公司人格灭失的情形下，控股股东亦可单独作为股东知情权诉讼中的被告。

二、股东知情权义务主体的适度扩张之正当性证明——以利益衡量方法为视角

在公司注销后，股东知情权是否同时消灭，《中华人民共和国公司法》及相关司法解释并无给出明确的指引，规则的不圆满性则出现了“本应规范的生活事实未被规范或未被妥当规范”的困境——即适用自由裁量权实现个案正义的需求。如何正确运用自由裁量权，《最高人民法院关于在审判执行工作中切实规范自由裁量权行使保障法律统一适用的指导意见》第七条提到了通过利益衡量方法实现规范自由裁量权。① 具体到本案所涉及的股东知情权的行使，首

---

① 《最高人民法院关于在审判执行工作中切实规范自由裁量权行使保障法律统一适用的指导意见》第七条规定：“正确运用利益衡量方法。行使自由裁量权，要综合考量案件所涉各种利益关系，对相互冲突的权利或利益进行权衡与取舍，正确处理好公共利益与个人利益、人身利益与财产利益、生存利益与商业利益的关系，保护合 法利益，抑制非法利益，努力实现利益最大化、损害最小化。”

先需要通过类型化的方式梳理出具体的利益冲突；其次则是对所梳理出的各法益作位阶排序并作出权衡取舍，而排序的博弈过程则是立足于社会经济生活的现实基础上遵从立法政策的考量，实现利益最大化。①

具体到有限公司注销的情形下，股东知情权诉讼中的主要利益冲突存在于大股东与中小股东之间。在申请企业注销登记前，公司一般需经股东会决议解散以及清算两个过程。在资本多数决的原则下，股权集中的有限责任公司中股东会的决议以及清算的主导权往往由大股东所控制，实质为大股东与中小股东之间的利益冲突。在公司实际经营管理中，中小股东通常处于相对弱势地位，因此立法理念上倾向于强化对中小股东的保护。

在本案中，邱某通过离婚财产分割获得原为张某名下持股比例为10%的股权且其此前未以股东身份参与公司经营管理，对公司运营及自身股权资产价值缺乏获取公司信息的客观条件。在邱某成为公司的显名股东后，其对自己的财产权益当然享有了解的权利，尤其在注册资本上千万元的公司最后清算分配个人获得收益几百元的情形下，其提出股东知情权诉讼合情合理，目的正当。在诉讼前，邱某也两次通过邮寄函件的方式要求行使股东知情权，履行了股东知情权诉讼的前置程序。邱某第一次向法院提起的股东知情权诉讼是以公司为被告，当时公司仍然存续，然而在案件审理过程中，公司注销了企业登记，导致股东知情权诉讼被驳回起诉。对于该事实，邱某本人不存在过错，并且邱某对登记机关的注销行为不服提起了行政复议与行政诉讼但又因诉讼主体适格的问题驳回起诉，至此邱某以公司为被告提出的股东知情权诉讼已穷尽救济手段。一方面，邱某作为持股比例10%的股东，无法否决解散与清算的股东会决议以及清算报告且对上述公司决策存有异议，在与张某等主导公司经营管理的股东的对抗中处于劣势，倘若机械地以公司注销为由不问其他主体作为股东知情权义务主体的可行性完全否决股东知情权的诉求，不仅忽视了个案的复杂性更背离了保护中小股东利益的公司法理念，导致个案处理有失实质正义。另一方面，

---

① 陈洪磊：《有限责任公司股东知情权行使中的利益衡量》，载《法律适用》2019年第16期。

股东知情权作为一项具有显著公益性的股东权利，对完善公司治理有着重要作用。适度扩张股东知情权的义务主体进而激励股东正确行使股东知情权，从社会经济分析的角度而言，无疑将有助于社会福利最大化。

三、股东知情权义务主体的适度扩张之诉讼制度支持——以纠纷一次性解决机制为切入点

在股东知情权的一些案件中，以被告主体适格问题驳回诉讼请求或驳回起诉的裁判理由中，常常会指引当事人另寻法律途径解决，如可提起清算责任纠纷、股东损害公司利益纠纷等，但从纠纷实质化解的角度而言，虽上述途径看似为败诉原告提供了其他救济方式，但客观上，“另寻法律途径”可能因信息不对称而面临举证困难。

在纠纷一次性解决机制中，诉讼标的扩容是一项重要的手段。当事人的同一诉请可依多个请求权基础实现，不妨通过扩大诉讼标的的范围并模糊识别标准，以另一请求权基础实现当事人的诉请。

本案中，邱某要求以股东身份查阅复制公司特定的文件材料，而损害公司利益责任纠纷便可涵盖该项诉请，同时可突破其他股东作为协助查阅复制公司特定文件材料的义务主体的障碍。依据2023年《中华人民共和国公司法》第二十一条（2018年《中华人民共和国公司法》第二十条）的规定，股东应当依法行使股东权利，不得滥用股东权利损害公司或者其他股东的利益，因此张某等股东是否存在滥用股东权利成为审查要点。在诉讼前，邱某两次通过邮寄函件的方式要求行使股东知情权遭拒，其后邱某向法院提起了确认涉及解散和清算公司的股东会决议无效以及行使股东知情权的诉讼，但公司在已接收相应诉讼材料的情况下仍在上述两案审理期间注销了企业登记，导致案件均被裁定终结诉讼，邱某行使股东知情权落空。因此，张某等股东违背诚实信用原则注销公司登记的行为明显不当，存在滥用股东权利的行为，应承担相应的法律责任。

四、股东知情权义务主体的适度扩张之合理限度

股东与公司若同时作为股东知情权的义务主体将在法理上颠覆公司的独立

人格，毕竟股东知情权是基于公司与股东各自独立的身份关系而构建的法律关系。因此，在公司的法律人格尚未消灭的情形下，股东行使知情权仍应当且唯一地向公司行使，不能同时向其他股东主张。

当其他股东滥用股东权利违法或者违背诚实信用原则导致公司人格消灭时，方可以其他股东为被告提起知情权诉讼。股东作为后位的股东知情权义务主体，行使权利仍应符合股东知情权的制度要求：一是遵循前置程序。股东不得直接向其他股东以诉讼方式行使股东知情权，也不能通过诉讼补正瑕疵。基于维护秩序安定的考虑，股东应先向尚存续的公司而不是公司注销后的其他股东自行行使知情权。二是目的正当与初步举证。公司人格消灭的情形下，不存在公司利益，原告的股东身份也仅限于公司存续期间，诉讼时已不再具备股东身份，由此赋予原告向其他股东提起股东知情权诉讼实际上既突破了义务主体主要为公司的原则，又突破了原告应为现实股东的诉讼主体资格，因此作为例外情形，从防止滥诉讼，维护公司法制度利益角度出发，应当要求诉讼时具备目的正当，且初步举证自身权益存在受损害的可能性。

本案中，一方面，邱某通过邮寄信函的方式自行向尚存续的公司主张查阅复制账册，而非在公司注销之后再自行行使，行权积极并不懈怠，故已履行了前置程序。另一方面，邱某清算分配所得公司剩余资产与其持股比例对应的公司资产确实差距过于悬殊，出于维护自身财产权益的目的行权，符合一般理性人的行为，合理且正当。再者，张某等股东明知邱某已通过诉讼方式行使股东知情权，仍注销公司，有违诚实信用原则。结合邱某最终清算分配所得剩余资产极少的事实，其已初步举证证明自身权益存在受损可能。因此，对邱某向其他股东提起股东知情权诉讼应当予以肯定。

编写人：广东省广州市越秀区人民法院　潘锋　黄倩倩

13

股东知情权范围及股东对与前案同一的资料申请查阅是否构成重复起诉的司法认定

——谢某诉某科技公司股东知情权案

【案件基本信息】

1. 裁判书字号

广东省佛山市中级人民法院（2023）粤 06 民终 1002 号民事判决书

2. 案由：股东知情权纠纷

3. 当事人

原告（上诉人）：谢某

被告（被上诉人）：某科技公司

【基本案情】

2019 年 8 月 19 日，谢某曾以某科技公司为被告提起股东知情权纠纷之诉，诉请某科技公司将其自 2017 年 6 月 12 日起至法院判决生效期间的股东会会议记录、财务会计报告、报表和会计账簿、会计凭证，以及某科技公司银行账号信息及流水明细、对外签订的合同备齐于公司供谢某查阅、复制。该案经审理作出判决支持谢某的主张。后某科技公司提起上诉，该案经二审判决：驳回上诉，维持原判。2021 年 6 月 23 日，法院对前案生效判决所确定的义务执行完毕。

2021 年 10 月 24 日，谢某向时任公司法定代表人资某的电子邮箱发送邮件，请求提供自 2017 年 6 月 12 日起至实际查阅、复制之日止的公司章程、股东会会议记录、董事会会议决议、监事会会议决议、财务会计报告、会计账簿和会计凭证供谢某查阅、复制。

谢某庭审陈述，在前案判决的短期查阅时间内，难以发现某科技公司财务的重大问题，此后谢某通过其他途径得知某科技公司与其他股东之间的款项往来情况，需要对原有的财务资料进行进一步核验。因财务会计账目是一个以年为单位的关联的连续的整体资料，谢某只有结合上年度的支出情况，才能发现本年度的资金盈余情况是否真实和合理。

【案件焦点】

谢某请求对某科技公司重复行使股东知情权的诉讼请求是否有充分的依据。

【法院裁判要旨】

广东省佛山市南海区人民法院经审理认为：谢某已在（2019）粤0605民初20458号案件中主张查阅、复制某科技公司自2017年6月12日起至法院判决生效日的股东会会议记录、财务会计报告、报表及查阅某科技公司2017年6月12日起至法院判决生效日的会计账簿（包括总账、明细账、日记账、其他辅助性账簿）、会计凭证（含记账凭证、相关原始凭证）、银行账号信息及流水明细、对外签订的合同。因法院在该案中已对谢某的前述诉讼请求予以处理，该判决现已发生法律效力且执行完毕，对当事人具有约束力，故依据《最高人民法院关于适用〈中华人民共和国民事诉讼法〉的解释》第二百四十七条之规定，在本案中对谢某重复的诉讼请求部分不予审处。

广东省佛山市南海区人民法院根据《中华人民共和国公司法》第三十三条、第一百六十五条，《最高人民法院关于适用〈中华人民共和国公司法〉若干问题的规定（四）》第八条，《中华人民共和国民事诉讼法》第六十七条第一款之规定，判决如下：

一、某科技公司应于本判决发生法律效力之日起十五日内将其自2017年6月12日起至本判决生效之日止的公司章程、董事会会议决议备齐置于某科技公司内并通知谢某供其查阅、复制，谢某收到通知之日起十五日内至某科技公司处查阅、复制，查阅、复制时间为三十个工作日；

二、某科技公司应于本判决发生法律效力之日起十五日内将其自2019年12月23日起至本判决生效之日止的股东会会议记录、财务会计报告（包括资产负债表、损益表、利润表、现金流量表、利润分配表）备齐置于某科技公司内并通知谢某供其查阅、复制，谢某收到通知之日起十五日内至某科技公司处查阅、复制，查阅、复制时间为三十个工作日；

三、某科技公司应于本判决发生法律效力之日起十五日内将其自2019年12月23日起至本判决生效之日止的会计账簿（包括总账、明细账、日记账和其他辅助性账簿）备齐置于某科技公司内并通知谢某供其查阅，谢某收到通知之日起十五日内至某科技公司处查阅，查阅时间为三十个工作日；

四、驳回原告谢某的其他诉讼请求。

谢某不服一审判决，提起上诉。广东省佛山市中级人民法院经审理认为：第一，谢某是否存在未履行股东知情权前置程序。谢某作为某科技公司的股东，有权向某科技公司提出行使股东知情权的请求。本案中，谢某已向公司当时的法定代表人资某发出查账申请，该司亦认可上述邮箱由资某使用，即便该司法定代表人之后发生变更，也足以表明公司已收到上述申请，应视为谢某已履行股东知情权前置程序。第二，谢某要求查阅复制2017年6月12日起至2019年12月23日之前的财务资料是否构成重复起诉。虽然谢某已在前案中主张查阅、复制公司自2017年6月12日起至2019年12月23日的相关财务资料得到法院支持并已执行结案，但本案诉请表现为独立于前诉的行为请求，本案诉请亦并非在实质上否定前诉裁判结果，不存在否定前诉既判力的问题。同时，本案查阅相关财务资料的基础为股东知情权，该权利是与股东资格相联系的基础性、持续性权利，权利派生的要求公司提供会计账簿等供其查阅的行为的请求权也应为持续性权利，如股东具有正当目的及合理理由，要求查阅公司相关财务资料不应受次数及期间的限制。本案中，谢某已对其再次申请查阅上述期间财务资料的目的作出合理解释，在某科技公司未提供证据证明谢某申请再次查阅存在不正当目的的情况下，应对谢某提出的要求查阅、复制某科技公司2017年6月12日起至2019年12月23日之前相关资料的诉请予以支持。

广东省佛山市中级人民法院依照《中华人民共和国民事诉讼法》第一百七十七条第一款第二项之规定，判决如下：

一、撤销广东省佛山市南海区人民法院（2022）粤 0605 民初 28836 号民事判决；

二、某科技公司应于本判决发生法律效力之日起十五日内将其自 2017 年 6 月 12 日起至本判决生效之日止的公司章程、股东会会议记录、董事会会议决议、财务会计报告（包括资产负债表、损益表、利润表、现金流量表、利润分配表）备齐置于某科技公司内并通知谢某供其查阅、复制，谢某收到通知之日起十五日内至某科技公司处查阅、复制，查阅、复制时间为三十个工作日；

三、某科技公司应于本判决发生法律效力之日起十五日内将其自 2017 年 6 月 12 日起至本判决生效之日止的会计账簿（包括总账、明细账、日记账和其他辅助性账簿）和会计凭证（含记账凭证、相关原始凭证及作为原始凭证附件入账备查的有关资料）备齐置于某科技公司内并通知谢某供其查阅，谢某收到通知之日起十五日内至某科技公司处查阅，查阅时间为三十个工作日；

四、驳回谢某的其他诉讼请求。

【法官后语】

《中华人民共和国公司法》仅规定股东享有知情权，对于股东是否可以重复行使知情权并无规定。但是鉴于股东知情权是与股东资格相联系的基础性权利，为一种持续的权利，是股东行使资产收益权和参与公司经营管理权的基本前提，即使股东曾经查阅或复制公司相关会议记录和财务会计报告等资料，但在股东具有正当目的及合理理由的情况下，其仍可以再次行使知情权。

股东知情权中的查阅复制权不应仅依据前诉与后诉诉讼请求相同而机械认定构成重复起诉并作出驳回起诉的裁决，而应结合股东知情权的类型化特征及前诉判决履行情况进行个案中的具体分析。

对于消极知情权范畴的公司信息，因公司有主动公开或主动向股东送达的义务，故仅在公司违规未予公开、未予送达的前提下，消极知情权向积极知情权发生转化，股东可主动起诉行使股东知情权。

对于积极知情权范畴的公司信息，因制度上并未对此类信息采用公开获取的设计，而是设置通过股东主动申请或诉讼行权的方式获取。故，衡平股东与公司利益过程中，如法院查明确需支持股东行使查阅、复制权，并已然作出股东限时查阅、限时复制裁决，进而引发在公司未来运作中，股东可能就同一公司信息再次提起查阅、复制主张的后诉。此时，如前诉仅判决股东对相关信息限时查阅，因前、后诉相距时间较长，且股东并未掌握相关资料的副本，难以实现对已查阅信息的自主复现，股东因后续经营或在法律规定的正当目的限制下，需对前诉已查阅信息再度主张股东知情权，应视为有合理依据，不构成重复诉讼。如前诉已判决股东限时复制相关信息且已执行完毕，一般应视为股东已掌握相关资料的副本，其可自由查阅，后诉如对前诉信息再度主张行使股东知情权，原则上应认定构成重复起诉。但在公司档案保管不齐备、公司经营管理人合程度极高以及股东对遗失文件副本作出合理陈述的情况下，亦需结合个案具体情形认定股东有再次复制、查阅的必要。

股东积极知情权行使的正当目的与前置程序的具体认定：(1) 有限责任公司查阅权的对象范围。一般而言，公司性质与公司规模相较于查阅对象呈现的特征为：股份有限公司的股东查阅对象范围小于有限责任公司；规模较大的有限责任公司股东查阅对象范围小于规模较小的有限责任公司。(2) 正当目的认定的举证规范。案件审理中，即便司法实践对股东存在“不正当目的”的举证责任赋予公司存在共识，但在公司提出“不正当目的”抗辩时，仍需股东承担必要的反证义务，即对其行使查阅权的“正当目的”作出合理陈述，以促使法官自由心证的形成。(3) 前置条件的认定规则。实务审判中，需依据公司的人合程度合理确认，本案为只有三名股东的高度人合公司，谢某已向公司另一名股东及当时兼任法定代表人的资某发送书面电子邮件要求行使股东知情权，足以视为通过书面方式向公司提出，应认定为满足前置条件。

编写人：广东省佛山市中级人民法院　霍娟　张颂恩

14

股东知情权客体范围、行使时间和地点的认定

——某贸易公司诉某电力公司股东知情权案

【案件基本信息】

1. 裁判书字号

四川省雅安市中级人民法院（2023）川 18 民终 744 号民事判决书

2. 案由：股东知情权纠纷

3. 当事人

原告（上诉人）：某贸易公司

被告（被上诉人）：某电力公司

【基本案情】

某电力公司于 2006 年 4 月 17 日成立，主要经营范围为水力发电，成立之初股东为韩某和杨某，其中韩某持有某电力公司 70%股权，杨某持有某电力公司 30%股权。因某贸易公司与某酒厂公司买卖合同纠纷一案，广东省湛江市霞山区人民法院 2012 年 8 月作出（2010）霞执字第 66 号之二《执行裁定书》，裁定将杨某在某电力公司享有的 30%股权作价交付某贸易公司抵偿债务，2013 年 6 月，某电力公司对公司章程进行了修正，后经原某县工商行政管理局办理变更登记，某贸易公司成为某电力公司的股东，持有某电力公司 30%的股权。某贸易公司成为股东后在某电力公司没有分过一次红利。

2022 年 6 月 8 日、6 月 20 日某贸易公司以了解某电力公司的经营情况和财务状况为由，书面向某电力公司申请查阅、复制从 2011 年起与某电力公司相关的材料，某电力公司出具回复函进行了交涉。现某贸易公司以某电力公司的行

为侵害其知情权为由向法院起诉请求某电力公司提供自2006年4月成立至今的公司章程、股东会会议记录、董事会会议决议、监事会会议决议、财务会计报告和会计账簿供某贸易公司查阅、复制。

【案件焦点】

某贸易公司作为股东行使知情权的客体范围、时间、地点应怎样确定。

【法院裁判要旨】

四川省荥经县人民法院经审理认为：根据《中华人民共和国公司法》第三十三条规定，股东有权查阅财务会计报告、会计账簿，股东要求查阅公司会计账簿的，应当向公司提出书面请求，说明目的。公司有合理根据认为股东查阅会计账簿有不正当目的，可能损害公司合法利益的，可以拒绝提供查阅。故，某贸易公司行使股东知情权范围系查阅、复制公司财务会计报告，查阅公司会计账簿。会计账簿不包括原始凭证和记账凭证，某贸易公司没有合理的理由必须要查阅原始凭证，因此，对查阅原始凭证不予支持。同时根据《最高人民法院关于适用〈中华人民共和国公司法〉若干问题的规定（四）》第七条第二款规定："公司有证据证明前款规定的原告在起诉时不具有公司股东资格的，人民法院应当驳回起诉，但原告有初步证据证明在持股期间其合法权益受到损害，请求依法查阅或者复制其持股期间的公司特定文件材料的除外。"在某贸易公司成为股东之前，因执行法院在出具裁定时已经依法对公司的财务进行了核对并对杨某在某电力公司享有的30%股权进行拍卖无果情况下才作价交付某贸易公司抵偿债务的，故认为确认查阅、复制的特定文件为某贸易公司成为公司股东之时起形成的财务会计报告、会计账簿时间为2013年6月起。关于查阅地址和时间，《最高人民法院关于适用〈中华人民共和国公司法〉若干问题的规定（四）》第十条规定："人民法院审理股东请求查阅或者复制公司特定文件材料的案件，对原告诉讼请求予以支持的，应当在判决书中明确查阅或复制公司特定文件材料的时间、地点和特定文件材料的名录。股东依据人民法院生效判决查阅公司文件材料的，在该股东在场的情况下，可以由会计师、律师等依法或者依据执业行为规范负有保密义务的中介机构执业人员辅助进行。”某电力公司的公司注册地址为某县 L 村，查阅时间为公司正常经营时间，不超过十个工作日。对某贸易公司要求某电力公司提供自 2006 年 4 月成立至今的公司章程（含章程修正案）、股东会会议记录、董事会会议决议、监事会会议决议，因在庭审中已经处理，本院不再进行评析。

四川省荥经县人民法院依照《中华人民共和国公司法》第三十三条，《中华人民共和国会计法》第十三条第一款、第十四条第一款，《最高人民法院关于适用〈中华人民共和国公司法〉若干问题的规定》第七条，《最高人民法院关于适用〈中华人民共和国公司法〉若干问题的规定（四）》第十条第一款之规定，判决如下：

一、某电力公司于本判决生效后在某会计师事务所审计结束后十日内将自 2013 年 1 月 1 日至 2022 年 12 月 31 日形成的财务会计报告置于公司注册地址某县 L 村处，在正常营业时间内供某贸易公司查阅、复制；在某贸易公司授权委托代理人在场的情况下，可由委托的会计师、律师等依法或者依据执业行为规范负有保密义务的中介机构执业人员（共计 2 名）辅助进行，查阅、复制时间不得超过十个工作日；

二、某电力公司于本判决生效后在某会计师事务所审计结束后十日内将自 2013 年 1 月 1 日至 2022 年 12 月 31 日形成的会计账簿（含总账、明细账、日记账、其他辅助性账簿）置于公司注册地址某县 L 村处，在正常营业时间内供某贸易公司查阅；在某贸易公司授权委托代理人在场的情况下，可由委托的会计师、律师等依法或者依据执业行为规范负有保密义务的中介机构执业人员（共计 2 名）辅助进行，查阅时间不得超过十个工作日；

三、驳回某贸易公司的其他诉讼请求。

某贸易公司不服一审判决，提起上诉。四川省雅安市中级人民法院经审理认为：一是关于某贸易公司行使股东知情权的客体范围问题。（1）《中华人民共和国会计法》第十五条第一款规定：“会计账簿登记，必须以经过审核的会计凭证为依据，并符合有关法律、行政法规和国家统一的会计制度的规定。会计账簿包括总账、明细账、日记账和其他辅助性账簿。”会计账簿与会计凭证不是同一概念。会计凭证是记录经济业务、明确经济责任，具有法律效力作为记账依据的书面说明。会计凭证分为原始凭证和记账凭证。会计账簿是依据原始凭证制作，故对原始凭证的查阅理当是查阅会计账簿的应有之义。公司的具体经营活动只有通过查阅原始凭证才能知晓，才能全面了解公司真正的经营状况。根据会计准则，相关契约也是编制记账凭证的依据，应当能作为原始凭证的附件入账备查。结合本案某贸易公司成为某电力公司股东的背景及某贸易公司对查阅原始凭证理由的当庭陈述，某贸易公司请求查阅某电力公司原始凭证的请求可以参照《中华人民共和国公司法》第三十三条第二款的理由予以支持，一审判决部分限制其查阅范围不当，应予纠正。《中华人民共和国公司法》第三十三条规定“股东可以要求查阅会计账簿”，但并未赋予股东复制会计账簿的权利，一审判决对某电力公司要求复制会计账簿的请求不予支持符合法律规定。(2) 关于查阅财务会计报告的范围。《中华人民共和国会计法》第二十条第二款规定，“财务会计报告由会计报表、会计报表附注和财务情况说明书组成”。《企业财务会计报告条例》第六条规定：“财务会计报告分为年度、半年度、季度和月度财务会计报告。”会计报表应当包括资产负债表、利润表、现金流量表及相关附表。相关附表是反映企业财务状况、经营成果和现金流量的补充报表，主要包括利润分配表及国家统一的会计制度规定的其他附表。某贸易公司上诉请求支持其一审诉讼请求，其要求查阅会计报告（包括但不限于资产负债表、损益表、账务状况变动表、账务状况说明表、利润分配表、纳税申报表），其中列明了资料名称的查阅事项应予支持；但公司股东行使知情权应有合理限制，即不得影响公司的正常经营，并给予公司一定合理时间准备相关资料，某贸易公司要求查阅不限于一审起诉时列明资料名称的事项不具有合理性，应不予支持。根据《最高人民法院关于适用〈中华人民共和国公司法〉若干问题的规定（四）》第十条第一款规定，“……对原告诉讼请求予以支持的，应当在判决书中明确查阅或复制公司特定文件材料的时间、地点和特定文件材料的名录”，一审判决判项仅表述为财务会计报告不当，应予纠正。

二是关于某贸易公司行使知情权的时间范围、查阅资料的时间、地点问题。（1）某贸易公司于 2013 年 6 月 9 日经工商注册变更登记成为某电力公司股东，其股东知情权的行使时间始于 2013 年 6 月 9 日。但股东知情权内容的起始时间与股东知情权开始行使的时间是不同的概念。某贸易公司虽然自 2013 年 6 月 9 日成为某电力公司股东，但其作为某电力公司股东，法律并未禁止其有权对某电力公司成立以来尚未成为股东期间的公司信息的完整知情，否则可能减损股东知情权制度的设置价值，有悖立法本意。且某贸易公司一、二审当庭陈述其查阅某电力公司成立以来的公司信息有其合理性和正当性，对某贸易公司上诉请求查阅某电力公司成立以来的相关资料、信息应予支持。（2）某电力公司虽然与某会计师事务所约定审计，但至本案二审庭审结束，其未向该会计师事务所提交审计必需的资料，也未按合同预付审计费，一审判决以某会计师事务所审计结束后十日内作为某贸易公司行使股东知情权的前置条件不当，应予纠正。综上所述，某贸易公司的部分上诉请求成立，应予支持。某电力公司的上诉请求不能成立，应予驳回。

四川省雅安市中级人民法院依照《中华人民共和国公司法》第三十三条，《中华人民共和国会计法》第十三条第一款、第十四条第一款、第十五条第一款、第二十条第二款，《最高人民法院关于适用〈中华人民共和国公司法〉若干问题的规定（四）》第七条第一款、第十条，《中华人民共和国民事诉讼法》第一百七十七条第一款第二项之规定，判决如下：

一、撤销四川省荥经县人民法院（2023）川 1822 民初 261 号民事判决；

二、某电力公司于本判决生效后十日内，将公司成立之日起至 2022 年 12 月 31 日止的财务会计报告（包括资产负债表、损益表、账务状况变动表、账务状况说明表、利润分配表、纳税申报表）置于公司注册地址某县 L 村处，在正常营业时间内供某贸易公司查阅、复制；在某贸易公司授权委托代理人在场的情况下，可由委托的会计师、律师等依法或者依据执业行为规范负有保密义务的中介机构执业人员（共计 2 名）辅助进行，查阅、复制时间不得超过十个工作日；

三、某电力公司于本判决生效后十日内将该公司成立之日至2022年12月31日形成的会计账簿（含总账、明细账、往来账、现金日记账、银行日记账、固定资产卡片明细表、原始凭证、银行对账单交易明细等）置于公司注册地址某县L村处，在正常营业时间内供某贸易公司查阅；在某贸易公司授权委托代理人在场的情况下，可由委托的会计师、律师等依法或者依据执业行为规范负有保密义务的中介机构执业人员（共计2名）辅助进行，查阅时间不得超过十个工作日；

四、驳回某贸易公司的其他诉讼请求；

五、驳回某电力公司的上诉请求。

【法官后语】

本案系依法维护股东知情权合法权利的一起典型案例，股东知情权是股东的固有、基本权利，是股东行使其他权利，维护自身合法利益的必要条件，如股东行使知情权受阻，可以通过诉讼程序解决。司法实践中，人民法院在确定股东知情权的客体范围、时间范围时有两种观点：一是肯定说，股东可以查阅会计凭证、原始凭证等特定文件，也可查阅继受股东成为股东之前的资料，因为在民商事领域奉行的法律原则是法无禁止即自由，同时公司运行是一个动态、持续过程，可以真正了解公司运营真实情况；二是否定说，因为法律未明确规定，如果允许，会泄露公司秘密，从而影响公司正常经营。本案二审期间，虽然《中华人民共和国公司法》第二次修订尚未通过，未明确会计凭证属于股东有权查阅的范围，但从审计实践及会计法的相关规定来看，会计凭证是会计账簿记录内容真实性得以验证的依据，是会计账簿据以记账的基础性材料，会计账簿的真实性、完整性只有通过原始凭证才能反映。若不允许股东查阅公司的原始凭证，股东很难真正了解公司的实际经营情况。本案审理支持了第一种观点，改判支持了某贸易公司要求查阅某电力公司会计凭证的请求且对股东知情权的客体范围、时间范围、地点进行了合理界定。

一、股东知情权的合理界定

根据2018年《中华人民共和国公司法》第三十三条规定可知，股东有权查阅财务会计报告，股东要求查阅公司会计账簿的，应当向公司提出书面请求，说明目的。但对财务会计报告的具体内容、会计账簿是否包含会计凭证、原始凭证等特定资料、是否可查阅继受股东成为股东之前的资料，2018年《中华人民共和国公司法》并未明确规定。会计凭证是记录经济业务、明确经济责任，具有法律效力作为记账依据的书面说明。会计凭证分为原始凭证和记账凭证。会计账簿是依据原始凭证制作，故对原始凭证的查阅理当是查阅会计账簿的应有之义。公司的具体经营活动只有通过查阅原始凭证才能知晓，才能全面了解公司真正的经营状况。根据会计准则，相关契约也是编制记账凭证的依据，应当能作为原始凭证的附件入账备查。对股东要求查阅原始凭证的请求应当予以支持。《最高人民法院关于适用〈中华人民共和国公司法〉若干问题的规定（四）》第十条第一款规定了人民法院审理股东请求查阅或者复制公司特定文件材料的案件，对原告诉讼请求予以支持的，应当在判决中明确查阅或者复制公司特定文件材料的时间、地点和特定文件材料的名录。本案结合实际情况，对特定文件的查阅进行了明确列举，依法维护了股东知情权，保障了公司的正常经营，平衡了股东与公司的利益。

二、依法维护股东知情权有助于股东更好地履行监督职责

在有限责任公司中，中小股东除了通过决策程序或者担任公司监事来参与公司治理、对公司事务予以监督外，还可通过提起侵权类诉讼来行使监督权，如提起股东知情权诉讼等，以维护公司或自身权利。股东与公司是利益共同体，依法维护股东知情权既维护了股东的合法权益也对公司发挥监督作用提供了重要途径。本案依法改判，规范了股东监督职责，保障股东能依法依规全面、真实地了解公司的经营状况，为规范公司管理，推动公司完善运营管理机制提供了重要途径。

本案在对股东行使知情权依法予以保护的同时，还对股东行使知情权的范围进行了合理界定，某贸易公司作为某电力公司的继受股东，有权查阅公司自成立以来的会计账簿，包括会计原始凭证，某电力公司不能拒绝或者限制股东依法行使知情权。本案的判决结果既保障了中小投资者的知情权，也有利于鼓

励中小投资更好地参与到公司的经营活动中，依法维护股东知情权的合法行使，同时兼顾保护了公司正常经营秩序和商业秘密。

2023年12月29日，《中华人民共和国公司法》第二次修订通过，修订后的第五十七条第二款明确了股东可以要求查阅公司会计账簿、会计凭证，即股东知情权的客体范围应包括会计凭证。

编写人：四川省雅安市中级人民法院　程冰梅　姜孟丹

四川省雅安市宝兴县人民法院　彭波

15

股东自营或者为他人经营与公司主营业务有“实质性竞争关系业务”的司法认定

——张某诉甲教育公司等股东知情权案

【案件基本信息】

1. 裁判书字号

广东省广州市中级人民法院（2023）粤01民终4350号民事判决书

2. 案由：股东知情权纠纷

3. 当事人

原告（上诉人）：张某

被告（被上诉人）：甲教育公司、王某、林某

【基本案情】

甲教育公司为有限责任公司，法定代表人张某持股13%；监事林某持股20%；执行董事王某持股67%，经营范围包含教学设备的研究开发、文化传播（不含许可经营项目）、教育咨询服务等。

甲教育公司与案外人签订《合作协议》，约定双方在广东省范围内开展成人教育等合作事宜。张某在案外人处从事相关管理工作，并于2020年7月18日辞职。8月12日，乙教育公司成立，法定代表人为褚某（张某配偶之妹），经营范围为教育咨询服务等。乙教育公司于11月19日独资设立某培训中心，法定代表人为褚某，经营范围为招生辅助服务、营利性民办自学考试助学教育机构、实施高等教育的营利性民办学校等。2021年9月3日，张某向甲教育公司主张行使查阅权等。

本案中，甲教育公司同意张某查询甲教育公司自成立至今的公司章程、股东会会议记录、财务会计报告。且提交了另案案外人员工的证人证言、员工及学生的微信聊天记录、乙教育公司微信公众号简介，证明张某在乙教育公司的工作情况及其转移员工、学员的情况、乙教育公司的业务范围。

【案件焦点】

张某行使股东知情权是否具有不正当目的，其是否有权查阅甲教育公司会计账簿、会计凭证。

【法院裁判要旨】

广东省广州市越秀区人民法院经审理认为：甲教育公司和乙教育公司在主营业务和所围绕的招生生源基本一致。张某离职后，甲教育公司员工、拟读学生也随之离职、被转至乙教育公司。且张某与乙教育公司之间具有天然的利益关联性，其查阅甲教育公司会计账簿和会计凭证，可获知甲教育公司的客户资料、员工信息与合作对象等属于商业秘密的信息，使得甲教育公司在以后的竞争中可能处于不利地位，继而损害甲教育公司的利益，故张某主张查阅会计账簿和会计凭证具有不正当目的，不予支持。

广东省广州市越秀区人民法院依照《中华人民共和国公司法》第三十三条，《最高人民法院关于适用〈中华人民共和国公司法〉若干问题的规定（四）》第八条、第十条，《中华人民共和国民事诉讼法》第六十七条第一款之规定，判决如下：

一、甲教育公司于判决生效之日起十日内在其住所地其正常营业时间内提供其自2018年5月7日起至实际履行之日止的公司章程、股东会会议记录、财务会计报告供张某查阅、复制，包括在张某在场的情况下，由其委托的会计师、律师辅助进行，查阅时间不得超过连续十个工作日；

二、驳回张某的其余诉讼请求。

张某不服一审判决，提起上诉。广东省广州市中级人民法院经审理认为：第一，根据案涉《合作协议》可认定甲教育公司与案外人存在合作关系，统一运用“某某教育”对外进行成人教育的宣传、咨询、推广、辅导等资讯信息，从甲教育公司和案外人微信公众号也可看出双方存在合作关系。第二，张某在另案中认为甲教育公司与案外人混同经营，故其应清楚甲教育公司与案外人之间存在上述合作关系。第三，由于甲教育公司与乙教育公司的实际业务性质具有同一性，加之张某在乙教育公司任职以及其与乙教育公司法定代表人之间的亲属关系，可以认定甲教育公司与乙教育公司之间存在实质性竞争关系。张某作为甲教育公司股东，其查阅会计账簿和会计凭证可以获得甲教育公司的相关客户资料等商业秘密，从而存在可能损害甲教育公司的合法利益，张某查阅会计账簿和会计凭证具有不正当目的，故对其主张不予支持。综上所述，张某的上诉请求不能成立，本院予以驳回。一审判决认定事实清楚，适用法律正确，本院予以维持。

广东省广州市中级人民法院依照《中华人民共和国民事诉讼法》第一百七十七条第一款第一项的规定，判决如下：

驳回上诉，维持原判。

【法官后语】

公司的会计账簿具有商业秘密性。一方面，允许股东查阅是保障股东顺利行使知情权的重要方式之一，也是健全企业民主管理制度的应有之义。对此，《中华人民共和国公司法》及司法解释赋予了股东知情权。另一方面，基于保障公司商业秘密以及公司正常经营的考量，《中华人民共和国公司法》设置了“正当目的”说明的前置程序，同时也为公司设置“不正当目的”的抗辩，避免股东滥用知情权损害公司利益。由于现行公司法及司法解释对“不正当目的”的标准较为原则，本案为认定“不正当目的”提供以下几个方面考量路径。

第一，若将“不正当目的”作扩大解释，实际上是赋予公司肆意拒绝股东行使知情权的权利，将导致股东知情权形同虚设。故，应限于股东行使知情权的实质目的为可能泄露公司商业秘密、可能与公司存在恶意竞争等利用通过行使股东知情权获知的信息对公司利益造成损害的情形。同时，公司、股东之间相互投资、持股，能够提高资金的流转率、优化资源配置，有利于增强市场经济活跃度。而股东通常选择投资其熟知的行业。若仅因股东与同业公司相关，即排除股东知情权，将降低股东投资意愿，阻碍市场发展。此外，公司的经营范围大多可以修改且内容广泛，行政审批机关也并非全面核实公司实际的经营业务。因此，不应仅凭工商登记的经营范围就认定构成“实质性竞争关系”。

第二，股东在“了解公司经营状况”等正当目的的掩饰下可能隐藏着其他不良目的，当初查阅目的正当的股东也可能在事后萌生恶意。若对“实质性竞争关系”作限缩解释，将增加公司泄露商业秘密的风险。又因如无限扩大股东的查阅权利，实质将公司的管理及业务等全部向股东无条件披露，与公司作为独立的法人身份存在一定冲突，也不利于公司的正常经营管理。

第三，由于竞争关系的概念主要来源于不正当竞争纠纷，故而，可参照不正当竞争纠纷中认定竞争关系的标准，细化股东知情权中“实质性竞争关系”的内涵。即认定“实质性竞争关系”时，综合实际经营范围、产品或服务的同类性、经营地域的重合度、客户群体的相似度以及商业利益的关联度等因素进行考量。此外，由于公司账簿中必然涉及公司以往产品的销售渠道、客户群、销售价格等商业秘密，属于法律保护的利益。而股东行使查阅权将掌握商业秘密。同时，如果竞争公司通过聘用案涉公司股东知悉公司核心商业数据从而获取竞争优势，则公司承担的商业风险已超出了合理的限度，则公司竞争优势的获取无疑不具有正当性，明显存在损害公司利益的可能。因此，股东及其近亲属的任职与公司有竞争关系，包括为竞争公司的股东、员工等，可否定股东查阅公司会计账簿的权利。

综上，在认定“实质性竞争关系”时，可参照不正当竞争纠纷中竞争关系的表现形式，结合公司之间实际经营范围、产品或服务的同类性、客户群体的相似度等因素综合认定。当竞争公司与被告公司实质上均从事同类业务，且股东存在转移被告公司业务至竞争公司的情形时，应认定构成“实质性竞争关系”，股东行使知情权具有“不正当目的”，此时对股东请求查阅公司会计账簿的主张不予支持。本案参照不正当竞争纠纷中竞争关系的表现形式等因素综合考量，认定构成“实质性竞争关系”，系对股东知情权纠纷案件准确认定“实质性竞争关系”标准的探索细化，对“不正当目的”内涵的进一步丰富，对股东知情权案件的审理具有一定的借鉴意义。

编写人：广东省广州市中级人民法院　曹玲

广东省广州市花都区人民法院　华章玮

五、股权转让纠纷

16

“对赌”回购获生效判决支持的股东是否具备异议回购主体资格

——某投资公司诉某车库公司请求公司收购股份案

【案件基本信息】

1. 裁判书字号

山东省济南市中级人民法院（2023）鲁 01 民终 6524 号民事裁定书

2. 案由：请求公司收购股份纠纷

3. 当事人

原告（上诉人）：某投资公司

被告（被上诉人）：某车库公司

【基本案情】

2013 年 8 月 26 日，某投资公司（甲方）与某车库公司（乙方）及 A 公司（丙方 1）、B 公司（丙方 2）、C 公司（丙方 3）等五丙方签订《增资扩股协议》，约定甲方对乙方的增资价款为 12000 万元人民币，增资完成后甲方持有乙方 20%的出资比例。同日，某投资公司与 A 公司、C 公司、周某签订《增资补充协议》，约定如某车库公司在 2016 年 12 月 31 日之前未实现合格 IPO 的（经过投资方书面同意予以延期的除外），投资方有权要求A公司、C公司及周某在收到投资方要求行使股份回购请求权的书面通知之日起90日内回购投资方所持某车库公司的股权。因某车库公司在2016年12月31日前未实现合格IPO，某投资公司依据前述协议行使股权回购请求权，济南市中级人民法院（以下简称济南中院）作出（2020）鲁01民初2774号民事判决：A公司、周某于本判决生效之日起十日内向某投资公司支付股权回购价款，包括投资对价人民币12000万元及利息；A公司、周某履行上述付款义务后，某投资公司于三十日内协助办理将其所持有的某车库公司20%股权过户给A公司、周某的有关手续。该判决生效后进入执行程序，济南中院拍卖周某名下不动产，拍得3489.20万元。

2022年7月6日，某车库公司股东座谈会在某车库公司召开，针对第三个议题《公司经营期限续期事宜》，所有股东达成如下意见：对于经营期限续期没有异议，支持公司经营期限延期，某投资公司对于公司续期在满足分步退出方案的前提下同意公司续期。该会议纪要，由B公司、某投资公司所派代表签名。除某投资公司外，某车库公司所有其他股东均在以下《股东会决议》上签章：一、同意公司经营期限变更为长期……2022年8月8日，某车库公司申请公司经营期限变更备案，将经营期限变更为长期。2022年8月16日，某投资公司出席某车库公司股东会，对公司经营期限延长表示：经营续期议案虽然已经是一个既定事实，但是我们要表达一个反对意见，我们不同意在现有状态下延长经营期限。2022年8月19日，某投资公司向某车库公司发函要求回购某投资公司所持股权的相关事宜。

【案件焦点】

某投资公司是否具备提起异议股东收购股份诉讼的主体资格。

【法院裁判要旨】

山东省济南市钢城区人民法院经审理认为：工商登记显示某投资公司是持股20%的股东，济南中院判决A公司、周某支付对价12000万元及利息后某投资公司将股权变更给 A 公司、周某，虽然当前部分已经得以执行，但尚未全部执行到位，不符合股权变更条件，故该 20%的股权仍由某投资公司持有，某投资公司具备公司收购股份请求权股东资格。综合在案证据，不能认定某投资公司对某车库公司经营期限变更为长期投反对票。

山东省济南市钢城区人民法院依照《中华人民共和国公司法》第七十四条、《中华人民共和国民事诉讼法》第六十七条第一款规定，判决如下：

驳回某投资公司的诉讼请求。

某投资公司不服一审判决，提起上诉。山东省济南市中级人民法院经审理认为：本案中，某投资公司行使异议股东股权收购请求权的必要条件之一是其仍然合法享有某车库公司 20%的股权，但在提起本案异议股东股权收购请求权诉讼之前，某投资公司已对该 20%的股权提起了股权转让纠纷，诉请 A 公司、周某等回购其持有的该部分股权，本院作出（2020）鲁 01 民初 2774 号民事判决支持了某投资公司的诉求，判令 A 公司、周某向某投资公司支付 12000 万元及利息以收购该部分股权，该判决生效后进入执行程序，现已拍卖周某名下不动产支付了部分股权转让款。生效判决确定的履行命令，是由国家强制力保障执行的，当事人必须按照生效判决执行，只要生效判决未被撤销，则强制执行就没有回转之余地。对同一笔股权，本案中某投资公司又要求某车库公司履行回购义务，属于对同一笔股权的两次处分。因生效判决已对股权转让作出了认定，某投资公司实际已丧失处分权，其提起异议股东收购请求权不符合《公司法》第七十四条的必要条件，且某投资公司在本案中请求重复处分股权的行为实质上否定了（2020）鲁 01 民初 2774 号民事判决的裁判结果，故对其诉求应裁定驳回。

山东省济南市中级人民法院依照《中华人民共和国民事诉讼法》第一百七十七条第一款第一项规定，裁定如下：

一、撤销济南市钢城区人民法院（2022）鲁 0117 民初 1067 号民事判决；

二、驳回某投资公司的起诉。

【法官后语】

本案系异议股东行使股份收购请求权时产生纠纷引发的案件，其中同时涉及另案支持“对赌”回购判决生效且已进入执行程序，持股股东是否丧失股东资格的重大问题，属于商事审判领域疑难复杂案件。因尚未有针对性的司法解释及相关指导意见进一步细化，异议股东股份收购请求权制度相关条文不能充分满足司法实践的切实需求，部分要素在法律解释与司法实务中存在争议。

《中华人民共和国公司法》第八十九条规定了股东回购请求权。毋庸置疑，异议股东股份回购请求权行使的主体应当是公司股东，只有具有股东身份才能成为适格原告。有资格作为异议股东行使股份收购请求权的权利人只能是“股份持有人”，且这时的股东持有股份必须具有持续性，如果从其反对决议至股份被收购之前将其股份转让给第三人，一般认为转让人和受让人均不再享有回购请求权。[①]“对赌”回购案的判决能否产生股权变动的法律效力，目前司法实践对生效裁判支持“对赌”回购，被回购股权的股东资格是否直接消灭的裁判规则尚未明确。确立股东对同一股权丧失异议股东回购主体资格的裁判规则，符合法律原则和法律精神。

一、前诉生效判决具有既判力

既判力实质是指生效判决的确定力，即终局判决一旦获得确定，那么该判决针对诉讼请求所作出的判断就成为规制双方当事人今后针对这一事实的规范。既判力要求当事人和法官作出积极作为的义务，这种作为义务表现为“遵守裁判”，因为前诉判决已经对权利义务关系作出了定性，当事人和法院都要遵守判决内容，并受判决内容的拘束。既判力的约束当然及于当事人，禁止就终局确认的事实提出相反的主张。甚至是第三人，都可以援引生效判决的既判力提出被诉的诉讼标的的有关内容已经被生效判决所确认的抗辩，以达到诉讼防御之目的。本案中，某投资公司请求重复处分股权的行为实质上否定了（2020）鲁01民初2774号民事判决的裁判结果。既判力的约束也当然及于法院，前诉

---

① 王志诚：《论公司合并及其他变更营运政策之重大行为与少数股东股份收买请求权之行使》，载《东吴法律学》1999年第5期。

判决是后诉判决的基点，针对同一事实，后诉法院不能作出与生效判决确认的事实相反的判断。

二、前诉“对赌”生效判决具有执行力

所谓判决的执行力，是指判决生效后，在义务人没有履行义务时，权利人可以向法院申请强制执行，法院依法强制债务人履行其义务的效力和作用。生效判决确定的履行命令，是由国家强制力保障执行的，当事人必须按照生效判决执行，只要生效判决未被撤销，则强制执行就没有回转之余地。本案中，某投资公司享有的某车库公司的股权已经转化为对C公司、周某的价款支付的债权请求权。因生效判决已对股权转让作出了认定，某投资公司实际已丧失处分权。

三、“一股二卖”法律后果分析

前诉“对赌”回购判决生效且进入执行程序后，同一股权的股东是否丧失异议回购股东资格，可以从“一物二卖”法律后果的角度进行分析。所谓“一物二卖”，从字面意义上理解，是指出卖人将同一标的物出售给数个买受人的行为。该行为严重违背民法的诚实信用原则，必然导致一个或多个买受人无法享受到产权，并遭受经济损失。本案中，对同一笔股权，某投资公司在前诉“对赌”回购请求已获支持且生效判决现已进入执行程序的情况下，又要求某车库公司履行回购义务，属于对同一笔股权的两次处分。因此，如果允许该股东提起诉讼，将给“一股二卖”行为留下所谓“有权的作案空间”，这既不合乎《中华人民共和国公司法》的立法原意，也与《中华人民共和国民法典》总则编中公平合理、诚实信用、恪守承诺等基本原则背道而驰。

编写人：山东省济南市钢城区人民法院　苏友芹

17

股权转让纠纷中实缴资本的认定

——卢某、路某诉某管理公司、吴某合同案

【案件基本信息】

1. 裁判书字号

云南省曲靖市中级人民法院（2023）云03民终3545号民事判决书

2. 案由：合同纠纷

3. 当事人

原告（反诉被告、被上诉人）：卢某、路某

被告（反诉原告、上诉人）：吴某

被告：某管理公司

【基本案情】

某车漆快修公司注册登记实缴为0，登记档案无验资报告。吴某经过对某车漆快修公司实地考察、财务审查后，于2023年4月14日与某车漆快修公司的股东卢某、路某签订《转让合同》，卢某、路某将其持有的某车漆快修公司的100%股权、某车漆快修公司B实体门店、某车漆快修公司Y实体门店（包含但不限于：案涉商标及两门店设施设备等固定资产、流动资产、无形资产）转让至吴某名下。转让价款为128万元，分二期支付：合同签订日支付订金68万元，公司股权及工商变更登记手续完全变更至乙方（吴某）名下当日内，支付第二期转让款50万元，公司变更完毕及办理交接后支付10万元，还约定转让方已经确保实缴出资（或有非货币出资报告）。吴某向卢某支付第一期款项68万元后，双方办理了股权及工商变更手续，后因双方对Q店、G店（只有营

业执照，无实体店）的变更登记发生争议，吴某未再支付余款，5月28日，吴某向卢某、路某发出《解除合同通知书》，认为卢某、路某拖延且不予办理Q店、G店工商变更等义务，要求解除合同并返还已支付的68万元，同时承担违约责任。卢某、路某诉至法院请求支付余款及违约金，某管理公司、吴某反诉卢某、路某办理变更手续缓慢、未变更Q店、G店、未实缴出资违约，要求退还已付款并支付利息及违约金。

【案件焦点】

公司注册登记实缴为0，是否可以证明卢某、路某未实缴出资。

【法院裁判要旨】

云南省曲靖市麒麟区人民法院经审理认为：原告、被告自愿签订的《转让合同》合法有效。《转让合同》虽写明Q店和G店，但约定了百分之百的股权及实体店整体转让，且在双方协商记录中也有Q店，这两个店属于某车漆快修公司财产，属转让范围，应当继续办理这两个店的变更登记手续。原告已经协助办理了公司股权及实体门店变更登记，履行了合同约定的主要义务，吴某应当支付第二期款项50万元，因Q店和G店未办理变更登记手续、B实体门店和Y实体门店未交付，第三期款10万元支付条件未成就。吴某在合同主要权利义务已基本履行且权属已发生转移后，向对方发出《解除合同通知书》，对方并未同意，解除合同通知不生效。国家企业信用信息公示系统显示，卢某、路某已实缴出资未违约。

云南省曲靖市麒麟区人民法院依照《中华人民共和国民法典》第五百零二条、第五百零九条、第五百六十五条、第五百七十七条、第五百九十五条之规定，判决如下：

一、由被告吴某于本判决生效后十日内支付原告卢某、路某转让款500000元；

二、驳回原告卢某、路某的其他诉讼请求；

三、驳回反诉原告吴某的反诉请求。

吴某不服一审判决，提起上诉。云南省曲靖市中级人民法院经审理认为：某车漆快修公司在《公司注册资本登记管理规定》实施后成立，注册资本实行认缴制，登记机关不审查验资报告，亦不登记实缴金额，登记系统内均登记实缴出资为0，但并不代表未实缴出资。本案中，双方在磋商公司转让事宜时，上诉人在审查了公司的财务报表、实地查看了公司资产状况后签订合同，且部分产权证照经转移，不能仅以《内资企业登记基本情况表》记载实缴出资为0来主张对方未实缴出资而违约。《转让合同》约定，在公司股权及工商变更登记手续完全变更至乙方名下当日内，乙方支付第二期转让款，Q店和G店属某车漆快修公司财产，属应当转让范围，第二期付款应当在办理完毕Q店和G店变更登记手续当日内支付。

云南省曲靖市中级人民法院依照《中华人民共和国民事诉讼法》第一百七十七条第一款第二项之规定，判决如下：

一、维持曲靖市麒麟区人民法院（2023）云0302民初4333号民事判决第二项、第三项；

二、撤销曲靖市麒麟区人民法院（2023）云0302民初4333号民事判决第一项；

三、由卢某、路某在判决生效后十日内协助吴某办完某车漆快修公司Q店和G店变更手续，吴某在当日内向卢某、路某支付转让款500000元。

【法官后语】

实缴出资认定问题通常是涉股权转让引发纠纷案件审判的关键问题。《最高人民法院关于适用〈中华人民共和国公司法〉若干问题的规定（三）》第十三条规定："股东未履行或者未全面履行出资义务，公司或者其他股东请求其向公司依法全面履行出资义务的，人民法院应予支持。公司债权人请求未履行或者未全面履行出资义务的股东在未出资本息范围内对公司债务不能清偿的部分承担补充赔偿责任的，人民法院应予支持……"《最高人民法院关于民事执行中变更、追加当事人若干问题的规定》第十九条规定："作为被执行人的公司，财产不足以清偿生效法律文书确定的债务，其股东未依法履行出资义务即转让股权，申请执行人申请变更、追加该原股东或依公司法规定对该出资承担连带责任的发起人为被执行人，在未依法出资的范围内承担责任的，人民法院应予支持。”2023年《中华人民共和国公司法》第八十八条第一款规定：“股东转让已认缴出资但未届出资期限的股权的，由受让人承担缴纳该出资的义务；受让人未按期足额缴纳出资的，转让人对受让人未按期缴纳的出资承担补充责任。”当事人根据以上规定主张相关股东承担未实缴出资相关责任的案件，都必须先审查认定是否实缴出资。因此，本案股权转让人卢某、路某是否实缴出资成为双方争议的焦点问题。

司法实践中，如何认定实缴出资存在争议，主要有以下观点：一是认为在认缴制下，除传统的审计材料外，股东向公司转账并备注出资款或投资款的、公司出具股东决议并修改章程的、公司办理相应的工商变更登记的均应视为已实缴；二是认为股东应将出资款按时足额存入公司账户，如股东主张其实际投入公司经营的款项为出资款，应对其投入资金的具体情况予以审查，是否用于公司经营，股东履行出资义务的意思表示是否明确，是否有合法的原始凭证入账，出资证明书、财务账册相关科目记载、公司股东会决议等；三是认为股东出资实缴的问题，应当以市场监督管理部门关于公司缴纳注册资本进行登记的工作规范标准作为认定依据。

笔者认为，一方面，市场监督管理部门并不审查公司实缴资本，即便无验资报告也登记实缴数额，另一方面，国家企业信用信息公示系统显示的《企业信用信息公示报告》是企业自己填报的年报，所公示的出资信息并未经相关审查程序核实，因此，以上两类信息均不是实缴出资情况的真实反映，不能单独作为认定实缴出资的依据。是否实缴出资，可以根据公司财务账册相关科目记载、原始入账凭证，出资证明书、公司股东会决议、审计资料等进行判断。《最高人民法院关于适用〈中华人民共和国公司法〉若干问题的规定（三）》第九条规定，出资人以非货币财产出资，未依法评估作价，公司、其他股东或者公司债权人请求认定出资人未履行出资义务的，人民法院应当委托具有合法资格的评估机构对该财产评估作价。评估确定的价额显著低于公司章程所定价额的，人民法院应当认定出资人未依法全面履行出资义务。参照该规定，还可以对公司资产原值进行评估，根据评估结果作出认定。对不涉及第三人利益的股权转让协议双方当事人，受让方以转让方未实缴出资主张违约或解除合同的案件，还可以根据双方在协调过程中，是否经过对公司现实情况进行过全面了解来判断。

本案中，双方在磋商公司转让事宜时，上诉人已经审查了公司的财务报表、实地查看了公司资产状况，合同签订后，且部分产权证照已经发生转移后，仅以《内资企业登记基本情况表》记载实缴出资为0来否认实缴出资情况，缺乏事实和法律依据，也有违诚信原则。

编写人：云南省曲靖市中级人民法院　孙尉玲

18

股权转让款支付期限约定不明时诉讼时效期间起算点之认定

——某县农业农村局诉易某、陈某股权转让案

【案件基本信息】

1. 裁判书字号

福建省泉州市中级人民法院（2023）闽05民终2480号民事判决书

2. 案由：股权转让纠纷

3. 当事人

原告（被上诉人）：某县农业农村局

被告（上诉人）：易某、陈某

【基本案情】

1984年3月28日，易某与陈某登记结婚。2004年1月27日，某县农业技

术推广中心更名为某县农业科技咨询中心，法定代表人变更为某县农业与茶果局在职员工徐某。2007 年 8 月 3 日，某县农业与茶果局（甲方）与易某（乙方）签订《协议书》，约定："乙方向甲方缴纳履约保证金 10 万元和承包金 21.899 万元，第一年承包金应在协议签订当日 17：00 前一次性缴清，第二年承包金应在 2008 年 7 月 3 日前交清，第三年承包金应在 2009 年 7 月 3 日前交清，第四年承包金应在 2010 年 7 月 3 日前交清，第五年承包金应在 2011 年 7 月 3 日前交清。"2007 年 8 月 8 日，某县农业与茶果局向原某县工商局出具函，载明："经投标，某县农业科技咨询中心经营权已由我局技术人员易某同志经营承包，承包期五年（2007 年 8 月 3 日至 2012 年 8 月 2 日）。"2007 年 8 月 9 日，某县农业科技咨询中心法定代表人变更为易某。2007 年 8 月 14 日，某县农业与茶果局作为甲方、易某作为乙方共同签署《备忘录》，主要载明："甲方申请设立的'某县农业科技咨询中心'由乙方承包经营，原注册资金 55 万元，形成资产，由甲方管理，没有用于乙方经营活动，乙方承包期满后也就不必缴纳注册资金。"2007 年 8 月 21 日，易某支付某县农业与茶果局履约保证金 10 万元。2009 年 9 月 13 日，某县农业与茶果局出具《证明》，载明："将我局设立的某县农业科技咨询中心所有产权及经营权全部转让给陈某。"某县农业与茶果局作为甲方、陈某作为乙方，双方于 2009 年 12 月 12 日签署《某县农业科技咨询中心股权转让合同》，于 2010 年 8 月 18 日签署两份《某县农业科技咨询中心股权转让合同》，合同均约定某县农业与茶果局将某县农业科技咨询中心 100%股权转让给陈某，且 2009 年 12 月 12 日双方签署的合同终止。但两份合同对转让金额约定不同，其中由某县市场监督管理局备案存档的合同（以下简称合同 A）中载明："转让金额由双方另行约定"，另一份由陈某持有的合同（以下简称合同 B）则载明："甲方同意将某县农业科技咨询中心 100%的股权共 153.798 万元出资额，以 153.798 万元转让给乙方，乙方同意按此价格及金额购买上述股权，乙方必须自 2010 年 8 月 3 日起至 2012 年 8 月 2 日止分期付给甲方 153.798 万元股权转让金。"2010 年 9 月 8 日，某县农业科技咨询中心更名为某县新合作农业科技咨询公司，由全民所有制变更为有限责任公司（自然人独资），法定代表人变更为陈某，由某县农业与茶果局出资55万元变更为陈某出资50万元。2011年4月13日，易某支付某县农业与茶果局履约保证金50万元。2011年8月1日，原某县工商行政管理局核准某县新合作农业科技咨询公司注销登记。2018年12月28日，根据《某县机构改革实施方案》的要求，某县农业与茶果局更名为某县农业农村局。2022年10月23日，陈某出具加盖其个人印章的《关于要求减免某县新合作农业科技咨询公司转让费40万元的情况说明》，主要载明："陈某于2007年8月承包某县农业与茶果局下属'某县农业技术服务推广中心'的经营权，承包期限5年……2011年某县农业与茶果局把'某县新合作农业科技咨询公司'及其100多个分支机构按100万元转让费转让过户至陈某名下，陈某于2011年4月上交某县农业与茶果局转让费50万元，加上之前承包'某县农业技术服务推广中心'的押金10万元，共计上交转让费60万元，尚欠转让费40万元……本人当时有口头向县农业与茶果局提出减免余下40万元转让费的要求，局领导有口头同意，但没有给出书面答复，本人也就未继续支付余下的40万元转让费。综上所述，本人陈某再次向某县农业农村局提出减免余下40万元转让费的要求……"

【案件焦点】

1. 某县农业农村局主张易某、陈某应向其支付股权转让款是否超过诉讼时效；2. 如未超过诉讼时效，股权转让款的支付主体如何确定。

【法院裁判要旨】

福建省安溪县人民法院经审理认为：某县农业与茶果局与陈某于2010年8月18日签署两份内容相似、股权转让金额不同的《某县农业科技咨询中心股权转让合同》，原告提交的某县农业与茶果局会议记录经编码归档，其真实性足以确认，且会议记录内容与其他证据能够互相印证。载有付款期限的股权转让合同即合同B，并未实际履行。陈某辩称合同B股权转让金为153.798万元，与其出具的《关于要求减免某县新合作农业科技咨询公司转让费40万元的情况说明》所载股权转让金额互相矛盾，庭审中，陈某亦自认尚欠原告股权转让款

40 万元，故二被告以其持有但未经存档的合同 B，主张本案的诉讼时效已经于 2014 年 8 月 2 日届满，与事实不符，本院不予采信。综上，可认定某县农业与茶果局与陈某约定股权转让款为 100 万元，实际履行的合同系经过安溪县市场监督管理局备案存档的合同 A，因合同 A 中未约定股权转让款支付期限，因此原告起诉请求二被告支付尚欠的转让款 40 万元未超过诉讼时效，应予支持。根据《中华人民共和国民法典》第一千零六十四条第二款之规定，虽然本案系陈某、易某在婚姻关系存续期间以陈某个人名义超出家庭日常生活需要所负的债务，但从原告提供的证据可以看出易某长期参与管理某县新合作农业科技咨询公司，并出任监事一职，足以证实本案债务系用于夫妻共同生活、共同生产经营，故本案债务依法应认定为陈某、易某的夫妻共同债务。综上，2010 年 8 月 18 日某县农业与茶果局与陈某签署的合同 A 系当事人的真实意思表示，内容不违反法律法规的强制性规定，双方当事人均应依约履行各自的合同义务。陈某依约应向原告支付尚欠的股权转让款 40 万元，因本案诉争债务系夫妻共同债务，易某应承担共同还款责任。原告请求二被告自 2010 年 9 月 8 日起支付资金占用费，于法无据，不予支持，资金占用费可自原告起诉之日起按全国银行间同业拆借中心公布的一年期贷款市场报价利率（3.65%）计算。

福建省安溪县人民法院依照《中华人民共和国民法典》第五百零九条第一款、第五百七十七条、第五百七十九条、第一千零六十四条第二款，《最高人民法院关于适用〈中华人民共和国民法典〉时间效力的若干规定》第一条第三款及《中华人民共和国民事诉讼法》第六十七条第一款规定，判决如下：

一、陈某、易某应于本判决生效之日起十日内支付某县农业农村局股权转让款 40 万元及资金占用费（自 2022 年 11 月 21 日起以 40 万元为基数，按年利率 3.65%计算至款项实际付清之日止）；

二、驳回某县农业农村局的其他诉讼请求。

易某、陈某不服一审判决，提起上诉。福建省泉州市中级人民法院经审理认为：关于诉讼时效的问题。根据在案证据，双方对于陈某于 2022 年 10 月 23 日出具的加盖其个人印章的《关于要求减免某县新合作农业科技咨询公司转让费40万元的情况说明》真实性均无异议，故对该证据的真实性应予确认，可以作为定案依据。根据该情况说明的内容，陈某承认其尚欠某县农业农村局转让费40万元并向某县农业农村局提出减免余下40万元转让费的要求。因此，陈某的前述说明已具有确认债务并承诺偿还的意思表示，根据《最高人民法院关于审理民事案件适用诉讼时效制度若干问题的规定》第十九条第一款的规定，于某县农业农村局享有的债权而言，理应构成诉讼时效中断，故无论某县农业农村局之前是否存在催讨行为，其提起本案诉讼尚在法定的三年诉讼时效期间内，易某、陈某上诉所称的某县农业农村局已超过法定的诉讼时效期间，于法无据，不能成立。

福建省泉州市中级人民法院依照《中华人民共和国民事诉讼法》第一百七十七条第一款第一项的规定，判决如下：

驳回上诉，维持原判。

【法官后语】

在股权转让款支付期限不确定的情况下，转让方主张股权转让款债权的诉讼时效期间的起算点应如何认定，司法实践中有不同的裁判观点。第一种观点认为，双方在股权转让合同中没有约定股权转让款的支付时间，股权转让方已实际转让股权，变更登记亦已办理完毕，但受让方未支付股权转让款，转让方应当自知道自己的权利受到侵害之日起三年内主张权利，即从自变更股权登记时开始计算。第二种观点认为，合同未约定股权转让款的支付时间，转让方有权要求随时履行。根据要求履行的情形，结合《最高人民法院关于审理民事案件适用诉讼时效制度若干问题的规定》第四条之规定，计算该债权的诉讼时效。

笔者支持第二种观点，股权转让行为属于当事人意思自治范畴，股权转让款诉讼时效期间的起算点应更多从合同履行期限约定不明的角度考虑，单纯以自变更股权登记时点认为转让方应当知道自己的权利受损，并开始计算诉讼时效，缺乏合同依据。《最高人民法院关于审理民事案件适用诉讼时效制度若干问题的规定》第四条规定："未约定履行期限的合同，依照民法典第五百一十条、第五百一十一条的规定，可以确定履行期限的，诉讼时效期间从履行期限届满之日起计算；不能确定履行期限的，诉讼时效期间从债权人要求债务人履行义务的宽限期届满之日起计算，但债务人在债权人第一次向其主张权利之时明确表示不履行义务的，诉讼时效期间从债务人明确表示不履行义务之日起计算。”应当根据该规定，确定股权转让款债权的诉讼时效期间的起算点，具体如下：

首先，还是应根据实体法关于合同解释的原则规定，尽量填补合同中关于履行期限约定的空白。实践中，尽管双方当事人没有在合同中明确约定履行期限，但根据合同中其他相关条款约定的内容，可以确定一方当事人履行其义务的期限的，应当按照相关条款的内容确定履行期限。如果按照相关条款仍不能确定的话，还可以依照特殊的交易习惯确定履行期限。

其次，如果按照上述方法均不能确定合同履行期限，依随时履行原则，在权利人第一次向义务人主张权利时，根据义务人是否同意履行义务区分三种情形：(1) 义务人同意履行义务。此时，权利人应依法依约给予义务人以履行义务的宽限期。权利人要求履行之日并不起算诉讼时效期间，而是当宽限期届满时，即债权人主张权利之后的一段必要的准备时间届满时，才开始起算诉讼时效。宽限期可由当事人约定，如约定不成，可由法官针对具体案情，按照通常的交易准则、习惯及惯例，进行具体分析、论证后作出公平的确定。(2) 义务人明确表明其不履行合同义务或表示无力履行的。此情形下，权利人即应当认识到其权利受到侵害，权利人无须给予义务人履行义务合理的宽限期，诉讼时效期间从债务人明确表示不履行义务之日或表示无力履行之日起计算。(3) 义务人既不表明其同意履行义务也不明确表明其拒绝履行义务。如前所述，在随时履行义务的情形下，义务人在权利人第一次向其主张权利时，主要有两种态度，即履行和不履行义务，因此，对于其故意含混不表态的情形，应根据具体情形进行判断其是否同意履行义务的意思表示。在义务人不明确拒绝履行义务的情形下，多可认定为其默示同意履行义务，并请求给予一定宽限期。但也需要具体情况具体分析。

再次，针对债权人的第二次、第三次主张权利的行为，无论债务人作何表示，依法均可以认定诉讼时效期间因中断而重新起算。也即后续的催告属于诉讼时效中断的事由。虽然实践中对债权人诉讼时效的起算采取比较宽容的立场，但仅因债权人多次催告，则从起诉时起算诉讼时效，并无法律依据。例如，第二次催告在第一次催告之后超出了3年以上，已经超出诉讼时效期间，不能因为债权人后续又多次催告而将诉讼时效的起算放宽至起诉时起算。

最后，若债权人未提供证据证明其在诉讼时效期间或者在诉讼时效中断后曾向债务人主张过权利，则法律不保护躺在权利上睡觉的人，此时，诉讼时效期间自权利人知道或者应当知道权利受到损害以及义务人之日（自股权登记变更之日）起或诉讼时效中断之日起计算，但根据《最高人民法院关于审理民事案件适用诉讼时效制度若干问题的规定》第十九条的规定，诉讼时效期间届满，当事人一方向对方当事人作出同意履行义务的意思表示或者自愿履行义务后，又以诉讼时效期间届满为由进行抗辩的，人民法院不予支持。

本案中，原告与被告同日签订了两份股权转让合同，合同A未约定股权转让款支付期限，合同B约定了转让款支付期限为2010年8月3日起至2012年8月2日止。因此，两份合同关于股权转让款支付期限的约定不一致，应先认定两份合同是否符合证据采信条件。根据查明事实和在案证据认为，实际履行的合同系经过某县市场监督管理局备案存档的合同A，因合同A中未约定股权转让款支付期限，原告可以随时要求被告支付股权转让款，并给予合理的宽限期，本案原告仅提供证据证明其于2013年5月20日向被告主张股权转让款，但根据双方当事人确认无误的被告陈某于2022年10月23日出具的加盖其个人印章的《关于要求减免某县新合作农业科技咨询公司转让费40万元的情况说明》，被告陈某已作出确认债务并承诺偿还的意思表示，应当认定为《中华人民共和国民法典》第一百九十五条规定的“义务人同意履行义务”。因此，某县农业农村局享有股权转让款的债权，构成诉讼时效中断，该债权于2022年10月23日之日起重新计算三年诉讼时效，至起诉之日，该债权尚未超过诉讼时效，陈某对于该笔股权转让款应予支付。易某作为陈某的配偶，深度参与了双方股权转让事宜，且实际经营管理了受让后的目标公司，因此，案涉股权转让款认定为陈某、易某的夫妻共同债务，陈某、易某应承担共同还款责任。

编写人：福建省安溪县人民法院　彭英容

19

股权转让合同解除的条件及法律后果

——某生活用品公司诉某建设公司股权转让案

【案件基本信息】

1. 裁判书字号

北京市第二中级人民法院（2023）京02民终10248号民事判决书

2. 案由：股权转让纠纷

3. 当事人

原告（被上诉人）：某生活用品公司

被告（上诉人）：某建设公司

【基本案情】

2017年10月13日，某生活用品公司与某建设公司签订《产权交易合同》，第6.3条约定：某生活用品公司持有的标的企业即某保温容器公司100%的股权，拟将标的企业100%的股权转让给某建设公司。转让价格7000万元，第一期转让价款2500万元，其中保证金1000万元折抵转让价款，合同签订生效之日起1年内支付第一期剩余转让价款1500万元；第二期费用2500万元，在合同签订生效之日起2年内一次性支付；第三期费用2000万元，在合同签订生效之日起3年内向某生活用品公司一次性支付。同时第13.2条约定：某建设公司未按合同约定期限支付转让价款的，应向某生活用品公司支付逾期付款违约金。

违约金按照迟延支付期间当期银行贷款利率的2倍计算。合同签订后，某建设公司支付了保证金1000万元，某生活用品公司于2017年11月17日将目标公司10%的股份过户至某建设公司名下，并将法定代表人变更为某建设公司指定人员名下。2018年11月22日，某建设公司向某生活用品公司发出承诺函，承诺在2019年4月12日前向某生活用品公司支付1500万元，并按当期人民银行贷款利息的两倍即0.87%向某生活用品公司支付该1500万元的逾期利息，即130500元/月。时至今日，某建设公司亦未按合同及承诺函的约定履行合同义务。

【案件焦点】

1. 案涉合同是否应当解除；2. 合同解除后的法律后果以及违约金的计算标准如何认定。

【法院裁判要旨】

北京市西城区人民法院经审理认为：某生活用品公司与某建设公司签订的《产权交易合同》系双方的真实意思表示，且不违反我国现行法律、行政法规的强制性规定，亦不存在其他导致合同无效的情形，应属合法有效。《产权交易合同》约定了解除合同的条件，现某建设公司逾期支付股权转让款，某生活用品公司有权依照法律规定和合同约定解除合同。案件受理后，双方就继续履行《产权交易合同》进行协商仍未达成一致，故确认《产权交易合同》于2022年2月11日，即法院向某建设公司送达起诉状副本之日解除。

《产权交易合同》解除后，某建设公司应当返还所取得的股权，并协助办理股权变更登记手续，某生活用品公司应当将1000万元股权转让款返还某建设公司。关于损失部分，某生活用品公司依据《产权交易合同》和承诺函的约定，按照月利率0.87%主张自2018年10月12日起至2019年4月11日止的利息783000元、按照银行同期贷款基准利率或者一年期贷款市场报价利率的2倍主张自2019年4月12日起至2022年2月11日止的违约金10057356.16元，属于合同履行后可以获得的利益，未超过某建设公司在订立合同时预见到或者应当预见到的因违反合同可能造成的损失，且违约金的计算标准不属于约定过高应予调整的情形，故应对上述金额予以确认。某生活用品公司应当返还的1000万元股权转让款与某建设公司应当支付的上述违约金相互抵销后，某建设公司应当支付某生活用品公司利息783000元和剩余违约金57356.16元，共计840356.16元。某生活用品公司主张的超过法院认定的部分款项，于法无据，不予支持。某建设公司关于不同意解除合同及不同意支付利息、违约金的答辩意见，缺乏事实和法律依据，不予采信。

北京市西城区人民法院依照《中华人民共和国合同法》第八条、第六十条第一款、第九十三条第二款、第九十七条、第九十九条、第一百一十三条，《中华人民共和国民事诉讼法》第六十七条第一款，《最高人民法院关于适用〈中华人民共和国民法典〉时间效力的若干规定》第一条第二款，《最高人民法院关于适用〈中华人民共和国民事诉讼法〉的解释》第九十条第一款之规定，判决如下：

一、确认原告某生活用品公司与被告某建设公司于2017年10月13日签订的《产权交易合同》于2022年2月11日解除；

二、被告某建设公司于本判决生效之日起十日内支付原告某生活用品公司840356.16元；

三、被告某建设公司于本判决生效之日起十日内将持有的某保温容器公司10%的股权协助变更至原告某生活用品公司名下；

四、驳回原告某生活用品公司的其他诉讼请求。

某建设公司不服一审判决，提起上诉。北京市第二中级人民法院经审理认为：某生活用品公司与某建设公司签订的《产权交易合同》系双方当事人的真实意思表示，内容不违反法律、行政法规的强制性规定，应属合法有效。《产权交易合同》约定发生另一方出现合同第十三条所述违约情形的，一方可以解除合同。该合同在第十三条中还约定了某建设公司未按合同约定期限支付转让价款的情形。按照约定，某建设公司应于2018年10月12日前支付第一笔款项，并应于2020年10月12日前付清全部款项，但该公司至今未付，构成违约，导致某生活用品公司的合同目的无法实现。故，某生活用品公司有权依据合同约定行使解除权。一审法院确认《产权交易合同》于送达起诉状副本之日解除，处理并无不当。

一审法院判决某建设公司返还所取得的股权并协助办理股权变更登记手续，于法有据。某建设公司逾期付款，应当向某生活用品公司承担赔偿责任。《产权交易合同》约定，某建设公司未按合同约定期限支付转让价款的，应向某生活用品公司支付逾期付款违约金，违约金按照延迟支付期间当期银行贷款利率的2倍计算。一审法院依据上述合同约定及承诺函，计算某建设公司应承担的违约金数额。某建设公司对该违约金的数额计算无异议，但表示不同意支付。该违约金系因某建设公司违约给某生活用品公司造成的履行利益损失，未超过某建设公司在订立合同时预见到或者应当预见到的因违反合同可能造成的损失，且违约金的计算标准不属于约定过高应予调整的情形，某建设公司的上诉请求缺乏依据。一审法院将某生活用品公司应当返还的1000万元股权转让款与某建设公司应当支付的上述违约金相互抵销后，判决某建设公司支付剩余款项，处理并无不妥，本院对一审判决予以维持。综上所述，某建设公司的上诉请求不能成立，应予驳回。一审判决认定事实清楚，适用法律正确，应予维持。

北京市第二中级人民法院依照《中华人民共和国民事诉讼法》第一百七十七条第一款第一项规定，判决如下：

驳回上诉，维持原判。

【法官后语】

本案系股权转让纠纷，基于《产权交易合同》的约定，某生活用品公司拟将某保温容器公司100%的股权转让给某建设公司，某建设公司按约定分期支付相应价款。本案的争议焦点在于合同是否能够解除，合同解除后产生何种法律后果以及某生活用品公司的违约金主张是否过高。

首先，就合同是否应当解除的问题。合同解除的意义在于打破合同僵局，破除交易障碍，将合同当事人从合同僵持的状态中解放，其适用标准在于确定已无法实现合同目的，或合同实际履行不能。关于合同解除的实现形式，当事人可以约定一方解除合同的条件，当解除合同的条件成就时，解除权人可以解除合同。

案涉《产权交易合同》约定了合同解除的条件，发生下列情况之一时，一方可以解除合同：(1) 由于不可抗力或不可归责于双方的原因致使本合同的目的无法实现的；(2) 另一方丧失实际履约能力的；(3) 另一方严重违约致使不能实现合同目的的；(4) 另一方出现本合同所述违约情形的。某建设公司并未按照合同约定时间支付款项，导致合同目的无法实现，构成违约，某生活用品公司有权解除合同。

其次，就合同解除的法律后果问题。合同解除后，尚未履行的，终止履行；已经履行的，根据履行情况和合同性质，当事人可以要求恢复原状、采取其他补救措施，并有权要求赔偿损失。股权转让合同解除后需要恢复原状的，股权出让人应当全额返还取得的股权对价；受让人则应向转让人退还相应股权。除此之外，合同解除的争议还在于合同解除后对法律责任的认定，包括对双方过错责任的分配与损害赔偿范围的认定。在损害赔偿范围的认定上应以履行利益，包括预期可得利益的赔偿为限，须结合实际判断该笔款项是否属于因合同解除造成的损失，在约定违约条款的解除中，损害赔偿的范围还需排除违约金等已支付的赔偿。

股权转让合同中往往会约定违约条款，在因违约而解除合同的情形中，守约方已经主张违约金或其他约定的损害赔偿方式，要求违约方承担违约责任以弥补损失的，若违约金数额可以覆盖损失范围，则不能再主张损害赔偿。

最后，关于违约金的标准问题。因一方违约，导致合同被解除的，违约方应当按照约定向非违约方支付违约金。在判断约定违约金是否过高以及调低的幅度时，一般应当以对债权人造成的损失为基准。实践中，需要考量合同的履行情况、当事人的过错程度、预期利益、当事人的主体身份等因素，综合权衡违约金的数额。案涉合同就未履行合同约定，依合同迟延付款之日起，按照应付未付款项人民银行贷款利息的两倍支付逾期利息。

综合以上三点，某生活用品公司要求解除与某建设公司签订的《产权交易合同》解除的诉讼请求应得到支持，某建设公司应当支付自2019年4月12日起至2022年2月11日止，按照银行同期贷款基准利率或者一年期贷款市场报价利率的2倍的违约金。

编写人：北京市西城区人民法院　董林明　杜祎凡

20

巨额股权转让违约损失无法量化的，违约金调整应综合考量

——钮某等诉管甲等股权转让案

【案件基本信息】

1. 裁判书字号

江苏省无锡市中级人民法院（2023）苏02民终5297号民事判决书

2. 案由：股权转让纠纷

3. 当事人

原告（上诉人）：钮某、俞某、钱某

被告（上诉人）：管甲、管乙、杨某、孙某、李甲

被告（被上诉人）：李乙、李丙

【基本案情】

2021年7月29日，钮某一方与管甲一方签订《股权转让协议（框架）》一份，约定管甲一方将其持有的某科技公司即目标公司100%股份转让给钮某一方，转让总价10200万元。转让后目标公司法定代表人由钮某一方指定，目标公司交割前由管甲一方负责将债权债务清零等。双方约定支付方式为，自本协议签订之日起5个工作日内钮某一方先行向双方共同监管的银行账户支付转让保证金500万元；自签订正式股转协议后，在确定的交割日完成工商变更登

记后5个工作日内，钮某一方支付管甲一方本次股权转让款8700万元，同时释放保证金500万元，合计9200万元，其中3000万元由钮某一方代为偿还钮某一方经营期间结欠银行的贷款；自交割日起整一年，管甲一方如无隐性债务产生（如有，则相应扣除），钮某一方再行支付余款1000万元，钮某一方支付该余款的同时，应承担一年期利息60万元。双方同意，本协议约定的交割日前，目标公司的经营风险及债权债务由管甲一方承担。暂定财务交接基准日为股权交割日。同时，双方还约定目标公司投资项目的环评，以及码头的环评报告自全部出具起5个工作日内签订正式股权转让协议；签订本框架协议后，由管甲一方或目标公司按约定时间完成约定的行政许可（附清单，略）……上述行政许可的获得将直接影响到股权转让后目标公司的正常运行，也是双方签订本协议的前提条件，项目环评和码头环评以及港口经营许可证的手续必须得到钮某一方的确认，如在约定时间内无法完成，钮某可据此解除本协议并要求退还保证金。关于违约责任，若一方违约，在不影响守约方在本协议下其他权利的情况下，守约方有权采取如下一种或多种救济措施以维护其权利：（1）要求违约方实际履行。（2）暂时停止履行义务，待违约方违约情形消除后恢复履行；守约方根据此款规定暂停履行义务不构成守约方不履行或迟延履行义务……（3）要求违约方赔偿守约方的经济损失……自本协议签订后，管甲一方不得与任何第三方就本协议约定的股权或股权所对应的资产进行转让磋商或签订协议，若管甲一方违反此约定，应承担保证金3倍（1500万元）的固定违约金。如钮某一方逾期支付转让款，7天内钮某一方应承担每天万分之三的违约金；超过7天，视为钮某一方根本性违约，应承担应付金额20%的惩罚性违约金。本协议签订后，钮某一方在管甲一方完备合同约定的行政许可的情况下放弃该项目的股权转让，则视为放弃500万元保证金并支付1000万元惩罚性违约金等。该协议签订后，钮某一方支付了500万元保证金。

后因行政规划问题，管甲一方未在约定期限内完成约定的行政许可，管甲一方提出解除合同，但钮某一方不同意解除，认为其已经为履行股权转让协议作出了无法逆转的商业安排，如解除合同则损失巨大，提出展期履行，并将配合管甲一方继续完成行政许可相关事务。但管甲一方在未与钮某一方达成解除合意的情形下另行与李乙一方就上述股权签订了《股权转让协议》，该协议约定的转让价格低于《股权转让协议（框架）》。现股权已经变更至李乙一方名下。钮某一方遂向法院起诉要求撤销管甲一方与李乙一方于2022年12月5日签订的《股权转让协议》，要求管甲一方继续履行与钮某一方签订的《股权转让协议（框架）》，管甲一方赔偿违约金1500万元及律师费200万元，李乙一方向钮某一方承担连带赔偿责任等。

【案件焦点】

管甲一方向钮某一方赔偿的违约金应如何确定。

【法院裁判要旨】

江苏省宜兴市人民法院经审理认为：管甲一方单方解除协议，与他人签订股权转让协议已构成违约，应承担违约责任。合同约定原股东管甲一方承担保证金3倍（1500万元）的固定违约金，属约定过高，钮某一方也未提交证据证明其损失，对管甲一方要求调整的主张依法予以采信，酌定承担违约金500万元，并返还保证金500万元。同时，钮某一方主张律师代理费符合合同约定，但法院确定的管甲一方承担的违约金已带有惩罚性，已能够弥补钮某一方的律师费损失，钮某一方要求管甲一方赔偿律师费200万元的主张依据不足，依法不予支持。

江苏省宜兴市人民法院依照《中华人民共和国民法典》第一百四十七条、第一百四十八条、第一百四十九条、第一百五十条、第一百五十四条、第四百六十五条、第五百零九条、第五百八十条、第五百八十五条之规定，判决如下：

一、管甲一方于本判决发生法律效力之日起十日内返还钮某一方保证金500万元；

二、管甲一方于本判决发生法律效力之日起十日内赔偿钮某一方违约金500万元；

三、驳回钮某一方的其他诉讼请求。

钮某、俞某、钱某、管甲、管乙、杨某、孙某、李甲均不服一审判决，提起上诉。江苏省无锡市中级人民法院经审理认为：双方明确自案涉框架协议签订后，管甲一方不得与任何第三方就该协议约定的股权或股权所对应的资产进行转让磋商或签订协议，若管甲一方违反此约定，管甲一方各股东连带承担保证金 3 倍（1500 万元）的固定违约金。（1）该约定明确具体，双方均有预期。从双方合同约定及具体履行情况而言，相关项目行政许可的获得将直接影响到股权转让后目标公司的正常运行，也是双方签订案涉框架协议的前提条件。因此，双方可以预见到，该协议签订后，双方为项目获得行政许可将积极推进，投入人力财力，同时也存在机会成本以及股权对应资产的溢价等因素。（2）该违约金的约定具有对等性。双方同时约定如钮某一方在完成相关行政许可的情况下放弃本项目的股权转让，则视为放弃 500 万元保证金并支付 1000 万元惩罚性违约金。双方对于根本违约行为的惩罚性违约金约定是相当的，权利义务是对等的。（3）双方基于如一方存在根本性违约，则守约方将遭受难以量化的损失，因此综合确定了 1500 万元的固定违约金，与双方交易资产总额 10200 万元相比，并不存在过高需要调整的情形。而关于律师费损失，该 1500 万元的固定违约金已经充分考虑了守约方的各种损失，足以涵盖 200 万元律师费损失，不再重复支持。

江苏省无锡市中级人民法院按照《中华人民共和国民法典》第一百四十七条、第一百四十八条、第一百四十九条、第一百五十条、第一百五十四条、第四百六十五条、第五百零九条、第五百八十条、第五百八十五条，《中华人民共和国民事诉讼法》第一百七十七条第一款第二项之规定，判决如下：

一、维持江苏省宜兴市人民法院（2023）苏 0282 民初 3373 号民事判决第一项；

二、撤销江苏省宜兴市人民法院（2023）苏 0282 民初 3373 号民事判决第二项、第三项；

三、管甲一方于本判决发生法律效力之日起十日内赔偿钮某一方违约金 1500 万元；

四、驳回钮某一方的其他诉讼请求。

【法官后语】

随着社会经济发展和商业模式成熟，股权转让成为商事活动中常见交易模式，交易双方在确定股权价值时往往会考虑多种因素。对封闭公司而言，资产价值评估方法较常用，一旦资产因市场或政策因素波动，易出现“一物两卖”的不诚信行为，构成根本违约，影响市场交易安全与稳定。在违约金问题上，《中华人民共和国民法典》延续了之前合同法律规范采用的“以补偿性为主、以惩罚性为辅”原则。但在审判实践中，因市场交易类型多样，许多损失难以量化，存在违约金调整条款适用机械的情况，部分判决仅重视违约金补偿功能，忽视惩罚功能，致使失信方违约成本降低，守约方守约成本增加。本案综合考量了双方当事人的预期，违约方的违约程度，守约方为履行合同投入的人力、物力、财力以及机会成本和资产的溢价等因素，采信了双方约定的违约金，未对其进行调整，对资产或股权投资领域的相关纠纷具有一定的借鉴意义。

一、违约方向守约方承担的违约金应当符合可预见性原则

《中华人民共和国民法典》规定了违约金的可预见性原则，即违约方赔偿守约方损失的赔偿额不得超过违约一方订立合同时预见到或者应当预见到的因违约可能造成的损失。通常交易双方在缔约合同时能够预见到的违约损失一般为实际损失和预期利润损失，而在实际交易中，为保障合同顺利履行或减少合同一旦出现违约行为时估算守约方损失的成本，合同双方往往会在合同中约定违约金条款。经过双方充分平等协商的违约金条款一般均能符合双方当事人的预期。本案中，双方当事人在缔约时，预见到可能因资产价值的上升导致转让方违约，针对此违约情形特别约定了1500万元违约金，对此，管甲一方对于一旦出现“一物两卖”，将承担1500万元违约金应当有心理预期。

二、违约金条款应当经过充分、平等磋商

我国法律对于违约方赔偿损失采取“填平原则”，即违约赔偿原则上以守约方的损失为限，即便是双方当事人自愿约定的违约金条款，其惩罚性也只能作为辅助而酌定考虑，一旦违约金约定过高，法院即可以依据当事人的请求予

以调整。其本质是为了保护合同双方当事人权利义务的对等性，避免处于强势地位的一方当事人利用优势地位任意约定高额违约金或单方违约金。本案中的股权转让框架协议，管甲一方作为出让方主要义务即为转让股权，而钮某一方作为受让人其主要义务即为支付股权转让对价。因此，双方在合同中对于双方一旦违反各自的主要义务约定了违约责任，且违反该主要责任之违约金金额一致，显然双方的缔约地位及权利义务是对等的，该违约金条款是经过平等磋商的，不存在显失公平的情形。

三、守约方预期利益难以确定的，应当综合认定

《最高人民法院关于适用〈中华人民共和国民法典〉合同编通则若干问题的解释》第六十二条规定，非违约方在合同履行后可以获得的利益难以根据该解释第六十条、第六十一条的规定予以确定的，人民法院可以综合考虑违约方因违约获得的利益、违约方的过错程度、其他违约情节等因素，遵守公平原则和诚信原则。

首先，股权的价值确定存在多重因素，如有形资产价值、无形资产价值、市场前景、品牌溢价等，其投资机会的丧失导致的损失难以量化。本案中，从双方合同约定内容而言，涉及投资项目、码头资质等有形资产价值和无形资产价值，难以在市场上按照替代履行原则参考确定守约方的预期利益损失。

其次，管甲一方的违约过错较大。虽然管甲一方因行政规划原因未在双方约定的期限内完成行政许可，但钮某一方对此亦无任何过错，且表示同意展期履行，并配合管甲一方继续推进行政许可手续的办理。在此情形下，管甲一方擅自将股权转让给了第三方，且与第三方约定转让价格低于转让给钮某一方的价格，显然不合理，也导致了本案中无法参考违约方违约获利这一因素。事实上，本案在审理过程中，钮某一方明确希望继续履行原框架协议，在此情形下愿意放弃违约金的主张，从侧面可以证明钮某一方机会成本等损失或继续履行的可得收益至少不低于1500万元违约金。

最后，双方约定的违约金具有履行保证的意思表示。双方约定，钮某在框架协议签订后的5个工作日内支付500万元保证金至共管账户，完成股权交割

后与首笔股权转让款一并释放。但如任意一方根本违约导致案涉股权转让目的无法实现，则均应当承担三倍保证金的违约责任。虽然该协议中并未明确约定定金罚则，但事实上该保证金罚没及翻倍赔偿约定已然具有履约保证之意。根据《中华人民共和国民法典》第五百八十六条之定金罚则的规定，定金不能超出主合同标的额的百分之二十，此处的主合同标的额的百分之二十并不需考量守约方的实际损失或预期利益损失。案涉框架协议中股权转让价款合计10200万元，1500万元的违约金尚未超过主合同标的的15%，不足以构成“过分高于”损失需要调整的情形。

编写人：江苏省无锡市中级人民法院　钱菲　王俊梅　胡伟

21

名为股权转让实为建筑资质转让的合同无效

——某企业管理公司诉某集团公司股权转让案

【案件基本信息】

1. 裁判书字号

福建省福州市中级人民法院（2023）闽01民终10057号民事判决书

2. 案由：股权转让纠纷

3. 当事人

原告（被上诉人）：某企业管理公司

被告（上诉人）：某集团公司

【基本案情】

2020年4月3日，某集团公司（甲方、出让方）与某企业管理公司（乙方、受让方）签订《股权转让协议》。协议载明：鉴于某建设工程公司即某集团公司的母公司拥有地基基础工程专业承包贰级、钢结构工程专业承包贰级的建筑企业资质，经甲乙双方协商一致，乙方成立母公司的全资子公司即目标公司，甲方拥有目标公司的资质转移至目标公司后，将目标公司的100%股权转让给乙方。乙方负责目标公司的成立与资质吸收事宜，其过程中发生的一切费用与相关责任均由乙方承担。甲方已取得目标资质。协议约定：股权转让金额总价650000元。第一期转让款为190000元，签订合同当日，乙方向甲方支付定金，甲方已确认收到乙方定金。第二期转让款为460000元，在甲方收到乙方定金起40个工作日内支付，甲方无条件配合乙方完成股权变更。协议还就包括保密义务、违约责任在内的其他事项作了约定。合同签订后，某企业管理公司向某集团公司指定账户转款190000元。

某企业管理公司经营范围包括：企业管理咨询服务、房屋建筑工程、建筑装饰工程、钢结构工程等。某集团公司经营范围包括：一般项目：企业管理咨询、信息技术咨询服务等；许可项目：职业中介活动、建设工程施工等。某建设工程公司经营范围包括：市政道路工程施工、园林绿化施工、房屋建筑工程施工、钢结构工程施工等。双方均确认，案涉《股权转让协议》中约定的目标公司福建闽邦建设有限公司于2020年4月23日成立，登记为某建设工程公司的全资子公司。

【案件焦点】

涉建筑资质转移的《股权转让协议》的法律效力如何认定。

【法院裁判要旨】

福建省福州市鼓楼区人民法院经审理认为：建筑活动事关公共安全，应由具备相应资质等级条件的单位实施，故我国建筑行业一直实行严格的资质准入制度。本案中，《股权转让协议》第一条即明确，由某企业管理公司成立某建设工程公司的全资子公司即目标公司。某建设工程公司拥有地基基础工程专业承包贰级、钢结构工程专业承包贰级的建筑企业资质，资质转移至目标公司后，再将目标公司的100%股权转让给某企业管理公司。某企业管理公司负责目标公司的成立与资质吸收事宜。某集团公司在《股权转让协议》第二条中“保证”某建设工程公司拥有的资质及证书编号，并保证无条件配合某企业管理公司对目标公司的股权变更、分立转让等事项。事实上，协议签订后，目标公司亦成立，且登记为某建设工程公司的全额子公司。由此可知，协议的实质内容为通过有相关建筑资质的公司某建设工程公司设立全资子公司（目标公司），将相应资质剥离给子公司，再对该子公司的股权进行转让，从而达到让原并不具备资质的某企业管理公司取得建筑行业相应资质的目的。该行为违反了《中华人民共和国建筑法》第六十六条“建筑施工企业转让、出借资质证书或者以其他方式允许他人以本企业的名义承揽工程的，责令改正，没收违法所得，并处罚款，可以责令停业整顿，降低资质等级”之规定，且将严重影响建筑市场的正常秩序，危及公共安全。综上，法院认为，某企业管理公司与某集团公司签订《股权转让协议》欲通过股权转让的方式，实现母子公司的资质分立，以达到资质买卖的目的，该行为不仅破坏了建筑行业相关规章规范所确定的市场主体的准入条件，亦违反了建筑行业对市场主体经营行为的监管，属于违背公序良俗的民事法律行为。该行为亦违反了《中华人民共和国建筑法》第六十六条规定，属于违反法律强制性规定的行为，应认定无效。合同无效，因该合同取得的财产，应当予以返还。有过错的一方应当赔偿对方因此所受到的损失，双方均有过错的，应当各自承担相应的责任。故，某企业管理公司已向某集团公司支付的款项 190000 元，某集团公司应当予以返还。

福建省福州市鼓楼区人民法院判决如下：

一、某企业管理公司与某集团公司于 2020 年 4 月 3 日签订的《股权转让协议》无效；

二、某集团公司于本判决生效之日起十日内向某企业管理公司返还 190000 元，并赔偿资金占用的利息损失（以 190000 元为基数，按照年利率 3.65%标准，自 2023 年 3 月 15 日起计至款项实际清偿之日止）；

三、驳回某企业管理公司的其他诉讼请求。

某集团公司不服一审判决，提起上诉。福建省福州市中级人民法院同意一审法院的裁判意见。

福建省福州市中级人民法院依照《中华人民共和国民事诉讼法》第一百七十七条第一款第一项规定，判决如下：

驳回上诉，维持原判。

【法官后语】

从外在表现而言，公司股权转让受公司法保护，任何股权变动均会致使资产控制状态发生改变。双方通过股权的转让这一方式进而实现对建筑资质的转移和利用，并不影响股权转让合同本身的性质。因此，涉建筑资质股权转让合同形式与内容均不违反法律规定。但是，由于建筑活动事关公共安全，不能仅通过形式审查认定涉建筑资质的股权转让合同的效力。在涉及国家监管的领域，或可能破坏公共利益和秩序的情形下，应当运用穿透式审判思维审理此类案件。应准确把握“穿透”的作用范围。第一，穿透表面合意。为了确定真实的基础法律关系和法律事实，应突破合同字面意思而确定当事人的真实意思表示。第二，穿透合法外衣。应当审查当事人真实意图和实际行为，如果认为合法行为属于当事人通谋假意，则可以穿透否定当事人所主张的合法外衣。第三，穿透诉讼请求。若当事人诉请在法律上不完整或不准确，则应坚持尽可能一次性、实质性化解纠纷理念。

从法律、行政法规的强制性规定来看，在本案的股权转让合同中，受让公司本质上利用了目标公司的独立法人人格，从而对目标公司的建筑资质进行实际的交易，规避了建筑资质不能转让的规定。此外，由于上述操作规避了建筑法相关法律法规，破坏了建筑领域的交易秩序，不利于建筑行业的监管。从行业的监管规则及交易秩序两个方面来考量，案涉股权转让合同违反了社会的公共利益，应当认定为无效。

实践中，股权转让与建筑资质转让在实际效果上具有趋同性。认定涉及建筑资质的股权转让合同性质对于判断合同效力至关重要。如何正确识别名为股权转让实为建筑资质转让合同，主要应考虑以下几个事实：

一是合同目的。结合下列因素判断合同目的：（1）合同标的物，即判断合同真实标的物是否为建筑资质。如本案中合同中明确约定“资质转移”等事项，可认定为标的物为建筑资质。(2) 股权转让比例。通常情况下，股权转让的比例直接决定了股权受让方对目标公司的实际控制权，从而决定受让方可否以其自身意志利用建筑资质。因此，股权转让的比例在某种程度上可以作为判定股权转让双方的真实意思的重要考量因素。本案中，某企业管理公司受让目标公司100%的股权，即完全取得目标公司控制权。结合合同条款，可以认定案涉协议目的为建筑资质转让。

二是合同履行效果。工程资质与建筑企业本身具备明显的依附性和不可轻易分离的特点，因此，考虑涉及建筑资质的股权转让合同履行后，相关建筑资质是否实质从原企业剥离或分立至未达到相关资质要求的企业，是判断股权转让合同性质的重要参考因素。履行效果则取决于建筑资质价值占目标公司整体价值的比重。在具体案件中，目标公司系为转移资质而专门设立的。当有建筑资质的母公司对外转让目标公司股权时，股权受让方基于目标公司拥有的建筑资质决策购买股权，本质上实现建筑资质转让的效果。建筑资质的价值在目标公司的总资产中所占比例越大，该股权转让合同的性质越有可能界定为建筑资质转让合同。本案即属于此类情形。

编写人：福建省福州市鼓楼区人民法院　叶培欣

22

目标公司未完成减资程序而无法履行回购义务时，不当然承担违约责任

——李某诉某科技公司、刘甲请求公司收购股份案

【案件基本信息】

1. 裁判书字号

北京市第三中级人民法院（2024）京03民终1168号民事判决书

2. 案由：请求公司收购股份纠纷

3. 当事人

原告（上诉人）：李某

被告（上诉人）：某科技公司

被告（被上诉人）：刘甲

【基本案情】

2016年7月18日，武某与李某签订《股权转让协议》，约定：武某将其在某科技公司部分认缴出资300万元占注册资本15%的股权以300万元价格转让给李某。

后刘甲、武某、刘乙与某机器人系统公司、李某签订《补充协议书》，约定：（1）李某出资300万元，占15%；（2）股权转让以及股东会决议签署后3个工作日内，李某向某科技公司指定账户支付股权转让金150万元，同时其他股东协助其完成公司章程的变更。待工商局股权变更完成生效日起3个工作日内，李某向某科技公司指定的账户支付剩余股权转让金150万元等。

2016年7月18日，某科技公司召开股东会，全体股东出席，形成决议：

同意由刘甲、武某、刘乙、某机器人系统公司、李某组成新一届股东会并重新确认股权，李某以货币方式出资 300 万元占注册资本的 15%并同意修改后的章程。

2019 年 11 月 20 日，李某、某科技公司、刘甲、刘乙、武某、某机器人系统公司签订《退股协议》，约定：（1）全体股东同意李某退出持有的某科技公司全部股权。（2）李某退出某科技公司股权的方式：①某科技公司回购李某股权并减少注册资本或以转让他人的方式完成退股。②在减资过程中，如果某科技公司、刘甲找到第三方受让人，某科技公司可终止减资程序，改由他人受让李某股权而完成李某退股，并在上一款约定的减资程序完成时限内完成股权转让变更登记手续。（3）李某退股对应的退股款为 300 万元，分 6 期支付，最后一期为 2021 年 6 月 30 日支付 50 万元……（6）某科技公司在本协议签订后 90 个工作日内完成回购及减资或寻找到接受甲方股权的受让方并完成股权转让的变更登记手续，此外，《退股协议》还约定了其他内容。

2019 年 11 月 20 日，某科技公司召开股东会会议，并形成决议：（1）公司减资 300 万元或者以第三方受让的方式同意李某退出公司股东；（2）即日起办理相关手续。

2022 年 12 月 2 日，李某向刘甲邮寄《律师函》，要求某科技公司向李某支付全部退股款本金共计 300 万元，并按《退股协议》之约定支付逾期付款利息，同时尽快办理相关退股手续。

庭审中，某科技公司表示因公司负债无法完成减资程序，故无法回购李某的股权，此外部分某科技公司的股权在 2017 年 12 月 29 日至 2020 年 12 月 28 日被司法冻结，也导致某科技公司无法为李某办理减资手续。故李某诉至法院，要求某科技公司回购李某股权，并支付利息，并要求刘甲承担连带保证责任。

【案件焦点】

目标公司未完成减资程序而无法履行回购义务时，是否应支付违约金。

【法院裁判要旨】

北京市通州区人民法院经审理认为：本院认为，根据已经查明的事实，李某与某科技公司、刘甲等签订《退股协议》，实质为股东与公司之间双方自愿达成的回购协议，《全国法院民商事审判工作会议纪要》“二、关于公司纠纷案件的审理”的“5.【与目标公司‘对赌’】”中规定，“投资方请求目标公司回购股权的，人民法院应当依据《公司法》第 35 条关于‘股东不得抽逃出资’或者第 142 条关于股份回购的强制性规定进行审查。经审查，目标公司未完成减资程序的，人民法院应当驳回其诉讼请求”。根据上述规定，某科技公司虽然与李某签订《退股协议》，但李某请求目标公司回购股份，必须以目标公司完成减资程序为前提。在某科技公司没有履行减资程序以保护债权人利益的情况下，李某无权直接要求某科技公司收购自己公司的股份，构成法律上一时履行不能。但这不影响某科技公司承担迟延履行责任，即按《退股协议》约定，某科技公司应向李某支付逾期付款利息损失，利息损失的起算时间应自每笔款项的应付款日的次日开始计算，利息标准调整按全国银行间同业拆借中心公布的同期贷款利率的四倍计算。

北京市通州区人民法院依据《中华人民共和国民法典》第六百九十二条、第七百零一条，《中华人民共和国民事诉讼法》第六十七条之规定，判决如下：

一、被告某科技公司给付原告李某利息损失，于本判决生效之日起七日内付清；

二、驳回李某的其他诉讼请求。

李某、某科技公司均不服一审判决，提起上诉。北京市第三中级人民法院经审理认为：关于某科技公司是否应当给付李某逾期利息。某科技公司退还李某出资款的前置条件即完成减资程序，现某科技公司未完成减资程序，某科技公司退还李某出资款的条件尚未成就，暂不承担退还出资款的责任，亦不应当承担给付逾期利息的责任。诉讼中，李某主张，某科技公司未依约如期完成减资程序存在过错，构成违约，理应承担违约责任，应当根据《退股协议》的约定给付李某逾期利息。对此，法院认为，李某的该主张不能成立。理由如下：

首先，《退股协议》并未约定某科技公司未依约完成减资程序的，应当承担何种违约责任。其次，李某作为某科技公司股东知晓公司经营困难，对外负债达两千余万元，其应当知晓公司存在难以依法进行减资的风险。最后，李某与某科技公司的关系在受到合同相关法律规定的调整的同时亦应受到公司法相关规定的调整，李某主张某科技公司承担违约责任，亦不得违反《中华人民共和国公司法》第三十五条"股东不得抽逃出资"的强制性规定。李某要从某科技公司获得金钱补偿，仅能从公司可分配利润中支付，否则将构成抽逃出资。综上，一审判决某科技公司自每笔款项的应付款日的次日开始，向李某支付逾期付款利息损失不当。

北京市第三中级人民法院依照《中华人民共和国民事诉讼法》第一百七十七条第一款第二项规定，判决如下：

一、撤销北京市通州区人民法院（2023）京 0112 民初 3040 号民事判决第一项；

二、驳回李某的全部诉讼请求。

【法官后语】

本案的争议焦点之一为未完成减资程序而无法履行回购义务时，是否应当承担违约责任。实践中对此仍存有争议。

支持承担违约责任的理由主要在于：（1）各方在签订相关协议时，应对己方能否履行相应义务有合理预期并如实履行，目标公司未能按约履行减资程序违反了合同的附随义务，其应承担因未及时履行合同义务而产生的迟延履行违约责任。（2）目标公司基于未履行减资程序导致股权回购无法实现而支付违约金的情况下，并不会导致公司注册资本的减少，不违反资本维持原则。

持否定观点的理由主要有：（1）若减资程序未完成不能完全归咎于目标公司，即减资事项未完成并非因目标公司不作为或有过错，则要求目标公司承担违约责任缺乏事实依据。（2）要求目标公司承担回购义务或支付基于回购义务而产生的违约金，相当于让目标公司股东变相抽逃或部分抽逃出资，违背资本维持原则。

笔者赞同后者，认为目标公司因未完成减资程序而无法履行回购义务时，不当然承担违约责任。理由如下：

1. 违约责任的承担并不以过错为前提。实践中多将“未完成减资程序”作为回购权利的抗辩处理，对于未完成减资程序无法履行回购义务时，标的公司是否需要承担违约责任上，权利人多会对目标公司过错行为进行举证，法院在判决时也多会对目标公司进行归责分析。《中华人民共和国民法典》对违约责任的规定主要在第五百八十五条，主要强调的是对因违约行为造成损害的补偿。尽管实践中某些法院进行裁判时仍会考虑目标公司对于无法履行减资义务是否具有可归责性。但从本质上讲，在没有法律规定或合同约定的前提下，是否承担违约责任的基础并不在于是否有过错。

2. 减资完成前要求目标公司承担迟延履行责任构成变相抽逃或部分抽逃出资，有违资本维持原则。在减资回购过程中，权利人与目标公司之间的关系不仅受合同相关法律规定的调整同时亦应受到公司法规定的调整，不能违反股东不得抽逃出资的强制性规定。尽管从表面上看，目标公司因未完成减资程序而支付违约金并不会导致公司注册资本的减少。但实质上申请公司回购其股权的权利人亦达到了其回款的目的。属于变相抽逃了出资。

3. 若合同中对违约责任有约定，则应尊重当事人意思表示。根据《全国法院民商事审判工作会议纪要》的相关规定，经审查，目标公司未完成减资程序的，人民法院应当驳回其诉讼请求。但现行法律并未对目标公司的违约责任作出明确的认可或禁止性规定。故，双方若在合同中对违约责任进行了明确约定，则应按合同执行。

4. 除上述因素之外，在没有合同约定的前提下，还应考虑申请股权回购的权利人是否对公司能否顺利履行减资程序及公司的经营状况具有合理预期。如本案中，二审法院提到，原告对目标公司经营困难，对外负债较多的现状是清楚的，知晓公司存在难以依法减资的风险。在此情况下不应要求目标公司承担违约责任，这也不符合公平原则。

当然在认定目标公司不当然承担未完成减资程序而无法履行回购义务的违

约责任的情况下，为了积极督促和推动目标公司履行相关回购程序，如提议召开股东会，提交关于减资的议案等，除在合同条款的约定上认真斟酌外，还应积极探索其他更有效的方式。

编写人：北京市通州区人民法院　刘紫微　杨慧

23

逆向公司人格否认的审查认定

——刘甲诉刘乙等股权转让案

【案件基本信息】

1. 裁判书字号

广东省深圳市中级人民法院（2024）粤03民终13024号民事判决书

2. 案由：股权转让纠纷

3. 当事人

原告（被上诉人）：刘甲

被告（上诉人）：刘乙

被告：某药业公司、甲药房公司、乙药房公司

【基本案情】

2021年10月26日，原告刘甲、案外人某投资公司与被告刘乙、某药业公司四方共同签订了《投资框架协议》，刘甲受让某药业公司30%的股权，投资对象包括公司未来100%持有的甲药房公司无形资产、有形资产，乙药房公司的某医院分店。本次投资完成后某药业公司股东名单：刘乙股权比例40%、员工持股［某创投合伙企业（有限合伙）刘乙任普通合伙人］股权比例11%、刘甲股权比例30%、某投资公司股权比例19%。合同签订后，刘甲向刘乙、甲药

房公司等支付共计 539740 元。

2022 年 9 月 25 日，刘甲、某投资公司与刘乙、某创投合伙企业、某药业公司各方共同签订了补充协议：鉴于投资框架协议原告成为某药业公司股东，股权比例 30%，刘甲持股尚未进行工商登记。刘乙按照原始投入收购刘甲持有的全部公司股份及前期投入 539740 元，收购对价为 439740 元，逾期支付的违约金标准为日万分之五；分期支付，截至起诉时部分未届支付期限。

被告某药业公司成立于 2017 年 11 月 5 日，注册资本 1000 万元，股东为刘乙（持股 90%）、某创投合伙企业（持股 10%）；某创投合伙企业成立于 2021 年 10 月 29 日，企业类型为有限合伙企业，执行事务合伙人为刘乙，合伙人为陈某、刘乙；被告甲药房公司，企业类型为有限责任公司（法人独资），股东为某药业公司；被告乙药房公司法定代表人为刘乙，企业类型为其他有限责任公司，现股东为杨某及甲药房公司。

因刘乙未按约定期限支付前两期收购对价，原告刘甲起诉请求被告刘乙支付全部收购对价及利息。原告刘甲主张某药业公司 90%股权为刘乙持有，某创投合伙企业作为员工持股平台实际亦为刘乙控制，故某药业公司实质为一人公司，依照《中华人民共和国公司法》第六十三条“一人有限责任公司的股东不能证明公司财产独立于股东自己的财产的，应当对公司债务承担连带责任”的规定及最高人民法院（2020）最高法民申 2158 号裁定书中的裁判要旨：“……第四，公司法第六十三条的规定虽系股东为公司债务承担连带责任，但目前在司法实践中，在股东与公司人格混同的情形下，公司亦可为股东债务承担连带责任。”某药业公司作为由刘乙一人控制的、实质上的一人公司，对于前述款项的支付某药业公司应向原告承担连带责任。另，原告主张被告甲药房公司、乙药房公司实际由被告刘乙控制，存在人格混同，故各被告应对被告刘乙的债务承担连带责任。

【案件焦点】

某药业公司是否应为股东刘乙的债务承担连带责任。

【法院裁判要旨】

广东省深圳市福田区人民法院经审理认为：本案为股权转让纠纷。各方签订的投资框架协议、补充协议为各方当事人的真实意思表示，内容不违反法律、行政法规的强制性规定，合法有效，各方均应按协议约定履行。被告刘乙对应支付原告股权回购款事实没有异议，被告刘乙应向原告支付股权回购款 439740 元及利息，刘乙抗辩利息标准过高，法院酌定为年利率 10%。原告已支付律师费 15000 元，原告诉求被告刘乙承担律师费 15000 元，有合同依据，予以支持。

关于被告某药业公司是否应承担责任的问题。工商登记信息显示被告刘乙持有某药业公司股权 90%、某创投合伙企业持有某药业公司股权 10%，案涉补充协议注明为员工持股平台，表明某药业公司两股东出资来源不同，虽补充协议亦注明某创投合伙企业实际控制人为被告刘乙，但不代表两股东不能形成独立意志。原告主张被告某药业公司为实质的一人公司，本院不予采信；退一步讲，即使认定某药业公司为实质的一人公司，原告诉求公司为股东债务承担责任属于公司人格的逆向否认，亦没有法律依据。在未认定被告某药业公司需对被告刘乙本案债务承担责任及公司人格逆向否认没有法律依据的情况下，原告以被告某药业公司、甲药房公司、乙药房公司之间的持股关系及人格混同为由诉求被告甲药房公司、乙药房公司对被告刘乙的债务承担责任，均不予支持。

广东省深圳市福田区人民法院依照《中华人民共和国民法典》第五百七十九条、第五百八十五条，《中华人民共和国民事诉讼法》第六十七条第一款、第一百四十五条之规定，判决如下：

一、被告刘乙应于本判决生效之日起十日内向原告刘甲支付股权回购款 439740 元及利息（利息以 109740 元为基数，自 2023 年 1 月 6 日起算，以 100000 元为基数，自 2023 年 4 月 6 日起算，均按年利率 10% 的标准计至实际清偿之日）；

二、被告刘乙应于本判决生效之日起十日内向原告刘甲支付律师费 15000 元；

三、驳回原告刘甲的其他诉讼请求。

刘甲不服一审判决，提出上诉，广东省深圳市中级人民法院经审理认为：本案系股权转让纠纷。根据《最高人民法院关于适用〈中华人民共和国民事诉讼法〉的解释》第三百二十三条的规定，第二审人民法院应当围绕当事人的上诉请求进行审理。当事人没有提出请求的，不予审理，但一审判决违反法律禁止性规定，或者损害国家利益、社会公共利益、他人合法权益的除外。根据双方当事人的诉辩意见，本案二审争议焦点在于刘乙应按何标准支付逾期付款的利息。根据本案查明的事实，案涉补充协议约定逾期还款违约金的支付标准为日万分之五，刘甲一审诉请刘乙按照该标准支付逾期付款的利息，刘乙抗辩违约金约定过高，一审法院调整利息标准为年利率10%，并无不当。

广东省深圳市中级人民法院依照《中华人民共和国民事诉讼法》第一百七十七条第一款第一项规定，判决如下：

驳回上诉，维持原判。

【法官后语】

本案中，被告刘乙对欠付原告收购股权对价没有争议，该债务为被告刘乙的个人债务，刘乙系被告某药业公司持股90%的股东，原告主张某药业公司为实质的一人公司，并依据《中华人民共和国公司法》及最高人民法院的相关判例诉求被告某药业公司对被告刘乙的债务承担连带责任，实质上系对公司人格的逆向否认，进而要求公司对股东的债务承担责任。关于公司人格的逆向否认，在理论与审判实务中确有不同的认识，笔者认为在没有法律明确规定的情况下，应严格审查谨慎适用。

一、公司人格否认制度

独立的法人人格和股东有限责任是公司制度的基石。但实践中存在股东为了自身利益，利用其对公司的控制权滥用公司独立人格和有限责任保护，对公司债权利益造成损害，为防止这类情形，法律在特定情形下会否认公司的有限责任，允许公司债权人向股东追偿，被称为“揭开公司面纱”或“法人人格否认”。公司人格否认有横向公司人格否认和纵向公司人格否认。横向公司人格否认指“关联公司人格否认”，一般是公司债权人要求与公司不存在持股与被持股关系的“姐妹”公司承担连带责任；纵向公司人格否认指在股东与公司之间人格混同，要求特定股东为公司债务承担连带责任或要求公司为股东债务承担连带责任，前者为正向公司人格否认，后者为逆向公司人格否认。2018年《中华人民共和国公司法》仅规定正向公司人格否认制度；2023年《中华人民共和国公司法》新增横向公司人格否认条款，但均未规定逆向公司人格否认制度。

二、逆向公司人格否认在实务中的适用情形

实务中有股东把公司作为逃避债务的工具，通过股东将个人财产低价或无偿转让给公司的方式来实现，导致股东的个人债务无法清偿，此时公司债权人可能会主张逆向公司人格否认，要求公司对股东债务承担连带责任。但长期以来关于逆向公司人格否认更多是在理论层面的讨论，司法实务中很少适用。最高人民法院（2020）最高法民申2158号裁定书中认定“公司法第六十三条的规定虽系股东为公司债务承担连带责任，但目前司法实践中，在股东与公司人格混同的情形下，公司亦可为股东债务承担连带责任”，实务中有人认为这是最高人民法院以案例形式对逆向公司人格否认的肯定，本案中原告亦以此为由主张某药业公司对股东刘乙的债务承担责任。但上述案件实际有特殊之处：一是某置业公司系一人公司，唯一股东为某投资公司，一人公司股东不能证明其财产独立于公司，直接认定构成混同。二是股东与公司就案涉债务已作出承担连带责任的承诺或保证；在此情形下判决公司为股东债务承担连带责任并无不当，但如公司非一人公司，公司也未对债务承担作出承诺，则未必为此判决结果，故本案不能认为是逆向公司人格否认的典型。而实务中，大部分法院的判决均以“逆向公司人格否认欠缺法律依据”而不予支持。

三、关于适用逆向公司人格否认的考量

（一）逆向公司人格否认可能影响其他善意股东利益

在非一人公司情况下，适用逆向公司人格否认，让公司对个别股东的个人债务承担连带责任，导致整体的公司财产的减损，会损害其他善意股东利益，特别是中小股东的利益。

（二）逆向公司人格否认与其他法律制度功能重叠

股东对公司的权益集中表现为股权，当股东无力执行生效判决时，股东的债权人受偿时，可申请法院强制执行股东对公司所享有的股权，可通过变卖或者拍卖公司股权所得款项偿还债务；《中华人民共和国民法典》设有债权人撤销权诉讼和代位权诉讼等救济手段，如果股东无偿或者以明显低价转让财产给公司，债权人可以通过行使撤销权或代位权获得救济。这些法律制度的功能补位，使受损害的股东的债权人的利益可通过其他途径救济，逆向公司人格否定的必要性大大减小。

（三）法律演变的谨慎态度

《中华人民共和国公司法》在2023年修订时增加了横向公司人格否认制度，但并没有以立法形式确认逆向公司人格否认制度，说明立法对此保持审慎态度，在实务中亦不宜对此随意进行扩大解释与释用。

综上，本案被告某药业公司工商登记显示非一人公司，虽实务中有认定多个股东的有限责任公司为一人公司的情形，但应对股东出资财产的来源及股东能否形成表达独立意志进行审查。本案除刘乙外，某药业公司另一股东为某创投合伙企业，虽为员工持股平台，但亦表明某药业公司两股东出资来源不同，虽补充协议亦注明某创投合伙企业实际控制人为刘乙，但并不代表两股东不能形成独立意志。原告主张被告某药业公司为实质的一人公司不能成立；即使认定某药业公司为实质的一人公司，原告诉求公司为股东债务承担责任属于逆向公司人格否认，也没有法律依据，不应支持。

编写人：广东省深圳市福田区人民法院　唐春丽

六、公司决议纠纷

24

大股东滥用股东权利要求小股东出资加速到期的公司决议无效

——某科技公司诉某能源公司等公司决议案

【案件基本信息】

1. 裁判书字号

北京市第三中级人民法院（2023）京03民终16169号民事判决书

2. 案由：公司决议纠纷

3. 当事人

原告（被上诉人）：某科技公司

被告（上诉人）：某能源公司

【基本案情】

某能源公司注册资本5000万元，股东为某科技公司和傅某，某科技公司认缴出资50万元，傅某认缴出资4950万元，认缴出资时间均为2056年9月9日。

2021年8月13日，某能源公司向股东某科技公司的法定代表人庄某发送《关于召开2021年第一次股东会的通知》，某能源公司董事会秘书李某通过微信向庄某发送《关于公司股东尽快完成实际出资的议案》。2021 年 8 月 31 日，某能源公司召开 2021 年第一次股东会并作出“各股东于 2021 年 9 月 9 日前以货币方式实缴全部出资，并将公司章程的出资时间由 2056 年 9 月 9 日前修改为 2021 年 9 月 9 日前”的决议，股权占比 99%的股东傅某参加该次股东会会议。2021 年 10 月 12 日，某能源公司召开 2021 年第二次股东会并决议解除某科技公司股东资格，该股东会决议有傅某签名。2021 年 12 月 27 日，某能源公司注册资本变更为 4950 万元，股东变更为傅某。2021 年 12 月，某能源公司注册资本变更为 1 亿元，增加新股东 X 公司和 T 公司，傅某为上述两公司的大股东。

某科技公司主张其享有出资时效利益，某能源公司滥用资本多数决，严重损害小股东合法权益，请求判令 2021 年 8 月 31 日作出的某能源公司 2021 年第一次股东会决议无效。某能源公司和傅某称，某科技公司起诉时已被某能源公司解除股东资格，故某科技公司对本案不存在利害关系，且对其诉讼请求并无诉的利益；某能源公司要求股东提前出资具备正当性与紧迫性，完全符合法律规定与公司章程的约定，案涉股东会决议合法有效。

【案件焦点】

1. 某科技公司是否具备提起本案诉讼的主体资格；2. 案涉股东会决议的效力认定。

【法院裁判要旨】

北京市朝阳区人民法院经审理认为：案涉决议将某科技公司的认缴出资期限提前，其股东认缴出资的期限利益受损，因某科技公司未能在修改后的期限内缴纳出资，某科技公司的股东资格经某能源公司再次决议被剥夺，因此案涉股东会决议的内容与某科技公司具有直接利害关系。即便某科技公司提起本案诉讼之时，已经不具备某能源公司股东资格，为维护其自身权益，某科技公司有权提起本案诉讼。要求股东提前出资的公司决议是否合法有效，应综合以下几个方面进行考量：一是探究决议作出的原因和背景，即公司运营是否存在资金短缺的严重情形；二是案涉决议是否存在大股东滥用其股东权利进而排挤公司小股东的情形。首先，某能源公司提交其2021年7月、8月的现金流量表以及其子公司某生物质公司的现金流量表，以证明其存在资金短缺的困难以及其急需资金向众多子公司投资。对此，现金流量表仅能反映公司现存的现金情况，并不能完整涵盖一个公司的资产整体状况，且某能源公司和包括某生物质公司在内的众多子公司均为不同的商事主体，子公司的资金短缺情况不应仅依靠母公司的资金输送予以解决，某能源公司的现有证据无法证明其公司存在资金严重紧缺、公司经营出现困难的情形。其次，某能源公司的股东和出资情况为某科技公司持股1%，傅某持股99%。2021年8月31日，某能源公司作出案涉决议，将股东的出资期限提前至2021年9月9日，仅给予某科技公司9天的实缴出资时间，显然案涉决议未给予某科技公司充分的出资时间，而傅某已于2018年完成了对某能源公司的全部出资，其出资期限利益并不会因此决议的作出而受到损害。某科技公司因未能按期履行其出资义务被某能源公司除名，随后某能源公司引入两名新股东并对某能源公司进行了增资，而傅某同为该两名新股东的大股东。可见案涉决议不仅损害了某科技公司的股东出资期限利益，还导致其股东资格被剥夺，显然系某能源公司的大股东傅某滥用其控股地位损害小股东某科技公司的权利，因此案涉决议应属无效。

北京市朝阳区人民法院依照《中华人民共和国公司法》第二十条第一款、第二十二条第一款，《最高人民法院关于适用〈中华人民共和国公司法〉若干问题的规定（四）》第一条之规定，判决如下：

确认某能源公司于2021年8月31日作出的2021年第一次股东会决议无效。

某能源公司不服一审判决，提出上诉。北京市第三中级人民法院经审理认为：案涉股东会决议的内容与某科技公司具有直接利害关系，某科技公司有权提起本案诉讼。关于案涉股东会决议的效力认定。首先，一审法院认为案涉股东会决议不仅损害了某科技公司的股东出资期限利益，还导致其股东资格被剥夺，显然系某能源公司的大股东傅某滥用其控股地位损害小股东某科技公司的权利，并无不当。其次，某能源公司提供的证据不足以证明其在案涉股东会决议作出时存在公司运营资金短缺的严重情形，且急需通过某科技公司提前缴纳 50 万元出资来予以解决。综合上述情况，一审判决认定案涉股东会决议应属无效亦无不当。

北京市第三中级人民法院依照《中华人民共和国民事诉讼法》第一百七十条第一款第一项之规定，判决如下：

驳回上诉，维持原判。

【法官后语】

注册资本认缴制下，股东依法享有出资期限利益。公司能否通过股东会会议以资本多数决的方式作出修改出资期限的公司决议，要求其他股东提前缴纳未届期的出资，法律未作明确规定。本案涉及以资本多数决作出的缩短股东出资期限的公司决议的效力认定，如何实现公司及股东整体利益与股东出资期限利益的平衡，值得探讨。

一、修改出资期限不适用资本多数决原则

资本多数决系股东在公司股东会上，按照出资比例或者所持份额对公司重大事项行使表决权，决议在经过代表多数表决权的股东通过后方能形成。一般情形下，修改出资期限不适用资本多数决原则。首先，出资期限利益是公司各股东的权利，股东对出资期限利益的一致合意在公司章程中有所载明。其次，修改股东出资期限涉及股东的根本利益，如适用资本多数决，则公司大股东即可随时随意修改出资期限，不同意提前出资的小股东可能因未提前出资而被剥夺或者限制权利。最后，仅在公司经营发生重大变化时，公司才可对抗股东出资期限利益。在公司经营存在严重困难时，如公司不能清偿到期债务或者资本不足以清偿全部债务或明显缺乏清偿能力时，过长的出资期限会损害到公司整体股东利益和公司债权人利益，为避免小股东恶意滥用股东权利逃避债务或者严重危害公司经营发展，公司有权对抗股东出资期限利益，请求股东出资加速到期。对于公司经营发生重大变化的认定应从严把握，可参照适用《最高人民法院关于适用〈中华人民共和国企业破产法〉若干问题的规定（一）》第一条、第二条规定，公司具备破产原因或者公司不能清偿到期债务即可认定为公司经营发生重大变化。

二、适用资本多数决修改出资期限的决议效力认定

对于控股股东修改出资期限要求股东出资加速到期的行为效力的判断，关键在于公司股东是否滥用其股东权利和控股地位。

（一）适用资本多数决缩短股东出资期限是否构成滥用股东权利

《中华人民共和国公司法》第二十一条规定了公司股东不得滥用股东权利，结合《最高人民法院关于适用〈中华人民共和国民法典〉总则编若干问题的解释》第三条第一款之规定，需综合股东权利行使的对象、目的、方式、造成其他股东之间利益失衡的程度来判断其是否滥用股东权利。大股东通过召集公司股东会适用资本多数决修改股东出资期限要求小股东提前履行出资义务，该行为的行使对象为股东的期限利益，如行使目的并非为实现全体股东利益所必需，行使方式即使符合法定程序，但是该决议未得到小股东的同意，未给予小股东合理实缴出资时间，且控股股东并未因此遭受损失、各方股东之间利益受损程度与持股比例不成正比，在不存在正当理由即公司经营未发生重大变化的前提下，该行为构成滥用股东权利损害其他股东利益的行为。

具体到本案中，案涉决议的作出构成股东权利滥用：第一，本案现有证据不足以证明某能源公司经营发生重大变化，要求股东出资加速到期并非为实现全体股东利益之必需。第二，案涉决议给小股东造成损失，控股股东并未受损。某科技公司反对该议案，案涉决议未给予某科技公司合理的缴纳出资时间，且后来某科技公司被除名。

需要说明的是，并非控股股东实施的所有对小股东不利的行为都会被认定为滥用权利，若满足给小股东造成损失确实为实现全体股东利益所必需、控股股东和少数股东利益均受损且利益受损程度与持股比例成正比、系诸多路径中损害小股东利益程度最小的一种路径时，不构成对资本多数决的滥用。

（二）滥用股东权利修改出资期限损害其他股东利益的决议无效

对修改出资期限构成滥用股东权利的行为效力的认定需结合《最高人民法院关于适用〈中华人民共和国民法典〉总则编若干问题的解释》第三条第三款

之规定，即构成滥用民事权利的，人民法院应当认定该滥用行为不发生相应的法律效力。公司以多数决方式通过修改出资期限决议，损害其他股东期限权益，大股东构成权利滥用，因而作出的缩短股东出资期限的公司决议无效。

在具体个案中判断修改出资期限的公司决议是否有效，应当重点对要求出资加速到期的合理性、紧迫性进行审查，先认定公司股东是否构成滥用股东权利，后认定其滥用股东权利行为作出的决议无效，以避免小股东的股东出资期限利益被随意剥夺。首先，公司需举证证明要求提前出资存在合理性、紧迫性，即证明公司经营发生重大变化，为维持公司正常经营，股东提前出资确有必要。其次，缩短出资期限决议的作出应符合相应的形式和程序要求，如履行通知义务、催告义务，设立公司的相关文件或者公司章程亦可对公司要求股东提前出资的情形予以规定或者约定。若公司提供的证据无法证明或者不足以证明公司经营并未发生重大变化，即不存在出资加速到期的合理性和紧迫性，大股东以资本多数决作出缩短出资期限的行为，损害到其他中小股东的利益，构成控股股东滥用控股权利，故相应的公司决议无效。因此，股东出资期限只有存在合理性、紧迫性的特殊情形下才可以加速到期，如法律规定的破产、强制清算以及公司无资产可供执行等情形。另外，即使存在有正当性事由的前提下，决议缩短出资期限也不应针对特定的股东，并且需要给予未出资股东合理的出资期限去筹措资金。

编写人：北京市第三中级人民法院　巴晶焱　金丽

25

程序轻微瑕疵不影响股东会决议

——万甲诉某肉联公司、某食品公司公司决议案

【案件基本信息】

1. 裁判书字号

江西省抚州市中级人民法院（2023）赣10民终383号民事判决书

2. 案由：公司决议纠纷

3. 当事人

原告（上诉人）：万甲

被告（被上诉人）：某肉联公司

第三人（被上诉人）：某食品公司

【基本案情】

2018年5月24日，原告万甲（甲方）与第三人某食品公司（乙方）签署了《某肉联公司章程》，5月30日成立了某肉联公司。注册资本为人民币1000万元，出资方式为货币，万甲出资比例52%，某食品公司出资比例48%。公司设董事会，由万甲、万乙、吴某、黄甲、欧某五名董事组成，万甲任法定代表人兼董事长，黄甲任总经理。之后，甲乙双方依公司章程开展业务。2022年5月9日，某肉联公司变更股东登记为：万甲占股34.5%，黄乙占股17.5%，某食品公司占股48%。

2021年2月4日、4月27日，该县农业农村局要求该公司停产整改。4月12日，万甲召开董事会解聘黄甲总经理职务，暂聘欧某为总经理。2021年5月，该公司董事和监事任期届满，一直未进行换届选举。黄乙多次要求召开股

东临时会议未果，某食品公司亦多次要求万甲回公司履职。2022 年 7 月 17 日，某食品公司提议召开临时股东会审议修改公司章程、选举和更换董事和监事等事项。同年 8 月 1 日，召开临时股东会议，因万甲不同意继续选举和修改章程并中途离开而未形成决议。

2022 年 8 月 23 日，某食品公司推荐新董事和监事候选人，余某认为监事提议召开临时会不合规。8 月 26 日，甘某向股东发送第二次临时会议通知。9 月 13 日，临时股东会采用书面票决方式决议选举万甲、万乙、黄乙、黄甲、肖某为董事；免去欧某、吴某的董事职务；选举余某、毛某为监事，免去甘某的监事职务。万甲虽参会，但不同意决议并在决议书上作出说明。

之后，万甲向法院提起诉讼，诉讼请求如下：撤销某肉联公司股东会于 2022 年 9 月 13 日作出的 2022 年第二次临时会议决议。

被告某肉联公司同意万甲上述主张，第三人某食品公司不同意其上述主张。

【案件焦点】

某肉联公司于 2022 年 9 月 13 日召开的第二次临时股东大会的召集程序、表决方式和决议内容是否违反《中华人民共和国公司法》和公司章程规定，以及是否应当撤销。

【法院裁判要旨】

江西省南城县人民法院经审理认为：根据《中华人民共和国公司法》及公司章程，某肉联公司董事会在任期届满后未及时召开股东会，导致公司治理失序。监事甘某召集和主持临时股东会的程序符合法律规定。临时股东会通知程序、表决方式和决议内容均符合公司法要求，满足股东出资比例表决权要求，并未违反公司章程规定或损害股东权益。

江西省南城县人民法院依照《中华人民共和国民法典》第八十五条、第八十六条，《中华人民共和国公司法》第二十二条、第三十九条、第四十条、第四十一条、第四十二条、第四十三条，《最高人民法院关于适用〈中华人民共和国公司法〉若干问题的规定（四）》第三条、第四条，《中华人民共和国民事诉讼法》第六十七条第一款的规定，判决如下：

驳回万甲的诉讼请求。

万甲不服一审判决，提起上诉。江西省抚州市中级人民法院经审理认为：首先，《中华人民共和国公司法》规定，股东会会议应由董事会召集和主持，若董事会不能或不履行职责，则监事有权召集和主持。在不能完全证明公司董事会不履行或者不能履行召集股东会会议职责的情况下，公司监事甘某根据公司股东某食品公司的提议分别向万甲、某食品公司、黄甲发出召开临时股东会会议通知，甘某作为无权优先召集和主持临时股东会会议者，该召集和主持程序不符合公司法的规定，存在程序瑕疵。

其次，根据公司章程，某肉联公司股东会由股东按照出资比例行使表决权。议事规则要求涉及重大决议需甲、乙双方股东一致同意，而一般决议按照出资比例表决。本案中，临时股东会表决选举黄乙为董事符合法律及公司章程要求，并获得多数通过，符合法律规定。

最后，《中华人民共和国公司法》及相关司法解释规定，股东会决议如仅有轻微程序瑕疵，对决议无实质影响的，法院可不予支持撤销请求。本案中，万甲参与了会议讨论并表达意见，同时参会股东代表超过半数表决通过，决议合法有效，另外万甲实际参与会议，表决权得到公平保障，召集程序瑕疵因其参与而被修复。

综上所述，监事甘某召集的临时股东大会程序虽有瑕疵，但并没有对决议产生实质影响，且决议内容和表决方式符合公司法和公司章程的规定。因此，万甲要求撤销该次股东会决议的诉讼请求，缺乏充分的法律依据和证据支持，不予支持。据此，万甲的上诉请求不能成立，应予驳回；一审法院认定事实清楚，判决结果正确，应予维持。

江西省抚州市中级人民法院依照《中华人民共和国民事诉讼法》第一百七十七条第一款第一项规定，判决如下：

驳回上诉，维持原判。

【法官后语】

2023 年《中华人民共和国公司法》第二十六条（对应 2018 年《中华人民共和国公司法》第二十二条）规定了股东会决议瑕疵的可撤销之诉，案涉情形是无权优先召集和主持会议者召开并主持了临时股东会议。本案生效裁判认为案涉瑕疵应属轻微且对决议未产生实质影响，不予撤销。然则，对于清晰明确地界定何种瑕疵才是轻微，审判实践中仍有待探讨。

一、厘清：股东会决议撤销之瑕疵审查

在公司纠纷案件中，股东对于股东会决议的合法性有着重要的监督和异议权。股东会决议的形成包含程序以及内容两个方面，只有股东会决议程序和内容均合法、公正，才不至于损害少数派股东和公司的利益。而实际操作中，往往因各种原因出现各种瑕疵，这些瑕疵能否影响决议的效力，成为司法实践和理论研究中的重要议题。

股东会决议瑕疵主要体现在形式上和内容上。形式上的瑕疵是指股东会决议在程序上违反法律、行政法规或公司章程，包括召集程序与表决程序的瑕疵。召集程序瑕疵在审判实务中主要分为主体与通知两大类。对于召集主体瑕疵中“未经董事会同意擅自召集股东会所作出的决议”的问题，其效力应对该决议的合法性进行审查，如违反了相关法律法规或公司章程规定，则应被视为可撤销决议。具体到本案中，在不能完全证明公司董事会不履行或者不能履行召集股东会会议职责的情况下，公司监事甘某发出了召开临时股东会会议通知并主持临时股东会会议，该召集和主持程序不符合公司法的规定，存在程序瑕疵，应属可撤销决议。

对于决议内容，主要存在决议内容违反公司章程的瑕疵情形。公司章程属于公司内部的自治规章，是维持公司日常运转的制度保障。如决议内容违反了强制性法律规定，应属于决议无效的构成要件，而决议无效的直接后果是决议自始确定无效。决议无效会波及公司内部治理和外部交易关系，导致一系列法律关系上的连锁反应，无效决议的执行易造成严重损失，应审慎对待。故，对于违反公司章程的瑕疵情形，其决议应视实际情况归为可撤销的范畴。

二、厘定：程序轻微瑕疵的司法认定

《中华人民共和国公司法》明确规定了股东会决议瑕疵的可撤销之诉制度。是否股东会决议有瑕疵就应当被撤销？在2023年最新修订的《中华人民共和国公司法》第二十六条第一款明确规定了可撤销情形中，股东会、董事会的会议召集程序或者表决方式仅有轻微瑕疵，对决议未产生实质影响的除外。据此，并不是所有的程序瑕疵都会导致决议被撤销，必须判断是属于轻微瑕疵还是实质性瑕疵。判定标准主要在于瑕疵对决议有效性的影响程度及是否侵犯了股东的利益。如瑕疵不影响股东会决议的公平性、公正性和法定程序的实现，则决议的有效性不应受到影响。这体现了法律对于公司决议稳定性的维护，以及对于轻微瑕疵情形下交易安全的考虑。

那么，何谓“轻微瑕疵”呢？诚然，关于程序轻微瑕疵在《最高人民法院关于适用〈中华人民共和国公司法〉若干问题的规定（四）》中有所提及，但并没有对其具体情形和标准作进一步的明确。司法实践中，各地法院对程序轻微瑕疵认定的裁量尺度也存在不同。但仍需要注意的是，瑕疵不能影响或限制股东、董事的实体权利，如参与会议、发表意见、作出表决等，否则即使不影响表决结果，也极有可能被认定为存在“实质影响”，导致决议被撤销。

三、在实质性影响的判定中凸显决议本身的程序价值

股东会决议的正当效用来源于其公正合法的程序与内容，是经过合法程序作出的正式决定，程序的主要作用在于为公司的自主性提供秩序保证，确保股东的参与权，避免会议流于形式，让股东个人意思表达通过程序整合为民主决议。基于法律与内部章程保护下的决议，能够有效地隔绝外界非公司要素的介入，保证其自治不受他治干扰，维护了公司的独立决策能力。

公司本身自治性强的特征也决定了法院对决议效力的审查时要尊重其意思表示。由于商业活动的多元化与复杂性，公司主体的规模不同、行业标准不同。此背景下，程序的设立与遵循显得尤为重要，程序本身的客观性、中立性、确定性能够化解各主体主客观标准间的差异与分歧。因此，合法的程序才是决议被认可和执行的前提。故而，为避免结果导向的弊端，防止控股股东滥用权利、

维护少数股东合法权益，在裁判中不能仅看决议的通过是否合规，审判思维应向注重平衡程序正义与结果正义之间的关系转变，发挥决议本身具有的民主意思表达功能，全局综合考量决议的真实性、合法性。

再回到本案，虽存在程序瑕疵，但属轻微瑕疵，并且未对公司决议结果产生实质性影响。考虑到万甲实际参会并参与讨论，以及决议已按照《中华人民共和国公司法》和公司章程的规则通过，相关程序瑕疵已经在事实上得到了修复，故本次股东大会的决议不应被撤销。此裁判在兼顾程序正义的同时，也注重了维护公司决策效率和稳定性，有助于在程序正义、决策稳定性和防止诉权滥用之间实现平衡。

编写人：江西省南城县人民法院　张雪梅

26

公司股东滥用表决权不发生其权利行使的相应法律效果

——刘某诉某材料公司公司决议效力确认案

【案件基本信息】

1. 裁判书字号

吉林省长春市中级人民法院（2023）吉01民终4373号民事判决书

2. 案由：公司决议效力确认纠纷

3. 当事人

原告（被上诉人）：刘某

被告（上诉人）：某材料公司

【基本案情】

某材料公司于2018年6月11日成立，公司类型为有限责任公司，注册资本1000万元，刘某认缴出资300万元，持股比例30%，某材料公司法定代表人王某认缴出资700万元，持股比例70%。公司章程规定："股东会议分为定期会议和临时会议，并应当于会议召开十五日以前通知全体股东……股东会会议由股东按照认缴的出资比例行使表决权，股东会会议作出修改公司章程、增加或减少注册资本的决议，以及公司合并、分立、解散或者变更公司形式的决议，必须经代表全体股东三分之二以上表决权的股东通过。"2022年6月5日，某材料公司召开股东会，将公司章程中关于股东出资的时间从2038年6月7日前足额缴纳修订为2022年6月20日前足额缴纳，且将召开股东会议应当于会议召开十五日前通知全体股东修订为应当于会议召开三日前通知全体股东；2022年6月5日，某材料公司召开临时股东会，该临时股东会决议解除刘某的股东资格，修改公司注册资本由1000万元变更为700万元。以上两次股东会议参加人均只有王某一人。2022年6月5日，刘某的委托代理人参加股东会被拒绝入场。刘某向法院提出诉讼请求：请求依法判令某材料公司于2022年6月5日作出的《股东会决议》及2022年6月25日作出的《股东会决议》无效。

【案件焦点】

1. 某材料公司2022年6月5日股东会决议是否有效；2. 某材料公司2022年6月25日股东会决议是否有效。

【法院裁判要旨】

吉林省长春市九台区人民法院经审理认为：股东的出资权及出资期限系股东的基本权利，非因公司解散、公司破产、公司无财产可供执行及其他公司急需资金的情况下，应由全体股东通过协议的方式予以约定处分，而不应由股东会通过多数决的方式予以任意变更，否则将构成滥用股东权利损害其他股东的利益，违反了《中华人民共和国公司法》的强制性规定，应属无效。2022年6月5日的股东会决议的决议内容因违反《中华人民共和国公司法》第二十条之规定而应认定为无效，2022年6月25日的股东会决议作出的将刘某股东资格解除的股东会决议当然无效。

吉林省长春市九台区人民法院依照《中华人民共和国公司法》第二十条第一款、第二十二条，《最高人民法院关于适用〈中华人民共和国民事诉讼法〉的解释》第九十条之规定，判决如下：

一、确认某材料公司于 2022 年 6 月 5 日作出的股东会决议无效；

二、确认某材料公司于 2022 年 6 月 25 日作出的股东会决议无效。

吉林省长春市中级人民法院经审理认为：从 2022 年 6 月 5 日股东会决议的形成过程来看，系王某通过行使自己作为股东的权利即表决权的方式，令自己的意志上升为公司的意思表示，最终以公司决议的方式修改公司章程。2022 年 6 月 5 日的股东会决议将出资期限提前 16 年，仅赋予股东 15 天的出资准备时间，而且在股东会会议笔录中并未体现出资如此异常加速到期的理由，结合前述两名股东之间的矛盾纠纷，可以认定王某系滥用其股东表决权，以达到损害另一股东刘某在某材料公司所享有权益的目的。王某召开第一次股东会的目的即为将股东出资期限大幅缩短与短期内召集股东会相配合，其最终目的实为排除刘某的股东身份。王某在 2022 年 6 月 5 日股东会中的表决行为属于权利滥用，其在该股东会中表决权的行使不应当发生表决的效力，相当于该次股东会中赞同表决比例为 0，尚未达到公司章程所规定的对于修改公司章程表示赞成的表决数应当超过所持代表公司表决比例的三分之二，故该股东会决议不成立。根据股东权利滥用的同样事实和理由，某材料公司 2022 年 6 月 25 日股东会将刘某除名的决议亦不成立。

吉林省长春市中级人民法院依照《中华人民共和国民法典》第一百三十二条、《中华人民共和国公司法》第四十一条第一款、《最高人民法院关于适用〈中华人民共和国民法典〉总则编若干问题的解释》第三条、《最高人民法院关于适用〈中华人民共和国公司法〉若干问题的规定（四）》第五条、《中华人民共和国民事诉讼法》第一百七十七条第一款第一项、《最高人民法院关于适用〈中华人民共和国民事诉讼法〉的解释》第三百三十二条规定，判决如下：

驳回上诉，维持原判。

【法官后语】

《中华人民共和国公司法》对于股东会决议的效力采用了三分法的立法模式，即决议不成立、决议可撤销和决议无效。在确认公司决议效力纠纷的司法实践中，上述三种决议效力情形常易被混淆，本案便是此类情况的典型代表。

一、认定决议无效的依据应当为公法规定

关于决议无效的法律依据，2023年修订的《中华人民共和国公司法》沿用原有法条表述，其中第二十五条明确规定："公司股东会、董事会的决议内容违反法律、行政法规的无效。"《中华人民共和国民法典》第一百三十四条将决议行为纳入民事法律行为范畴，其第一百五十三条第一款规定，违反法律、行政法规的强制性规定的民事法律行为无效，该规定同样适用于决议行为。根据《最高人民法院关于适用〈中华人民共和国民法典〉合同编通则若干问题的解释》，《中华人民共和国民法典》第一百五十三条第一款中的"法律"属于公法范畴。股东不得滥用权利损害其他股东利益属于《中华人民共和国公司法》的私法强制性规定，因此，单纯的股东权利滥用并不会导致决议行为无效。

二、表决比例仅是判断股东会决议是否成立的因素之一

公司决议效力确认之诉中，主张决议有效的当事人依据的事实往往是股东所持同意意见的表决权超过法定比例，但《中华人民共和国公司法》以及公司章程有关股东会召集和表决的规定系关于该种类型决议行为成立的议事方式和表决程序，符合规定的股东会决议即为成立。作为民事法律行为类型之一的决议行为，其是否成立是广义概念中决议行为效力的一种，而影响决议行为效力的因素存在多种，公司决议效力确认之诉应当根据案件具体情况对决议的效力进行综合判断。

三、股东行使表决权构成权利滥用则不发生表决效力

公司的意思表示是由多个股东表决权之行使汇集而成，作为共益权的表决权，其行使在体现出各自股东利益和要求的同时，又必然对公司和其他股东的利益有所影响，《中华人民共和国民法典》第一百三十二条规定："民事主体不得滥用民事权利损害国家利益、社会公共利益或者他人合法权益。"故，应当

考察股东行使其股东表决权是否影响到其他股东的利益。《最高人民法院关于适用〈中华人民共和国民法典〉总则编若干问题的解释》第三条第一款、第二款规定："对于民法典第一百三十二条所称的滥用民事权利，人民法院可以根据权利行使的对象、目的、时间、方式、造成当事人之间利益失衡的程度等因素作出认定。行为人以损害国家利益、社会公共利益、他人合法权益为主要目的行使民事权利的，人民法院应当认定构成滥用民事权利。"股东滥用其表决权，以达到损害其他股东在公司所享有权益的目的，应当认定构成滥用民事权利。上述司法解释条文第三款规定，"构成滥用民事权利的，人民法院应当认定该滥用行为不发生相应的法律效力"。故，构成权利滥用的股东在股东会中表决权的行使不应当发生表决的效力。如因该股东被视为未表决导致会议的表决结果未达到公司法或者公司章程规定的通过比例的，可认定该股东会决议不成立。

编写人：吉林省长春市中级人民法院　李雨萍

27

公司决议效力认定规则

——沈某诉某水电公司公司决议效力确认案

【案件基本信息】

1. 裁判书字号

四川省眉山市中级人民法院（2023）川 14 民终 1380 号民事判决书

2. 案由：公司决议效力确认纠纷

3. 当事人

原告（上诉人）：沈某

被告（被上诉人）：某水电公司

【基本案情】

2016年4月1日某水电公司股东变更登记为某能源公司（持股比例80%）和沈某（持股比例20%）。2019年7月夏某通过司法拍卖取得某能源公司持有的某水电公司80%股权后，与某能源公司签订《代持股协议》，约定由某能源公司代持夏某在某水电公司80%的股权，且以某能源公司名义具名登记，某能源公司有权参加股东会、增加或减少注册资本、行使股东权利。

2019年12月19日某水电公司召开2019年第三次临时股东会，某能源公司、沈某均对增加注册资本、融资贷款议案表决事项签署同意意见，同时沈某在《关于公司增加注册资本的议案》上签署“本人同意增资，但需以公平、公正、合法、平等为原则，且公司需确认本人前期实缴的3400万元计入注册资本，本同意书自本人签字之日起生效”，在《关于公司向某银行融资贷款的议案》上签署“本人同意公司向某银行融资贷款八亿元人民币，但公司要在实现第三次、第四次股东会决议函给本人回复（书面）后，本表决才生效。”此次股东会形成决议：“全体股东一致同意公司向中国农业发展银行融资贷款8亿元人民币，一致同意公司增加注册资本至22000万元人民币。”

2019年12月25日夏某出具《授权书》，授权某能源公司于2020年1月14日召开股东会，表决同意某水电公司增资20000万元，且增资后的股份仍由某能源公司代持。2020年1月14日某水电公司召开2020年第一次临时股东会。某能源公司在公司增加注册资本、修改公司章程两项议案的表决票上签署同意意见，并在《关于公司股东认购出资的议案》认购出资票及认购出资金额一栏填写16000万元。沈某在《关于公司增加注册资本的议案》上签署同意意见，同时签署“本次增资为认缴，本人同意认缴，但本人认缴额为五年期内（本人认缴部分），即认缴期为2025年1月20日”。后沈某中途退场，剩余未认购的4000万元由某能源公司认购，出资时间为2020年1月20日前。

2020年1月19日，沈某向某水电公司发函，要求公司及大股东停止以增资为手段强行稀释其股权，增资以5年认缴期为限按照出资比例公平认缴新增资本，同时要求转让股权退出公司。后沈某以某水电公司隐瞒股权代持、某能源公司无权召开股东会并进行表决为由，主张公司决议不成立。

【案件焦点】

2019 年 12 月 19 日以及 2020 年 1 月 14 日召开的两次临时股东会所形成的股东会决议是否成立。

【法院裁判要旨】

四川省眉山市东坡区人民法院经审理认为：夏某通过司法拍卖竞得某水电公司 80%的股权后，与原股东某能源公司签订的《代持股协议》系双方的真实意思表示，且不违反法律、行政法规的强制性规定，合法有效。该协议约定某能源公司代持股期间，有权参加股东会、增加或减少注册资本、行使股东权利，且根据某水电公司章程规定，某能源公司有权提议召开、参加临时股东会并进行表决。诉争两次股东会召开程序合法，表决事项在股东会有权表决事项范围内，参会股东、表决方式及内容亦合法，表决结果达到公司法及公司章程规定的通过比例。沈某知晓某水电公司因项目建设急需向银行贷款 8 亿元，且同意贷款及增加公司注册资本为 22000 万元人民币的情况下，某水电公司鉴于银行贷款及项目建设的急迫性，要求公司全体股东按出资比例认缴，并将认缴期限定在 2020 年 1 月 20 日前，并未损害股东的合法权利。沈某在 2020 年 1 月 14 日召开的临时股东会过程中中途离场，未在《关于公司股东认购出资的议案》上签署认购出资额，视为其放弃对增加部分的注册资本金的认购，在此情况下，某能源公司认购剩余的 4000 万元，亦符合法律规定。故，沈某的诉求没有事实和法律依据，不予支持。

四川省眉山市东坡区人民法院判决如下：

驳回沈某的诉讼请求。

沈某不服一审判决，提起上诉。四川省眉山市中级人民法院经审理认为：《代持股协议》符合法律规定的模式且不涉及无效情形，该协议系夏某处分自身权利，并不会对他人利益造成损害，故该协议合法有效。某水电公司根据《代持股协议》并未实际变更股东登记，某能源公司有权参加案涉股东会并行使相关股东权利，包括召集股东会、行使表决权等权利。诉争两次股东会均在会前15日通知全体股东，公司全体股东均参会并行使表决权，召集程序符合法律和公司章程规定，形成的股东会决议内容亦不存在《最高人民法院关于适用〈中华人民共和国公司法〉若干问题的规定（四）》第五条规定的决议不成立的五种情形，故诉争两次股东会决议符合法律和公司章程的规定。故，沈某的上诉请求不能成立，应予驳回。一审判决认定事实清楚，适用法律正确，应予维持。

四川省眉山市中级人民法院依照《中华人民共和国民事诉讼法》第一百七十七条第一款第一项规定，判决如下：

驳回上诉，维持原判。

【法官后语】

虽然《中华人民共和国公司法》已明确规定股东不得滥用股东权利损害其他股东的利益，但在司法实践中，有限责任公司的控股股东利用多数决规则，恶意损害小股东利益的案例时有发生。本案就是因公司增资引发的小股东与公司之间的纠纷。公司增资作为一项重要的商业决策，股东会由此作出的决议，必须经代表三分之二以上表决权的股东通过，即以“资本多数决”为基本原则。该原则在一定程度上平衡了股东之间的利益冲突，能够促使公司快速有效地形成股东会决议。但在大股东持股比例超过三分之二的情形下，小股东一般不能单独促成或者阻止决议的形成。如果公司是因正常经营需要而增资，并且通过法定程序形成合法有效的股东会决议，司法对此不宜进行过多干预。小股东仅以公司增资未经过审计或估价、认缴期限过短为由，请求撤销股东会决议或者确认股东会决议不成立、无效，原则上不应支持。

2023年《中华人民共和国公司法》实施的背景下，如何在不妨碍公司自主经营的前提下，有效维护小股东的合法权益，吸引更多投资者积极参与企业经营，实现营商环境高质量发展，是商事审判的重要任务之一。在公司增资程序中，小股东可以采取以下措施避免其利益受损：

一是在加入公司时即要求在公司章程设定不同档次的股东出席比例及表决

权比例。公司法仅规定股东会决议须经过代表过半数或者三分之二以上表决权的股东通过，但并未对股东出席人数进行限定。此时，可参照《中华人民共和国民法典》第二百七十八条关于业主共决规则的规定，根据表决事项的重要性，在公司章程中设定不同的最低股东出席比例及表决权比例，实行“双通过”原则，提高重大事项表决通过的难度，以此增加小股东在公司经营决策中的话语权。

二是可在公司章程中对增资进行条件合理限定。目前，《中华人民共和国公司法》仅规定了增资的程序及股权的优先认购权，未对公司增资的实质条件进行规定，充分体现了商事自治原则，但这并不意味着控股股东能够利用任意增资来达到稀释小股东股权的目的。因此，为了实现公司的可持续发展，可在公司章程中详细约定增资的条件。首先，应赋予增资目的的必要性和正当性。增资必须是基于当前公司扩大生产经营的现实需求，并符合中小股东的合理预期。其次，应在增资前对公司净资产进行审计评估并综合考虑公司后期发展状况的基础上合理确定增资价格及股权比例。最后，应根据增资的紧迫性来确定出资期限。出资期限是2023年《中华人民共和国公司法》的重大修订内容之一。《中华人民共和国公司法》第四十七条规定，全体股东认缴的出资额由股东按照公司章程的规定自公司成立之日起五年内缴足。因此，根据增资的现实紧迫性来确定新增资本的出资期限，符合当前立法目的。

三是在公司增资后，小股东应通过依法行使知情权、提案权、质询权等管理性权利，对公司后续正常经营进行有效监督。为充分、切实保障小股东的知情权，可在法律规定的基础上通过公司章程进一步拓宽股东可查阅、复制文件的范围，并制定详尽的申请查阅流程、查阅期限以及相关人员不予配合的责任承担。虽然2023年《中华人民共和国公司法》亦未赋予有限责任公司股东的提案权，但依然可参照股份有限公司股东提案权的规定在公司章程对中小股东临时提案权的主体、程序及内容等进行约定，进一步落实公司民主制，提高公司决策的科学性。

编写人：四川省眉山市东坡区人民法院　杨凤

28

公司决议效力瑕疵下商事外观主义的遵循

——刘某诉某咨询公司公司决议效力确认案

【案件基本信息】

1. 裁判书字号

北京市第一中级人民法院（2023）京01民终8160号民事判决书

2. 案由：公司决议效力确认纠纷

3. 当事人

原告（反诉被告、上诉人）：刘某

被告（反诉原告、上诉人）：某咨询公司

【基本案情】

2021年1月7日的某咨询公司章程约定，股东有严重损害公司及其他股东合法权益等情形时，经股东会代表三分之二以上表决权（拟被除名的股东的表决权不计算在内）的股东书面同意，可以决议将其除名，并对除名决议的生效、通知程序、除名后果等作出规定。

2021年6月4日，某咨询公司作出股东会决议：因刘某严重损害公司及各股东合法权益，其他股东均一致同意按照公司章程规定将其除名，并通知其限期转让股权或进行退股。同日，另一份股东会决议：同意刘某退出股东会，注册资本减少210万元。以上股东会决议签字页处郭某、谷某、马某、许某、冯某、徐某手写签字，刘某未签字。

另有2021年4月17日某咨询公司股东会决议：同意刘某退出股东会，同意注册资本减少210万元。股东会签字页处情况同上。

另查，某咨询公司向登记机关提交的 2021 年 6 月 6 日的《某咨询公司债务清偿或担保情况的说明》中陈述“某咨询公司注册资本由 1000 万元减少到 790 万元，本公司已于 2021 年 4 月 18 日在《B 日报》报纸上登了减资公告”，但该减资公告实际刊登于 2021 年 6 月 4 日《B 日报》。对此，北京市海淀区市场监督管理局责令某咨询公司改正上述违法行为，并罚款 18 万元。

2021 年 6 月 7 日，某咨询公司注册资本由 1000 万元变更为 790 万元，刘某退出股东。2021 年 6 月 11 日，某咨询公司注册资本由 790 万元变更为 1000 万元。2022 年 3 月 11 日新进自然人股东李某，持股比例为 1%。2022 年 8 月 16 日，马某退出股东。截至目前，某咨询公司股东为郭某、徐某、谷某、许某、冯某、李某。

刘某另提出如下诉讼请求：（1）确认 2021 年 4 月 17 日股东会决议不成立；（2）确认 2021 年 6 月 4 日减少注册资本 210 万元的股东会决议无效；（3）确认办理撤销减少注册资本的登记；（4）本案的诉讼费用由某咨询公司承担。

【案件焦点】

在存在善意第三人的情形下，基于有效力瑕疵的公司股东会决议办理的工商变更登记能否撤销。

【法院裁判要旨】

北京市海淀区人民法院经审理认为：第一，2021 年 4 月 17 日股东会既未实际召开，也未通知当时仍具有股东资格的刘某参会，故该股东会决议不成立。第二，作出股东除名决议时，可以限制被除名股东的表决权，但不应排除被除名股东接受会议通知、参加会议、进行申辩的权利。刘某未接到通知并参加该股东会，现有证据亦缺乏对刘某进行除名的正当性基础，除名决议存在严重瑕疵，故 2021 年 6 月 4 日除名决议不成立。第三，因不同比减资会直接突破公司设立时的股权分配情况，故应由全体股东一致同意作出该决议，除非全体股东另有约定。某咨询公司以多数决的形式通过了不同比减资的决议，违反了公司法“同股同权”的一般原则，该减资决议无效。第四，刘某本可以申请撤销某咨询公司的减资登记，但在某咨询公司做出减资决议后又基于该减资决议进行了增资，后又引入了新的股东李某，并对新股东进行了变更登记，为保护善意相对人的利益，对刘某要求撤销减资登记的诉讼请求不予支持。

北京市海淀区人民法院根据《中华人民共和国民法典》第一百三十四条第二款，《中华人民共和国公司法》第二十二条、第四十一条、第四十三条，《最高人民法院关于适用〈中华人民共和国公司法〉若干问题的规定（四）》第五条、第六条之规定，判决如下：

一、确认 2021 年 4 月 17 日股东会决议不成立；

二、确认 2021 年 6 月 4 日减少注册资本 210 万元的股东会决议无效；

三、驳回刘某其他诉讼请求；

四、驳回某咨询公司全部反诉请求。

刘某、某咨询公司不服一审判决，提出上诉。北京市第一中级人民法院经审理认为：案涉三份股东会决议之间具有较强关联性，涉及某咨询公司减资行为的效力及法律后果，应予一并进行审查和认定。在案涉三份股东会决议均存在效力瑕疵的情况下，因自某咨询公司减资至今已超过两年，某咨询公司后续进行增资、股权转让，完成了相应的工商变更登记，亦从事了相应的经营行为，社会公众、交易相对人对于公司外观已经产生合理信赖，故撤销减资登记将会对某咨询公司经营、债权人基于登记产生的合理信赖等产生不利影响。

北京市第一中级人民法院依照《中华人民共和国民事诉讼法》第一百七十七条第一款第一项之规定，判决如下：

驳回上诉，维持原判。

【法官后语】

一、公司决议行为的特殊性

决议行为指的是多个民事主体在表达其意思表示的基础上根据法律规定或者章程约定的议事方式和表决程序作出决定的民事法律行为，其根本特征是根据程序正义的要求采取民主多数决的意思表示形成机制。[①] 决议行为具有意思表示的特殊性、表决规则的特殊性。

二、外观主义的商法意义

外观主义，是指因公司外观事实的存在而导致与公司交易的相对人对此外观产生合理信赖，并以此作出法律行为；即使该外观事实与公司实际情况并不一致，仍应依照该外观事实认定对外交易行为的法律效力。[②]

外观主义的构成要件具体包括：第一，外观存在要件，存在交易当事人据以产生合理信赖的外观事实，该外观可被交易相对人依赖感觉器官感受和明确认知，最为典型的外观事实是商事登记事项。第二，外观的归责性要件。外观主义所产生的法律效果之一，就是让造成外观事实的主体承担相应的法律责任，即使该主体主观上并不存在任何过错。外观主义在责任认定上也更倾向于脱离个人意志的藩篱，不再强调过错作为承担责任的前提和基础。第三，交易相对人的主观要件，相对人对外观事实背离真实的法律状态毫不知情，对虚假的外观事实存在合理信赖。[③] 只要该外观事实足以使相对人产生信赖，即可证明善意的存在，外观成为将主观善意客观化的媒介载体。[④] 此外，交易相对人亦可以根据外观事实而放心地开展商事交易，不必再进行繁重复杂的调查，这不仅节约了交易成本，还提高了交易效率。

三、小结

本案的复杂之处在于，被认定为不成立的除名决议和无效的减资决议，在决议作出后尚未被司法认定为效力瑕疵的期间内，公司后续又进行了增资、股权转让，并完成了相应的工商变更登记，亦从事了相应的经营行为。这一系列

---

① 王雷：《论我国民法典中决议行为与合同行为的区分》，载《法商研究》2018年第5期。

② 叶林、石旭雯：《外观主义的商法意义——从内在体系的视角出发》，载《河南大学学报（社会科学版）》2008年第3期。

③ 李长兵：《德国商法中的权利外观责任及其借鉴》，载《甘肃政法学院学报》2012年第6期。

④ 张雅辉：《论商法外观主义对其民法理论基础的超越》，载《中国政法大学学报》2019年第6期。

的连锁反应，对外公示和影响范围已经不限于公司内部和外部特定交易相对人，也让社会公众对于公司外观产生了合理信赖。虽然在现有司法实务中，已形成后续工商登记不会因前述工商登记被撤销而撤销的基本共识，但由此导致的工商登记不连续、与公司实际经营情况不匹配等问题，处理难度较大。鉴于现行法律未明确公司决议效力瑕疵的时效规定，本案综合考虑被除名股东利益、公司及其他股东利益、社会公共的利益，充分发挥司法能动性和利益衡量机制作用，援引外观主义，虽认定案涉决议存在效力瑕疵，但并未支持当事人关于撤销工商登记的诉请。

编写人：北京市第一中级人民法院　刘海云　王焓

29

公司章程规定股东抽逃出资情形的限制

——于某诉某运营公司公司决议效力确认案

【案件基本信息】

1. 裁判书字号

新疆维吾尔自治区乌鲁木齐市中级人民法院（2023）新01民再94号民事判决书

2. 案由：公司决议效力确认纠纷

3. 当事人

原告（上诉人、再审申请人）：于某

被告（被上诉人、再审被申请人）：某运营公司

【基本案情】

某运营公司成立于2000年4月13日，公司股东为郭某、于某（实际出资

288 万元)、吕某、王某、某实业公司。2020 年 5 月 23 日某运营公司召开临时股东会，通过股东会决议决定对某运营公司 2013 年公司章程的部分条款进行修订，修订后的某运营公司章程第三十五条第三款第三项规定："公司股东有下列行为之一的，构成抽逃出资：(1) 制作虚假财务会计报表虚增利润进行分配；(2) 通过虚构债权债务关系将其出资转出；(3) 利用关联交易将出资转出；(4) 其他未经公司财务审批程序占有公司款项拒不返还的行为。"第三十五条第三款第四项规定："公司股东非法占有公司财产的，股东会有权依据审计部门出具的审计报告认定其具体占有金额，占有金额超过其全部出资额的，视为该股东抽逃全部出资……"第三十五条第三款第五项规定："公司股东具有未履行出资义务或抽逃全部出资，经公司催告 30 日内仍未缴纳或返还情形的，经股东会二分之一以上表决权的股东决议通过，可解除该股东的股东资格……"同时，某运营公司委托会计师事务所对于某管理 M 广场的 2000 年至 2006 年的财务账目进行了审计，审计结论为于某管理 M 广场期间账内及账外无银行回单金额共计 4584109.37 元。后经某运营公司多次催告于某返还被占资金及赔偿利息损失。

2021 年 11 月 27 日，某运营公司召开股东会，股东会议通过表决作出决议，决议解除于某股东资格并追缴被占资金及索赔利息损失。于某诉至法院，要求判令：确认某运营公司 2021 年 11 月 27 日《股东会会议决议》第一项、第二项无效。

【案件焦点】

某运营公司于 2021 年 11 月 27 日作出的《股东会会议决议》第一项、第二项是否无效。

【法院裁判要旨】

新疆维吾尔自治区乌鲁木齐市天山区人民法院经审理认为：《中华人民共和国公司法》及司法解释规定的股东抽逃出资行为、后果及股东除名权，是公司为消除不履行义务的股东对公司和其他股东的权利造成不利影响而享有的一种法定权能，是不以征求被除名股东的意思为前提的。某运营公司于 2020 年 5 月 23 日修订的公司章程不违反法律规定，当属有效，某运营公司及全体股东均应当遵照执行。本次股东会在召集程序、表决方式方面均不违法，不存在决议内容因违反法律、行政法规规定而无效的情形，故某运营公司于 2021 年 11 月 27 日作出的两项股东会决议应属有效。

新疆维吾尔自治区乌鲁木齐市天山区人民法院依照《中华人民共和国公司法》第二十二条第一款，《最高人民法院关于适用〈中华人民共和国公司法〉若干问题的规定（三）》第十二条、第十七条第一款，《中华人民共和国民事诉讼法》第六十七条第一款之规定，判决如下：

驳回于某的诉讼请求。

于某不服，提起上诉。新疆维吾尔自治区乌鲁木齐市中级人民法院经审理认为：决议无效被认定为是股东会决议瑕疵中最严厉的法律评价结果，人民法院对于股东会决议效力审查，法定审查范围为对股东会决议的内容进行合法性审查。某运营公司于 2021 年 11 月 27 日召开股东会，股东会决议的第一项、第二项事项内容符合某运营公司章程第三十五条的相关规定。公司法对于未履行出资义务的股东或抽逃全部出资的股东，在公司履行法定程序后，赋予公司股东会有权在股东会议中决议是否解除该股东的股东资格。于某上诉主张，其股东权利某运营公司股东会无权解除，股东会决议侵害其股东权利，没有法律依据。

新疆维吾尔自治区乌鲁木齐市中级人民法院依照《最高人民法院关于适用〈中华人民共和国公司法〉若干问题的规定（三）》第十二条、《中华人民共和国公司法》第二十二条第一款、《最高人民法院关于适用〈中华人民共和国公司法〉若干问题的规定（四）》第八条、《中华人民共和国民事诉讼法》第一百七十七条第一款第一项之规定，判决如下：

驳回上诉，维持原判。

于某不服二审判决，申请再审。新疆维吾尔自治区高级人民法院经审查认为：抽逃出资行为的构成条件应当由法律予以规定，对于股东是否具有抽逃出资行为的认定应当由法定主体依照法律规定作出，而不是简单的公司自治问题，更不属于可以适用“资本多数决”原则决定的事项。原审人民法院既未查明某运营公司的公司章程第三十五条第三款第三项、第四项内容是否经过全体股东一致同意的事实，也未对其合法性进行实质审查。于某的再审申请符合《中华人民共和国民事诉讼法》第二百零七条第二项、第六项规定的情形。

新疆维吾尔自治区高级人民法院依照《中华人民共和国民事诉讼法》第二百一十一条、《最高人民法院关于适用〈中华人民共和国民事诉讼法〉的解释》第三百九十三条第一款之规定，裁定如下：

指令新疆维吾尔自治区乌鲁木齐市中级人民法院再审本案。

新疆维吾尔自治区乌鲁木齐市中级人民法院经审理认为：《最高人民法院关于适用〈中华人民共和国公司法〉若干问题的规定（三）》第十二条规定仅以列举法将实践中常见的资本侵蚀行为明确界定为抽逃出资，但并未将股东从公司取得财产的所有行为都概括地认定为抽逃出资。公司资本不等同于公司资产，公司资产包括公司资本、公司对外负债、公司的资产收益和经营收益，公司资本仅是公司资产中的股东出资部分。股东从公司获得财产的行为是否构成抽逃出资，重点在于其行为是否对公司资本构成了侵蚀。某运营公司章程中关于抽逃出资的认定与《最高人民法院关于适用〈中华人民共和国公司法〉若干问题的规定（三）》第十二条规定的股东抽逃出资的情形并不一致，该公司章程将股东对公司资产的侵害行为纳入股东抽逃出资的情形，实质上超出了司法解释规定的解除股东资格范围，加重了股东的责任，并对股东权利作出不当限制，该章程规定应认定为无效。股东在公司中的合法权益受法律保护，解除股东资格的前提是出现严重违反出资义务的情形，即未出资和抽逃全部出资的情形。由于该条款法律后果严厉，对公司决策和运行、公司治理结构和股东根本利益产生了直接影响，故解除股东资格必须以股东未出资、抽逃出资事实经查证属实、被依法确认并按照法定程序经公司股东会决议表决通过为前提。于某作为某运营公司股东，其已实际缴纳应承担的公司注册资本，其股东权利合法有效，属于受法律保护的对象，非经股权权利人同意或者法律规定，不得被剥夺。某运营公司案涉股东会决议第一项、第二项，仅依据单方委托会计师事务所作出的《专项审计报告》，即作出解除于某股东资格，取消其一切股东权利的决议，缺乏事实及法律依据，严重损害于某股东权益，应认定无效。

新疆维吾尔自治区乌鲁木齐市中级人民法院依照《中华人民共和国公司法》第二十二条第一款，《最高人民法院关于适用〈中华人民共和国公司法〉若干问题的规定（三）》第十二条、第十七条，《中华人民共和国民事诉讼法》第一百七十七条第一款第二项、第二百一十八条之规定，判决如下：

一、撤销新疆维吾尔自治区乌鲁木齐市中级人民法院（2023）新01民终1347号民事判决及新疆维吾尔自治区乌鲁木齐市天山区人民法院（2022）新0102民初1146号民事判决；

二、某运营公司2021年11月27日作出的股东会决议中“一、表决通过自2021年11月27日起解除于某在某运营公司的股东资格，并取消其一切股东权利。二、表决通过自2005年1月1日至2021年11月27日，公司的利息损失共计4890668.25元，本息合计6234777.62元；公司继续向于某追缴被占资金及索赔利息损失，并继续计算利息至实际追回全部被占资金及利息时止”的决议内容无效。

【法官后语】

公司章程是公司治理和运营的基本规范性文件，其规定了公司的组织结构、经营原则、股东权利与义务等重要事项，是公司作为社团法人的最高组织规则，体现着国家强制与股东意思自治之间的平衡。国家强制与股东自治之间应有明确的法律界限，这样才能保证国家强制与股东意思自治的平衡，才能充分保障股东、债权人、公司高级管理人员合法权益的同时，最大限度体现当事人按照自身愿望治理和经营公司的权利。本案审理聚焦两个关键层面：

首先，公司章程的设定必须遵守国家法律、行政法规，亦应符合社会公共利益和公序良俗，不能与法律法规相违背的内容，不能以章程规定规避法律义务或损害他人合法权益。虽然公司章程是公司的内部约束力，是公司自治的表现。但需要注意的是，此处的公司自治权是有限的，如果公司章程存在对股东知情权的不合理限制和排除；撤销管理层忠诚义务；不合理地降低注意义务；变更开除股东资格的法定情形；变更公司强制清算的相关规定等情形。因这些事项涉及公司股东、债权人的基本权利和义务，公司法及司法解释的规定已为此设定基本底线，代表国家实施干预，在拟定公司章程时对此进行删除或变更则必然侵害股东、债权人的基本权益，应认定章程规定无效。本案中，某运营公司的公司章程中对司法解释中列举的抽逃出资情形及认定方式作出扩大解释，实际侵害了公司股东的合法权益，其规定应认定无效，据此作出的股东会决议亦应认定无效。

其次，侵占公司资产与抽逃出资是两种不同的违法行为，其在行为主体、行为方式、侵害客体、法律后果等方面均不相同。在行为主体方面，侵占公司资产的行为主体通常是执行公司经营管理事务的董事、监事、高级管理人员，其利用职务上的便利，非法占有公司资产；抽逃出资的行为主体是公司的股东，其在公司成立后，未经法定程序，非法将已缴纳的出资从公司抽回。在行为方式方面，侵占公司资产通常表现为将公司的经营所得、资产或者其他财产据为己有或利用公司资产偿还个人债务；抽逃出资则是股东在公司成立后，通过虚构交易、虚增利润分配、利用关联交易等方式，未经法定程序将出资款项转出公司账户。在侵害客体方面，公司资本与公司资产并非同一概念，公司资产包括公司资本、公司对外负债、公司的资产收益和经营收益，而公司资本仅是公司资产中的股东出资的部分。在责任承担方面，侵占公司资产的责任承担可能包括返还财产、赔偿损失及刑事处罚；而抽逃出资的责任则主要是返还抽逃的资金及利息、限制股东权利、同时可能包括对协助抽逃出资的其他股东、董事、高级管理人员或者实际控制人承担连带责任。

编写人：新疆维吾尔自治区乌鲁木齐市中级人民法院　张昊

30

股东会召集程序或表决方式仅有轻微瑕疵且对决议未产生实质影响的，决议不予撤销

——某稀土公司诉某再生资源公司公司决议撤销案

【案件基本信息】

1. 裁判书字号

江苏省连云港市中级人民法院（2023）苏 07 民终 2873 号民事判决书

2. 案由：公司决议撤销纠纷

3. 当事人

原告（上诉人）：某稀土公司

被告（被上诉人）：某再生资源公司

【基本案情】

2015 年 1 月 9 日，某再生资源公司及其股东梁甲、梁乙、李某、张某与某稀土公司签订增资入股协议，约定某稀土公司拟投资 4791 万元用于认缴目标公司新增注册资本，增资后某再生资源公司董事长由某稀土公司推选人员担任，董事长同时担任目标公司法定代表人。

2022 年 10 月 26 日，某再生资源公司股东梁甲以其单独持有公司 10%以上股份为由，向董事会及董事长提议召开临时股东大会，决策董事会换届改选事宜。同年 11 月 4 日，董事会向梁甲反馈称梁甲的提议不符合股东大会提案“须有明确议题和具体决议事项”的条件，不满足股东向董事会请求召开临时股东大会的基本要求。由于某再生资源公司董事会未书面反馈。同年 11 月 6 日，梁甲提请某再生资源公司监事会召集临时股东大会，同年 11 月 7 日，某再生资源

公司董事会将反馈意见通过全国中小企业股份转让系统予以公告。同年 11 月 29 日，某再生资源公司监事会在全国中小企业股份转让系统上发布公告，载明审议通过《关于提议董事会于 2022 年 12 月 22 日召开公司 2022 年第五次临时股东大会进行董事会换届改选的议案》议案。同年 12 月 12 日，梁甲、梁乙等某再生资源公司股东出席某再生资源公司 2022 年第五次临时股东大会，代表股份数 139333107 股，占公司总股份 60. 101%。会议审议通过《关于公司董事会换届改选的议案》等。同年 12 月 14 日，某再生资源公司董事会在全国中小企业股份转让系统上发布《某再生资源公司第二届董事会第一次会议决议公告》，载明会议召开和出席情况，审议通过《关于免去王某所任公司诸项职务的议案》等。2022 年 12 月 14 日，某稀土公司诉至江苏省连云港市赣榆区人民法院，认为被告某再生资源公司 2022 年 12 月 12 日通过的《临时股东大会决议》的召集程序违法，决议表决方式及决议内容严重违反了公司章程，请求判令：撤销被告某再生资源公司于 2022 年 12 月 12 日召开的 2022 年第五次临时股东大会作出的《临时股东大会决议》。

【案件焦点】

1. 临时股东大会召集程序是否违反《中华人民共和国公司法》及《某再生资源公司章程》；2. 股东大会召集程序瑕疵是否导致公司决议撤销。

【法院裁判要旨】

江苏省连云港市赣榆区人民法院经审理认为：关于临时股东会召集程序是否违反《中华人民共和国公司法》及《某再生资源公司章程》问题。监事会在收到第三人梁甲（某再生资源公司股东）的提议后未在 5 日内发出股东大会通知，根据《某再生资源公司章程》规定，视为监事会不召集和主持股东大会，故梁甲有权自行召集和主持。梁甲将开会通知的公告发送给某再生资源公司董事会，董事会未予以配合完成信息披露工作。在充分使用合理方式后仍无法公告送达会议通知的情形下，梁甲按股东名册将通知以微信、中国邮政速递物流等方式向包括原告在内的 85 名股东及被告公司董事会、监事会等予以送达，通知的股东名单与股权登记日的股东名册一致，故其充分履行了告知义务，并未损害相关股东的知情权。

关于案涉股东大会召集程序瑕疵是否导致公司决议撤销的问题。梁甲通过非公告方式发出临时股东大会会议通知，召集程序存在轻微瑕疵，但未对决议内容产生实质性影响，且案涉临时股东大会决议符合《某再生资源公司章程》有关董事任免的表决规定。根据《最高人民法院关于适用〈中华人民共和国公司法〉若干问题的规定（四）》第四条的规定，股东请求撤销股东会或者股东大会、董事会决议，符合《中华人民共和国民法典》第八十五条、《中华人民共和国公司法》第二十二条第二款规定的，人民法院应当予以支持，但会议召集程序或者表决方式仅有轻微瑕疵，且对决议未产生实质影响的，人民法院不予支持。原告主张撤销该临时股东大会决议的主张，缺少事实及法律依据，故案涉公司决议不应予以撤销。

江苏省连云港市赣榆区人民法院依照《中华人民共和国公司法》第二十二条第二款、第一百条、第一百零一条、第一百零二条、第一百零三条，《最高人民法院关于适用〈中华人民共和国公司法〉若干问题的规定（四）》第四条、第五条之规定，判决如下：

驳回原告某稀土公司的诉讼请求。

某稀土公司不服一审判决，提出上诉。江苏省连云港市中级人民法院经审理查明的事实与一审法院查明的事实一致，并同意一审法院意见。

江苏省连云港市中级人民法院依照《中华人民共和国民事诉讼法》第一百七十七条第一款第一项规定，判决如下：

驳回上诉，维持原判。

【法官后语】

2023 年修订的《中华人民共和国公司法》在 2018 年修正的基础上，吸收了《最高人民法院关于适用〈中华人民共和国公司法〉若干问题的规定（四）》的规定，明确了决议可撤销的除外情形，即第二十六条中“股东会、董事会的会议召集程序或者表决方式仅有轻微瑕疵，对决议未产生实质影响”

的规定。第二十六条区分了“轻微瑕疵”和“实质影响”两种状态，“轻微瑕疵”不影响决议的效力，“实质影响”则构成决议可撤销情形。

一、实践中“轻微瑕疵”的判断标准

司法实践中，“轻微瑕疵”和“实质影响”的判断尚无明确的标准，法官在认定时具有一定的主观性。在认定会议召集程序或者表决方式是否存在瑕疵时，需要重点考虑瑕疵对股东或董事公平参与、多数意思的形成、股东或董事获取所需的信息的影响，以及是否恶意违反法律规定、限制股东或董事权利等。若该瑕疵并不影响股东或董事行使表决权或不影响决议通过，以及程序瑕疵与股东或董事无法参会或者无法行使表决权无因果关系的，通常属于不具有实质影响的“轻微瑕疵”，不影响公司决议效力。但如果程序瑕疵的存在导致部分股东或董事无法参会、无法行使表决权，或者导致股东或董事无法事先针对议题和议程进行充分了解的，通常不构成轻微瑕疵，应属于可撤销范畴。公司若恶意违反法律规定，故意损害股东或董事知情权、表决权的，可能违反诚实信用原则，通过的相关决议可以撤销。

二、“实质影响”导致决议撤销的法定情形

根据2023年《中华人民共和国公司法》第二十六条第一款规定，公司股东会、董事会的会议召集程序、表决方式违反法律、行政法规或者公司章程，或者决议内容违反公司章程的，股东自决议作出之日起六十日内，可以请求人民法院撤销。根据该规定，若召集程序或者表决方式的瑕疵产生“实质影响”导致决议可撤销，需符合以下法定情形：一是会议召集程序违反法律、行政法规或者公司章程。二是会议表决方式违反法律、行政法规或者公司章程。三是决议内容违反公司章程。同时，审查股东会决议是否具有可撤销的法定情形，应以法律、行政法规和公司章程的相关规定作为审查依据。

综上，本案是程序瑕疵是否导致公司决议撤销问题的典型案例，明确了股东会召集程序或表决方式仅存在轻微瑕疵，且对决议未产生实质影响，不应当予以撤销。为了防止撤销之诉给公司带来的不利影响，2023年《中华人民共和国公司法》对有关撤销权的行使作出了限制。在2023年《中华人民共和国公司法》实施的时代背景下，应更加注重股东会及董事会召集和表决程序的合法性和合章程性审查。公司治理在追求程序公正的同时，应当维护公司决议的稳定性。股东大会是股东参与公司经营管理的重要途径，因此股东大会的召集程序、表决方式和决议内容必须严格遵守《中华人民共和国公司法》和公司章程的规定。

编写人：江苏省连云港市赣榆区人民法院　许雨　孙振鎏

31

股东可以明示或默示方式追认对股东会决议事项的表决行为

——吴某、郭某诉甲餐饮公司公司决议案

【案件基本信息】

1. 裁判书字号

北京市第二中级人民法院（2023）京02民终6040号民事判决书

2. 案由：公司决议纠纷

3. 当事人

原告（上诉人）：吴某、郭某

被告（被上诉人）：甲餐饮公司

【基本案情】

2005年9月12日，甲餐饮公司成立，注册资本10万元，股东为马某、刘某两人。

2018年9月6日，吴某、郭某、张某、匡某、陈某、胡某、王某约定实际投入200万元用于经营甲餐饮公司。2018年10月1日，马某、刘某分别与吴某签订《转让协议》，约定将甲餐饮公司全部股份转让给吴某。同日，甲餐饮公

司通过股东会决议：(1) 同意名称变更为甲餐饮公司；(2) 同意注册资本变更为1000万元，各股东认缴出资时间均为2025年9月10日；(3) 同意选举王某为执行董事兼法定代表人。股东签名处有陈某、郭某、胡某、匡某、吴某、张某的签名和乙餐饮公司加盖的公章。

2018年10月16日，甲餐饮公司注册资金变更登记为1000万元。2018年10月20日，于某在甲餐饮公司股东微信聊天群中发送一张该公司营业执照照片并附文字“营业执照下来了”，吴某和张某均认可该照片上显示注册资本为1000万元。

2019年3月14日，王某将修改后的公司章程照片股东出资信息页拍照发至股东群中后说：“请将各位身份证原件正反面拍摄原图发到群里，做税务变更用。”郭某问：“好像数不对，写的注册资金200万元，怎么有1000万元?”王某答：“合同是怎么分钱，公司是怎么分权。”之后，各方配合将其身份证正反面照片私信发送给了王某。

2019年11月20日，王某在股东群中说：“经确认，税务代办公司可在5天内将公司注册资金最低减至1万元，费用6000元，请大家回复减资金额是否可以，费用怎么出。”随后各股东均在群内表示同意办理减资至10万元。2020年4月27日，甲餐饮公司完成上述减资登记。

2020年9月6日，甲餐饮公司形成股东会决议：匡某、陈某、张某3名股东退出，现股东乙餐饮公司、吴某持股比例10%、郭某持股比例7%、胡某，注册资本为10万元，法定代表人为王某。

吴某、郭某表示在2018年10月1日甲餐饮公司作出的股东会决议未经召开股东会，且所附二人签名亦非本人所签，二人并不知晓增资事宜，故起诉要求确认该股东会决议不成立。

【案件焦点】

1. 他人代吴某、郭某作出的同意案涉增资决议事项的表决行为是否属于无权代理；2. 如属于无权代理，该无权代理是否因得到吴某、郭某以明示或默示方式作出的追认而成为有权代理。

【法院裁判要旨】

北京市东城区人民法院经审理认为：公司未召开会议，股东会决议不成立，但依据《中华人民共和国公司法》第三十七条第二款或公司章程规定可以不召开股东会而直接作出决定，并由全体股东在决定文件上签名、盖章的除外。鉴于增加公司注册资本属于《中华人民共和国公司法》第三十七条第二款载明的前款所列事项，且行为人可以明示或默示作出意思表示，故在甲餐饮公司没有就案涉增资事宜召开股东会且现有证据证明吴某、郭某在案涉增资决议上的签名均非其本人所签的情况下，如吴某、郭某系以明示或默示作出过同意案涉增资决议的意思表示，亦可认为符合上述规定中除外条款的适用情形。经查，吴某、郭某均确认在2018年10月20日即已通过微信群收到载明注册资本为1000万元的甲餐饮公司营业执照照片，二人虽以未注意为由主张在该时并不知晓公司注册资本变更为1000万元，但该项主张缺乏合理性。此后，王某在2019年3月14日将载有增资后各股东出资信息的甲餐饮公司章程照片发到股东微信聊天群内，要求股东提供身份证正反面照片用于办理税务变更登记，虽然郭某先行就公司注册资本金额为1000万元提出异议，但随后仍向王某提供身份证正反面照片以配合办理税务变更登记；吴某通过私信方式将其身份证正反面照片发送给王某，并在郭某于微信聊天群内提出上述异议后，未作出其他意思表示。综合上述情况，本案虽无证据证明吴某、郭某以签名、盖章这种明示方式作出对案涉增资事宜予以认可的意思表示，但在案证据显示吴某、郭某已在收到载明注册资本为1000万元的甲餐饮公司营业执照照片、载明增资后各股东出资信息的甲餐饮公司章程页照片后配合办理公司税务变更登记的行为方式，作出了对公司注册资本增至1000万元予以同意的意思表示，即吴某、郭某系以默示方式作出意思表示。

北京市东城区人民法院依照《中华人民共和国民事诉讼法》第六十七条第一款、第一百四十七条，《最高人民法院关于适用〈中华人民共和国民事诉讼法〉的解释》第九十条、第一百零八条第一款之规定，判决如下：

驳回吴某、郭某的全部诉讼请求。

吴某、郭某不服一审判决，提起上诉。北京市第二中级人民法院同意一审法院裁判意见。

北京市第二中级人民法院依照《中华人民共和国民事诉讼法》第一百七十七条第一款第一项规定，判决如下：

驳回上诉，维持原判。

【法官后语】

本案判决适用的是2018年《中华人民共和国公司法》第三十七条第二款规定了有限责任公司股东会行使职权的书面决议方式。与之相对应，2023年《中华人民共和国公司法》（以下简称2023年《公司法》）在第五十九条第三款延续了上述条款的立法精神，未对上述立法内容作出实质性变更。此外，在与2023年《公司法》配套的司法解释尚未发布的情形下，现行《最高人民法院关于适用〈中华人民共和国公司法〉若干问题的规定（四）》就公司决议不成立问题所作规定亦与上述立法内容及2023年《公司法》就公司决议不成立问题所作规定相协调。据此，可以认定，我国已在立法层面将全体股东以书面之明示方式对股东会职权范围内所涉决议事项作出一致同意的意思表示确立为未召开股东会而作出的决议不成立的唯一例外情形。结合《中华人民共和国民法典》关于作出意思表示的方式、被代理人以默示方式追认无权代理行为的规定，本案提出，除上述法定的例外情形外，股东仍可以口头方式的明示或行为方式的默示对股东会决议事项的表决行为作出追认，在追认行为作出后，该股东以未召开股东会为由要求确认所作决议不成立的，法院不应予以支持。

一、如何认定股东是否对无权代理表决行为予以追认

股东以未召开股东会为由要求确认股东会决议不成立的该类案件中，通常案涉股东会决议所附的该股东签名并非其本人所签，在无证据证明该书面表决行为系经该股东的有效授权的情况下，应当认定代理该股东作出书面表决的行为属于无权代理。根据《中华人民共和国民法典》对意思表示及代理的一般规定，如该股东在该无权代理行为发生后对其作出实际执行所涉决议事项或者接受公司实际执行决议事项等积极正面反馈行为，应视为该股东系以默示方式追

认前述书面表决的无权代理行为；如该股东以口头或书面的方式明确作出追认的意思表示，则系以明示的方式构成对表决行为的追认。故，在认定是否构成对表决行为的追认时，应综合审查该股东的书面声明、口头表态、参与决议的相关行动等相关情形来推定其是否以明示或默示的方式对其主张为无权代理的书面表决行为作出了追认的意思表示。

本案中，股东群沟通记录查明吴某、郭某在知晓增资事项已完成后仍作出配合办理相应税务变更登记的行为，应认定为吴某、郭某以默示方式对此前的无权代理表决行为作出的追认。

二、如何认定股东追认行为与此前无权代理表决行为的关系

根据民法理论，追认是指被代理人事后对有相对人的无权代理行为予以认可或接受的一种单方意思表示，基于该单方法律行为性质，应认定股东对此前的无权代理表决行为作出的追认之生效无须经相对人同意，一经作出即补正了前述无权代理表决行为的效力瑕疵，使该无权代理表决行为变为有权代理且自成立时即发生效力。

具体到本案中，虽然吴某、郭某系在2019年3月14日以后作出的追认，但因该追认行为的溯及力，二人相应的无权代理表决行为自2018年10月1日成立时即已生效。

三、如何认定股东追认行为与相关公司决议效力的关系

本案中，根据查明事实，各股东均系在知晓增资事项已完成后作出的配合办理相应税务变更登记的行为，故除提起本案公司决议纠纷诉讼的吴某、郭某外，即便其他股东均主张案涉增资决议系未召开股东会且股东签名不真实，亦应依据各股东以默示方式对此前的无权代理表决行为作出的追认而认定前述无权代理表决行为有效，据此，案涉股东会决议虽系未召开股东会而作出，但因存在全体股东以书面之明示方式对股东会职权范围内所涉决议事项作出一致同意的意思表示之法定例外情形而不得被认定为不成立。

不拘泥于本案例，试作拓展性分析，如除吴某、郭某外的五名股东中，有两名股东对此前的无权代理表决行为作出追认，有三名股东从未且拒绝对此前

的无权代理表决行为作出追认，则此时吴某、郭某是否可主张该三名股东的自始拒绝追认行为导致股东会决议因不具备“经全体股东一致同意”之构成要件而不属于未召开股东会作出的决议不成立的例外情形？笔者认为如该三名股东均明确表示同意吴某、郭某的上述主张且至少有一名股东明确表示，如法院判决驳回吴某、郭某的诉求其会起诉要求确认决议因未召开股东会而不成立，应判决支持吴某、郭某关于决议不成立的诉求，理由为吴某、郭某和其余两名股东的追认行为仅能对其自身的无权代理表决行为的效力瑕疵予以补正，在拒绝追认的三名股东有权且有可能就该事实提起决议纠纷诉讼的情况下，为避免造成当事人诉累，一次性化解纠纷，不得以吴某、郭某已作出追认行为为由判驳其关于决议不成立的诉求。

此外，应当注意的是，股东对无权代理表决行为作出的追认并不必然影响股东会决议的法律效力，理由为股东的表决行为与股东会决议在效力上具有相对独立性，股东会决议的效力取决于组织法上关于召集程序、表决方式以及决议内容的特别规定，应根据何种决议事项、能否形成多数决等进行具体分析。

编写人：北京市第二中级人民法院　高磊　贾凯迪

32

股东受欺诈作出的投票行为对股东会决议效力影响的认定

——某医药公司诉高某公司证照返还案

【案件基本信息】

1. 裁判书字号

北京市第二中级人民法院（2023）京 02 民终 14505 号民事判决书

2. 案由：公司证照返还纠纷

3. 当事人

原告（反诉被告，被上诉人）：某医药公司

被告（反诉原告，上诉人）：高某

【基本案情】

2022年11月20日，某医药公司的股东某研究院（出资金额600万元）、高某（出资400万元）作出临时股东会决议，由刘某、高某、姜某组成董事会。

2022年11月30日，董事刘某在董事微信群中发出《关于召开2022年临时董事会会议的通知》。姜某回复收到并同意参加董事会。高某向刘某发送《回执》确认收到《通知》并表示："本人除不可抗拒的因素不能参加外，会准时参加会议。"

2022年12月16日临时董事会议召开当天，高某以患病为由拒绝参加会议，也未委托他人参加会议。董事刘某、姜某表决形成临时董事会决议，同意选举刘某为新董事长，同意高某不再担任公司经理（法定代表人），同意聘任刘某为公司经理（法定代表人）。

2022年12月30日，刘某以法定代表人身份委托律师向高某邮寄发送《律师函》，要求其立即返还所持有的公司证照。因高某未返还，某医药公司诉至法院。

高某则提出其参与2022年11月20日临时股东会并作出表决系受欺诈而作出，由此导致该股东会关于更换董事会成员的决议无效，进而由不适格董事所作出的2022年12月16日临时董事会决议亦无效，故反诉请求：（1）撤销某医药公司《2022年临时股东会会议决议》中关于高某作出的意思表示，从而请求确认该临时股东会决议无效；（2）确认某医药公司《2022年临时董事会决议》无效。

【案件焦点】

某医药公司的临时股东会决议和临时董事会决议的效力如何认定。

【法院裁判要旨】

北京市大兴区人民法院经审理认为：某医药公司临时股东会决议及临时董事会决议的效力决定了高某是否丧失了法定代表人身份，从而应当返还其所持有的公司证照。本案所涉核心问题是，股东基于欺诈而作出的投票行为是否对股东会决议的效力产生影响。首先，有意思表示瑕疵的投票行为应类推适用法律行为可撤销的规定，认定投票人依法有权撤销其投票行为。其次，投票瑕疵对决议效力的影响应从程序瑕疵方面加以分析。如果投票人撤销投票行为，进而造成出席会议的人数或者股东所持表决权不符合《中华人民共和国公司法》或者公司章程规定，或者会议的表决结果未达到《中华人民共和国公司法》或者公司章程规定的通过比例的，则公司决议依据《最高人民法院关于适用〈中华人民共和国公司法〉若干问题的规定（四）》第五条第三项、第四项而不成立；否则，应当按照一般程序瑕疵的规定，通过决议撤销制度予以解决。再次，根据法律规定，欺诈的证明标准必须达到排除合理怀疑程度，高某的证据未达到该证明标准。而且根据股东持股比例，即使高某撤销其投票行为，临时股东会的出席情况以及决议的通过比例均符合法律规定，不影响决议的成立。故而，高某只能基于程序瑕疵对该决议提出撤销之诉。但是，该决议于 2022 年 11 月 20 日作出，针对该决议的撤销之诉已经超出法律规定的期间。最后，鉴于临时股东会决议合法有效，刘某依法成为某医药公司董事，故其有权依法召集召开董事会会议，且形成的董事会决议合法有效。据此，刘某作为新聘任公司经理依据公司章程成为公司法定代表人，其有权代表公司提起公司证照返还诉讼。

北京市大兴区人民法院依照《中华人民共和国民法典》第二百三十五条，《最高人民法院关于适用〈中华人民共和国民事诉讼法〉的解释》第九十条、第一百零九条规定，判决如下：

一、高某于判决生效后十日内向某医药公司返还公司证照；

二、驳回高某的全部反诉请求。

高某不服一审判决，提出上诉。北京市第二中级人民法院经审理认为：一审判决认定事实清楚，适用法律正确，应予维持。

北京市第二中级人民法院依照《中华人民共和国民事诉讼法》第一百七十条第一款第一项之规定，判决如下：

驳回上诉，维持原判。

【法官后语】

股东会决议过程中，单个股东作出的投票行为的性质及其对股东会决议效力的影响，法律并未作出明确规定。本案虽为公司证照返还纠纷，但争议核心在于股东受欺诈而作出的投票行为是否足以影响股东会决议的效力。

一、投票行为是否适用意思表示瑕疵的相关规定

对此，虽然我国法律并未作出明确规定，但仍可基于对《中华人民共和国民法典》（以下简称《民法典》）的体系解释作出回答。《民法典》第一百三十四条规定表明，决议行为在我国属于民事法律行为。因此，关于法律行为的相关规定和原理原则上可适用于决议行为。《民法典》第一百三十三条规定，民事法律行为是民事主体通过意思表示设立、变更、终止民事法律关系的行为。故，与单方法律行为和双方法律行为相同，决议行为也是以意思表示为构成要素。决议以投票的方式形成，决议行为中的意思表示是投票权人的投票行为。通过投赞成票或反对票，投票人在决议行为的形成过程中作出了意思表示。

意思表示的核心是意思自治，当意思表示本身不真实或不自由时，法律赋予表示人撤销权等相应救济权。对于决议行为而言，作为意思表示的投票行为本身存在错误、欺诈、胁迫等意思瑕疵情形（投票瑕疵）的，依据意思表示的一般原理，也应当赋予投票人相同的法律救济。不过，对于意思表示瑕疵，根据《民法典》第一编第六章第三节规定，权利人有权撤销的对象是法律行为而非意思表示的权利。但如果将此适用于投票瑕疵，意味着只要某个投票人存在意思表示瑕疵情形即可直接撤销整个决议行为，这既有损于决议行为安定性，也不符合决议行为本身的特征，故对于投票瑕疵的情形，应类推适用法律行为可撤销的规定，认定投票人依法有权撤销其投票行为。

二、投票瑕疵对于决议行为本身的效力有何种影响

投票瑕疵并不涉及决议内容本身，即便存在投票瑕疵，投票人仍享有依法

撤销其投票行为的权利，该撤销后果影响的是决议形成的程序而非内容，故其所造成的法律后果并非决议无效。由于投票人依法撤销其投票行为，该情形等同于投票人未出席会议，进而对会议的出席要求发生影响，故投票瑕疵对决议效力的影响应从程序瑕疵方面加以分析。根据《民法典》第一百三十四条第二款可知，依照特定议事方式和表决程序作出决议，这是决议行为成立的前提。但是，议事方式和表决程序作为决议行为成立的前提，其程序瑕疵有轻重之分，如果一律因程序瑕疵认定决议行为不成立，则损害决议行为的安定性。所以，《最高人民法院关于适用〈中华人民共和国公司法〉若干问题的规定（四）》第五条将严重的程序瑕疵作为决议不成立加以规定，对于其他程序瑕疵则由决议撤销制度加以调整。

基于此，如果投票人撤销投票行为，进而造成出席会议的人数或者股东所持表决权不符合公司法或者公司章程规定，或者会议的表决结果未达到公司法或者公司章程规定的通过比例的，则公司决议依据《最高人民法院关于适用〈中华人民共和国公司法〉若干问题的规定（四）》第五条第三项、第四项而不成立；否则，应当按照一般程序瑕疵的规定，通过决议撤销制度予以解决。需要说明的是，两者不仅在构成要件上存在差异，其行使条件也有所不同：撤销投票行为属于意思表示的撤销，依照《民法典》第一百五十二条规定，应适用一年除斥期间；撤销公司决议则适用《中华人民共和国公司法》规定的六十日除斥期间。基于公司决议撤销制度的特殊性，投票人以欺诈等投票瑕疵为由撤销公司决议的，应当自决议作出之日起六十日内，请求人民法院撤销。

综上所述，在股东主张其基于欺诈作出投票行为的案件中，股东需证明存在欺诈事实。在完成举证责任的前提下，股东可以撤销其投票行为，但要结合具体决议事项判断该撤销行为是否影响到股东会的出席或者表决比例。如有影响，则应请求确认决议不成立；否则，属于决议可撤销，股东应在法定期间内请求撤销决议。通过以上规则，可以合理平衡股东的意思自治和公司决议的安定性。

编写人：北京市大兴区人民法院　马超雄

33

过渡期内中外合资企业的最高权力机构的司法认定

——某信息公司诉某技术公司公司决议案

【案件基本信息】

1. 裁判书字号

北京市第一中级人民法院（2023）京 01 民终 6421 号民事判决书

2. 案由：公司决议纠纷

3. 当事人

原告（上诉人）：某信息公司

被告（被上诉人）：某技术公司

【基本案情】

某技术公司企业性质为有限责任公司。李某、曲某分别持有某技术公司 80%和 20%的股权。

2017 年 3 月，某技术公司拟引进新的投资人，公司性质变更为中外合资企业，公司董事会成为公司的最高权力机构，讨论及决定公司所有战略性业务和财务问题及运营方面的重要问题。后，某信息公司成为某技术公司持股 57.0725%的第一大股东。

某信息公司委派孔某、姜某出任某技术公司董事，某合伙企业委派曲某出任某技术公司董事、胡某成出任公司监事，曲某被选举为某技术公司董事长。

2020 年 11 月 19 日，某技术公司向某信息公司函称某信息公司作为某技术公司第一大股东，利用大股东地位及对某技术公司的控制关系，以服务费、管理费名目虚列双方之间的应付款项。上述行为严重损害了某技术公司的合法权益，故函告某信息公司，向某技术公司返还上述全部资金及该笔资金的利息。同年12月14日，某技术公司召开了临时董事会，会议由董事长曲某主持，某信息公司委派的董事孔某、姜某均未出席此次会议。诉讼中，某信息公司称其委派的两名董事未参加此次会议的原因，一是某技术公司不同意在此次会议上增加孔某提出的议案；二是某信息公司不存在抽逃出资的事实。曲某在会议上对于其提交的《关于解除某信息公司股东资格的议案》等7项议案，均表决同意。列席会议的股东代表均在当日会议的股东意见征询表上对上述7项议案确认同意。当日，某技术公司作出12月14日董事会临时会议决议，载明出席本次会议董事1名，经审议上述7项议案均表决通过，特此决议。

2017年11月28日至12月15日，某技术公司共向某信息公司转出资金合计458781676.57元，付款摘要分别记载为“往来款”“利息款”。诉讼中，某技术公司主张上述款项系某信息公司抽逃的出资（注册资本和资本公积金合计359470000元）及侵占的公司资产。

某信息公司向法院起诉请求：确认“某技术公司2020年12月14日董事会决议”不成立或无效。

【案件焦点】

1. 涉案董事会决议是否成立；2. 涉案董事会决议成立情况下，该决议效力如何认定。

【法院裁判要旨】

北京市海淀区人民法院经审理认为：第一，关于涉案董事会决议是否成立的认定。涉案12月14日董事会某技术公司按照章程规定的期限通知了某信息公司委派的两名董事，但上述两名董事接到通知后未参加此次会议；虽某信息公司称上述两人未参会的原因系某技术公司未接受其在此次董事会上增加的议案，但依据某技术公司提交的证据材料，其对新增加议案的处理方式即要求提案董事进行补充材料并更正，并另行安排召开董事会予以讨论，并不违反公司章程的规定。上述两名董事在收到通知后无正当理由不出席会议的情况下，应视为两人在会议上放弃表决权，不影响董事会作出会议决议。第二，关于涉案董事会决议内容效力的认定。某技术公司召开涉案董事会之时，在其未按照公司法中关于有限责任公司的组织形式、组织机构予以调整、改变，且公司章程未就此予以特别规定的情况下，董事会仍是该公司合法的最高权力机构，有权决议股东除名事项。某技术公司在某信息公司抽逃出资，且经其催告缴纳，而某信息公司在合理期间内仍未返还的情况下，以董事会决议解除其股东资格的行为，合法有效。对于某信息公司要求确认涉案董事会决议内容无效的诉讼请求，法院不予支持。

北京市海淀区人民法院依照《中华人民共和国公司法》第三十五条、《最高人民法院关于适用〈中华人民共和国公司法〉若干问题的规定（三）》第十二条、第十七条第一款之规定，判决如下：

驳回某信息公司的全部诉讼请求。

某信息公司不服一审判决，提出上诉。北京市第一中级人民法院经审理认为：首先，某信息公司董事在接到某技术公司会议通知的情况下，无正当理由未出席会议，视为其放弃表决权，相应董事会会议方式和表决程序不存在违反公司章程的规定的情形，该董事会决议成立。其次，某技术公司在新法施行后，未进行组织形式、组织结构的调整，故某技术公司董事会仍是最高权力机构。最后，某信息公司从某技术公司抽逃全部出资，且经催告后仍未返还，在此情况下，某技术公司董事会作出决议解除其股东资格，该决议合法有效。一审法院驳回某信息公司要求认定该决议不成立或无效的诉讼请求具有相应事实与法律依据。因此，某信息公司的上诉请求不能成立，应予驳回。

北京市第一中级人民法院依照《中华人民共和国民事诉讼法》第一百七十条第一款第一项之规定，判决如下：

驳回上诉，维持原判。

【法官后语】

中外合资经营企业系由中方、外方投资者按照一定比例共同出资设立在我国境内的有限责任公司。因中外合资经营企业的特殊性，在我国的现行法律规制中，中外合资经营企业的正常运行和管理不仅要受到我国基本法律《中华人民共和国民法典》《中华人民共和国公司法》（以下简称《公司法》）等基础规范的制约，还要受到《中华人民共和国外商投资法》（以下简称《外商投资法》）等特别法律规范的限制。关于中外合资经营企业的法律适用，尤其是同2023年《公司法》的衔接，需要进一步探讨。本案即涉及中外合资经营公司股东会与董事会权限分配的法律问题。尤其是在《外商投资法》规定了五年过渡期后，如何在审判中准确把握中外合资企业的最高权力机构的相关认定标准，是本案中值得研究探讨的重点问题。

2020年1月1日，《外商投资法》施行，原《中华人民共和国中外合资经营企业法》《中华人民共和国外资企业法》《中华人民共和国中外合作经营企业法》同时废止。《外商投资法》取消了原《中华人民共和国中外合资经营企业法实施条例》第三十条规定的“董事会是合营企业的最高权力机构”的规定。依据《外商投资法》第三十一条，中外合资企业的组织形式、组织机构及其活动准则适用《公司法》的相关规定。在2020年1月1日前设立的外商投资企业，在《外商投资法》施行后五年内可以保留原企业组织形式。2023年《公司法》第五十八条和第五十九条又分别列明了股东会是公司的权力机构，且明确对应职权。2020年1月1日至2025年1月1日可以看作是为保障外资企业平稳过渡而设置的过渡期，然而过渡期内企业的最高权力机构是股东会还是董事会在实践中存在较大的争议。

根据《外商投资法实施条例》第四十四条规定，外商投资法施行前依照《中华人民共和国中外合资经营企业法》设立的外商投资企业，在外商投资法施行后五年内，可以依照《公司法》等法律的规定调整其组织形式、组织机构等，并依法办理变更登记，也可以继续保留原企业组织形式、组织机构等。因此，在《外商投资法》实施后的五年内（2025年1月1日前），依据原《中华人民共和国中外合资经营企业法》设立的有限责任公司，仍可以保持最高权力机构为董事会。中外合资经营企业可以根据企业自身发展，在五年期限内选择合适的时间点，依照《公司法》逐步调整企业的组织形式和架构。如现有外商投资企业要在规定时间内依照《公司法》《中华人民共和国合伙企业法》等法律的规定调整企业组织形式、组织机构等，需要遵循原企业合营合同约定或企业章程规定作出符合相应法律规定的决议，如修订公司章程等。若直接依据《外商投资法》《公司法》《中华人民共和国合伙企业法》等法律的规定，由相应的企业机关在违反原有合营合同、企业章程的情况下直接作出决议，可能会导致股东会决议不成立。因此，笔者认为，五年过渡期设置的目的即为给予现有外商投资企业调整其组织结构一定的缓冲期，其在完成组织架构调整之前，仍应适用原有公司章程的规定，由原最高权力机构董事会依法作出决议，完成过渡期内的企业组织形式、组织机构调整。

本案中，某技术公司在新法施行后，未进行组织形式、组织结构的调整，故某技术公司董事会仍是最高权力机构。某技术公司章程也规定董事会是最高权力机构，对于企业增资、减资、合并、分立等特殊事项均由董事会作出决议。因此对于除名股东，董事会当然有权作出决议。除名决议系由董事会作出并非认定涉案决议无效的理由。

编写人：北京市第一中级人民法院　黄旭宁　赵怡博

七、损害公司利益责任纠纷

34

董事、高级管理人员竞业禁止义务中“商业机会”的认定

——甲咨询公司诉田某等损害公司利益责任案

【案件基本信息】

1. 裁判书字号

江苏省无锡市中级人民法院（2023）苏02民终4645号民事判决书

2. 案由：损害公司利益责任纠纷

3. 当事人

原告（上诉人）：甲咨询公司

被告（被上诉人）：田某、庄某、某科技公司

【基本案情】

甲咨询公司系某软件公司持股39%的股东，田某系某软件公司的法定代表人、总经理、执行董事，庄某系某软件公司的监事。田某、庄某共同设立了某科技公司，某软件公司与某科技公司在工商登记的经营范围并不一致。甲咨询公司认为田某、庄某利用职务便利谋取了属于某软件公司的商业机会，通过控制某科技公司经营与某软件公司同类的业务，因某软件公司证照、公章等由田某、庄某持有，故甲咨询公司以股东资格向无锡市新吴区人民法院提起诉讼，

要求：(1) 判令某科技公司、田某、庄某停止使用某软件公司的商业机会经营业务；(2) 判令某科技公司、田某、庄某违反竞业禁止义务所得的收入人民币500万元（暂定，具体金额待司法审计后明确）归某软件公司所有；(3) 判令某科技公司、田某、庄某赔偿某软件公司经济损失人民币100万元（暂定，具体金额待司法审计后明确）。

诉讼中，甲咨询公司提供了某软件公司用以在市场上寻找潜在客户的工作方法以及以此获取的潜在客户名单，该名单中有十名客户与某科技公司现在的客户存在重合。某科技公司则在法庭上公开演示了通过关键词可以在公开的软件检索获取潜在客户名字，其通过该方法不仅获取了诉争的十名客户还有其他客户。田某、庄某还举证证明了某软件公司在2019年实际已经停止运营。

【案件焦点】

田某、庄某是否谋取了独属于某软件公司的商业机会，用于自营或他人经营。

【法院裁判要旨】

江苏省无锡市新吴区人民法院经审理认为：甲咨询公司主张其以独特的工作方法在市场上获取潜在客户并建立销售关系，其客户名录中有十家客户被田某、庄某利用其控制的某科技公司抢占，但本案中甲咨询公司并未举证证明该十家客户系某软件公司的商业机会，反而某科技公司举证证明了通过公开的网络搜索途径获得案涉十家客户的过程，该途径系公开、便利的，搜索方式是大众可以获知的，不存在某软件公司独享或属于某软件公司商业秘密的情形；同时，某科技公司亦举证证明了其通过网络搜索除上述十家客户外，亦成功取得了其他多家客户的报备及授权，进一步说明客户的搜索、获得途径系根据软件特性和使用场景公开可得，不存在商业机会。

江苏省无锡市新吴区人民法院依照《中华人民共和国公司法》第一百四十八条、第一百五十一条，《中华人民共和国民事诉讼法》第六十七条之规定，判决如下：

驳回甲咨询公司的诉讼请求。

甲咨询公司不服一审判决，提起上诉。江苏省无锡市中级人民法院经审理认为：甲咨询公司认为田某、庄某利用在甲咨询公司任职期间获取的特有的工作技能、工作方法或经营方式，设立的某科技公司并运用，抢占了某软件公司的客户，但其主张的软件销售工作技能、工作方法或经营方式，是该行业早在某软件公司设立之前已有的普遍做法，甲咨询公司亦未能举证该工作技能、工作方法或经营方式系某软件公司运用自身物质条件开发并独创，故前述软件销售工作技能、工作方法或经营方式不属于某软件公司的商业机会。一审中某科技公司具体展示了根据软件使用场景和产品特性，通过公开渠道检索获得可能使用案涉软件的客户的具体过程，报备的客户均系某科技公司公开独立检索获得，该途径系公开、便利，搜索方式是大众可以获知的，不存在某软件公司独享或属于某软件公司商业秘密的情形，同时上述公开检索途径本身也说明十家客户名单不属于商业机会。

江苏省无锡市中级人民法院依照《中华人民共和国民事诉讼法》第一百七十七条第一款第一项之规定，判决如下：

驳回上诉，维持原判。

【法官后语】

一、公司法董事、高级管理人员的竞业禁止义务

要厘清公司的董事、高级管理人员是否违反了竞业禁止义务，首先要认定董事、高级管理人员与股东之间竞业禁止的具体范围。竞业禁止通常分为法定竞业禁止和约定竞业禁止。法定的竞业禁止，主要见于《中华人民共和国公司法》《中华人民共和国合伙企业法》《中华人民共和国个人独资企业法》等法律法规对于公司的董事、高级管理人员及企业合伙人、管理人的规定。本案所涉纠纷发生于2020年左右，法院在裁判时适用的是2018年《中华人民共和国公司法》，关于有限公司董事、高级管理人员的竞业禁止义务，主要体现在第一百四十八条第一款规定中，该条规定："董事、高级管理人员不得有下列行为……（五）未经股东会或者股东大会同意，利用职务便利为自己或者他人谋

取属于公司的商业机会，自营或者为他人经营与所任职公司同类的业务……董事、高级管理人员违反前款规定所得的收入应当归公司所有。”2023年《中华人民共和国公司法》修订时，其第一百八十三条对董事、高级管理人员的竞业禁止义务作了进一步的细化规定：“董事、监事、高级管理人员，不得利用职务便利为自己或者他人谋取属于公司的商业机会。但是，有下列情形之一的除外：(一) 向董事会或者股东会报告，并按照公司章程的规定经董事会或者股东会决议通过；(二) 根据法律、行政法规或者公司章程的规定，公司不能利用该商业机会。”第一百八十四条规定：“董事、监事、高级管理人员未向董事会或者股东会报告，并按照公司章程的规定经董事会或者股东会决议通过，不得自营或者为他人经营与其任职公司同类的业务。”除前述规定的竞业禁止义务之外，公司还可以与董事、高级管理人员在劳动合同或保密协议中对于竞业禁止义务作细化或者补充约定。公司的董事、高级管理人员应当同时履行法定竞业禁止义务及与公司约定竞业禁止义务。

本案中，田某、庄某作为公司的董事、高级管理人员的一员，没有与公司就竞业禁止达成特别约定，故其竞业禁止义务应以2018年《中华人民共和国公司法》第一百四十八条第一款第五项规定的范围为限。

二、竞业禁止义务的核心问题——商业机会的认定

本案中，甲咨询公司认为田某、庄某利用职务便利，谋取了属于某软件公司的商业机会，并通过另行设立软件科技公司的方式，攫取了本应属于某软件公司的利润。但首先，从两公司工商登记来看，两者的经营范围并不一致。其次，某软件公司提供的证据不足以证明某科技公司运用了独属于某软件公司的商业机会。在认定董事、高级管理人员是否违反竞业禁止义务时，难点在于如何认定商业机会。所谓商业机会，是赢得客户、获取商业利润的机会。对于什么是属于公司的商业机会，笔者认为可从以下几点来考量：(1) 该商业机会是公司利用其独有的工作方法或工作平台挖掘；(2) 公司符合潜在客户的合作要求，有能力与潜在客户形成商业合作；(3) 公司对该商业机会有期待利益，没有拒绝或放弃。

具体到本案中，首先，某软件公司所称的其发掘潜在客户的方法，并非其独创的方法，而是在全行业中比较流行的一种普遍性做法。某科技公司在庭审中对于其获取客户的方法在公开的搜索引擎上进行了演示，搜索引擎是普通民众皆可以接触的工作平台，搜索的关键词也是行业术语，所以某软件公司不能证明田某、庄某系运用了某软件公司特有的工作方法或者工作平台，寻找到的潜在客户。其次，某软件公司虽然提供了自身潜在客户的名单，但并未提供证据证明其与潜在客户欲达成何种形式的合作，该合作形式是否与本案中软件科技公司与客户建立的合作一致，其是否符合潜在客户对于该类合作的对象要求且有能力与潜在客户达成商业合作。最后，通过田某、庄某的举证，某软件公司实际在 2019 年已经无法运营，即使其拥有潜在客户名单，实际上已无法与潜在客户达成商业合作，即其对其所称的商业机会不具备期待利益。综上，一、二审法院对于甲咨询公司主张田某、庄某利用职务便利获取某软件公司的商业机会用于软件科技公司损害某软件公司利益要求田某、庄某及软件科技公司赔偿的诉讼请求，均未予支持。

编写人：江苏省无锡市中级人民法院　费益君　尹慧　胡伟

35

公司高级管理人员擅自将工程发包给无资质的承包人导致公司重大损失，属未尽勤勉义务，应依过错担责

——某置业公司诉包甲损害公司利益责任案

【案件基本信息】

1. 裁判书字号

福建省高级人民法院（2024）闽民申 422 号民事裁定书

2. 案由：损害公司利益责任纠纷

3. 当事人

原告（上诉人）：某置业公司

被告（被上诉人）：包甲

【基本案情】

某置业公司于2012年5月7日注册登记成立，注册资本3000万元，由黄某持股40%并任监事，某投资公司持股60%，包乙兼任某投资公司和某置业公司的法定代表人，并任某置业公司的执行董事。2012年5月8日，某置业公司任命包甲（包乙之子）为该公司总经理，全面负责公司工作。2012年5月至10月，某置业公司取得位于某地块的国有土地使用权。2012年7月26日，因案涉地块建设需要，某置业公司与王某签订《土方施工合同书》及补充协议，约定将该地块上的“家居建材广场土方”工程交由王某施工，《土方施工合同书》及补充协议落款处均加盖有某置业公司公章及包甲的签名。

2012年11月2日，因某置业公司未办理《建筑工程施工许可证》而擅自开工建设，当地住房保障和城乡规划建设局向某置业公司发出《责令停止违法行为通知书》，责令其停止一切违建活动，并接受进一步调查。

2013年1月3日，某建设公司向某置业公司发出工作联系单，告知某置业公司“案涉工程从基坑开挖（2012年8月）到基坑形成（2012年12月）经历时间已较长，依据有关土方规范要求，应及时完成基础工程，防止工程隐患。因临近春节和雨季，请将地下室部分基础工程施工完毕，以避免因较大雨水倒灌造成周边范围下沉、塌陷及其他灾害发生”。某置业公司签收后未按该意见执行。之后，因某置业公司在开发建设过程中施工不当，导致工地周边房屋出现开裂等损害情形，某置业公司为此共计支付了赔偿款11652170元。黄某遂以公司名义向总经理包甲主张赔偿责任。

【案件焦点】

1. 包甲作为某置业公司的高级管理人员是否违反勤勉义务；2. 违反勤勉义

务适用何种归责原则。

【法院裁判要旨】

福建省南平市建阳区人民法院经审理认为：虽然某置业公司存在未办理《建筑工程施工许可证》而擅自开工及将工程发包给无施工资质的个人的行为，但是，包甲的父亲系某置业公司的股东利益承受者，包甲缺乏损害公司利益的主观动机，而本案证人证言可以证实擅自开工及发包给个人的行为均非包甲个人擅自决定，且本案中无证据证明系案涉工程的基坑开挖导致某置业公司受损，亦无证据证明包甲未办理施工许可及在管理施工过程中存在损害公司利益的故意和重大过失，故包甲的管理行为与公司的损害后果之间不存在因果关系，某置业公司主张包甲违反忠实、勤勉义务不能成立。

福建省南平市建阳区人民法院依照《中华人民共和国民事诉讼法》第六十四条，《最高人民法院关于适用〈中华人民共和国民事诉讼法〉的解释》第九十条的规定，判决如下：

驳回某置业公司的诉讼请求。

某置业公司不服一审判决，提出上诉。福建省南平市中级人民法院经审理认为：包甲作为全面负责公司工作的总经理，在执行职务过程中应履行忠实、勤勉义务，审慎执行建设工程施工前的相应程序及审查施工方资质等基本要求，但其在任职期间将案涉土方工程违法发包给王某，且在未办理施工许可的情况下擅自开工，违反相关法律规定。包甲的举证不足以证实其已就前述行为向股东会披露且经股东会同意，故应当认定包甲未尽职守，违反忠实、勤勉义务，应当对公司的损失承担赔偿责任。另，本案损失产生的主要原因是施工行为不当，某置业公司对此未履行相应的监督管理义务，对损害后果的产生及扩大亦负有责任，综合考虑各方过错，酌定包甲承担 40%责任，即 4660868 元（11652170 元×40%）。

福建省南平市中级人民法院依照《中华人民共和国公司法》第一百四十八条第一款第八项、第一百四十九条，《中华人民共和国侵权责任法》第二十六条，《中华人民共和国民事诉讼法》第一百七十七条第一款第二项之规定，判决如下：

一、撤销南平市建阳区人民法院（2022）闽0703民初540号民事判决；

二、包甲应自判决生效之日起十五日内赔偿某置业公司4660868元；

三、驳回某置业公司的其他诉讼请求。

包甲不服二审判决，申请再审。福建省高级人民法院再审认为：包甲在履行职责过程中，未审慎审查施工方资质，应对某置业公司的损失承担赔偿责任，并认定某置业公司未及时采取措施造成损失扩大的结果，可酌情减轻包甲的责任。

福建省高级人民法院依照《中华人民共和国民事诉讼法》第二百一十五条第一款，《最高人民法院关于适用〈中华人民共和国民事诉讼法〉的解释》第三百九十三条第二款规定，裁定如下：

驳回包甲的再审申请。

【法官后语】

2023年修订并自2024年7月1日起施行的《中华人民共和国公司法》（以下简称2023年《公司法》）在第一百八十条中对董事、监事、高级管理人员（以下简称高管）的勤勉义务明确为“执行职务应当为公司的最大利益尽到管理者通常应有的合理注意”。虽然本案于2023年《公司法》施行前审结，但本案中认定包甲违反勤勉义务主要是从“最大利益”和“合理注意”的角度予以考量，故客观上亦符合该条法律规定的精神。基于此，在审判实践中对勤勉义务的认定应从以下四个方面予以考量：

首先，应当审查高管履职行为是否合法且符合公司内部决议、处理程序。此为程序正当性审查，是认定违反勤勉义务的首要判断标准。高管勤勉义务渊源的法定性，必然赋予了勤勉义务的法律属性，故而勤勉义务的合法性特征必须作为考量因素之一，但并非唯一的决定性条件，同时应当根据高管职责内容的意定属性进行审查。高管系公司决议的执行者，其职责内容源于公司章程、内部规章制度或者劳动合同等具有意思自治属性的规则约束，则必然要求高管在履职过程中不得作出违反意定程序的行为，故对高管履职所涉程序的法定性及意定性审查要求，均系审查其是否违反勤勉义务的必要性依据。

其次，是否尽到合理注意义务的审查应包含普通职责和特殊监督职责。程序非正当性系认定违反勤勉义务的必要条件之一，但程序正当并不必然可以认定高管已经尽到勤勉义务，同时应从行为上审查高管是否尽到履职审慎义务，即通常合理注意。此审慎义务的通常合理范围既包含高管基于意定规则而明确的职责，亦应包含高管基于掌握公司主要执行权而衍生的其应当知晓的、足以引起合理怀疑的特殊监督职责。该特殊监督职责是履责勤勉的一种补充形态，必须根据公司的经营范围、管理模式、行业惯例、交易习惯等实际运营和管理情况予以分析，不可随意作出责任设定或者泛化责任区间，只有在高管存在超越经营范围、避开管理模式，违反行业惯例、违背交易习惯等行为时才能作出违反特殊监督职责的认定。

再次，应审查公司的损失程度是否达到足以影响公司“最大利益”的实现。公司是以营利为目的的企业法人，获取利润系股东、董事、监事、高级管理人员等进行经营管理的最大动机、最基础性要求。因此，在认定高管存在不当履职行为的前提下，实践中通常以公司的实际损失是否足以达到影响公司“最大利益”的实现来认定违反勤勉义务的责任承担。“最大利益”受损程度主要可以依据公司的运营成本、经营利润、资质资格等进行关联度判断，可以结合公司的注册资本、规模大小、同比增速、环比盈余等方面进行审查，审查的范围不仅包含可以具象化的财产性损失，如赔偿金额、亏损数额、预期利益损失等，还应当包含非具象化的损失，如竞争力急速下滑、企业声誉严重受损、行业占比短期速降等。在实际损失与最大利益之间明显具备较高关联度的情形下，应当认定公司高管的不当履职行为已经导致公司的最大利益受损，其应对此承担相应责任。

最后，应当按照高管与公司的各自过错程度适用过错责任原则分配责任比例。要求高管对违反勤勉义务的行为后果承担赔偿责任，实际是对高管不当履职行为采取的问责机制，具备一般侵权行为的构成要件，故应当适用过错责任归责原则。一方面，虽然勤勉义务规定于公司法中，与侵权责任分属不同的法律关系，但从违反勤勉义务的责任构成来看，高管因履职导致损失的赔偿前提是违法或者违反公司章程，即违法或违约行为；未尽“合理注意义务”即行为存在过错；“最大利益”受损即为损害事实成立，同时结合2023年《公司法》第一百八十八条规定的“给公司造成损失”的因果关系要件，应当认定高管的不当履职行为直接或者间接作用于损害后果的情形下，予以适用过错责任认定。另一方面，对同一损害发生应当适用统一归责原则，除了审查高管的过错程度之外，亦应当根据过错原则审查公司本身对同一损害的发生或者扩大是否存在过错，并根据过错情况酌情减轻高管承担的责任比例。

本案中，包甲作为某置业公司的高级管理人员，全面负责公司工作审查，其在未经股东会决议的情形下将工程发包给不具备相应资质的个人承包，程序上违反了公司章程的规定，行为上没有尽到管理人对资质审查的通常应有合理注意义务，结果上造成了将近公司注册资本数额40%的财产损失，显然已经触及某置业公司的最大利益并造成实质损害。再者，本案损失产生的主要原因系“施工行为不当”，足以认定包甲的违法发包行为与公司受损之间存在因果关系，进而认定包甲作为高管违反了勤勉义务，应承担过错责任。同时，基于某置业公司在收到某监理公司发出的工作联系单后，未依此履行有关监督、管理义务并导致损失扩大，法院酌情减轻了包甲的责任比例，亦符合过错责任归责原则的应有之义。

编写人：福建省南平市中级人民法院　江琳清　曹滢颖

36

股东不得以公司利益受损为由提起股东直接诉讼

——白某诉朱某损害股东利益责任案

【案件基本信息】

1. 裁判书字号

福建省福州市中级人民法院（2023）闽 01 民终 2188 号民事判决书

2. 案由：损害股东利益责任纠纷

3. 当事人

原告（上诉人）：白某

被告（被上诉人）：朱某

【基本案情】

2020 年 10 月 27 日，某餐饮管理公司成立，注册资本为 100 万元人民币，朱某持股 54% 并担任公司法定代表人、执行董事，陈某持股 23% 并担任公司经理，白某持股 23% 并担任公司监事。

2022 年 4 月 29 日，就白某诉某餐饮管理公司股东知情权纠纷一案，福州市鼓楼区人民法院作出（2022）闽 0102 民初 2693 号民事调解，确认某餐饮管理公司应当向白某提供财务会计报告、会计账簿以及会计凭证供白某查阅和复制。该调解书生效后，朱某向白某提供了某餐饮管理公司的会计账簿及会计凭证。白某主张，自某餐饮管理公司设立以来，由朱某负责某餐饮管理公司的经营管理。朱某未依法履行职责，导致公司未依法制作或保存会计账簿、会计凭证等文件资料，提供的成本支出明细中大量成本支出无相应的财务凭证，且公司经营的店铺停业时朱某未对固定资产等进行妥善地清理和处置，对白某的股东权利造成损害。故，白某请求法院判令朱某赔偿其损失 109291.5 元。

【案件焦点】

股东能否以公司利益受损为由提起股东直接诉讼。

【法院裁判要旨】

福建省福州市鼓楼区人民法院经审理认为：《最高人民法院关于适用〈中华人民共和国公司法〉若干问题的规定（四）》第十二条涉及的公司董事、高级管理人员与股东的侵权法律关系中，负有相应责任的公司董事、高级管理人员是侵权行为主体，股东的知情权利益是侵权对象。本条所称的民事赔偿责任，标准是对股东知情权造成损害，股东因此遭受的损失。而本案中，朱某已提供了某餐饮管理公司的会计账簿、会计凭证，不属于前述规定中“公司董事、高级管理人员等未依法履行职责，导致公司未依法制作或者保存公司法第三十三条、第九十七条规定的公司文件材料”的情形，不构成对股东知情权利益的损害。白某主张缺少部分会计凭证，会计账簿不具有客观真实性，不符合法律和会计准则的规定，而如确实存在会计账簿内容不实，虚构成本支出等情形，由此受损的是某餐饮管理公司的财产权利，白某作为某餐饮管理公司的股东，当某餐饮管理公司的财产权利受损，其股权价值等经济利益有可能间接遭受损失，但该损失不属于公司法规定的损害股东利益责任纠纷所对应的权利客体。白某所称某餐饮管理公司停业时朱某未对固定资产等进行妥善地清理和处置，受损的亦为某餐饮管理公司的财产权利，同理，该损失不属于公司法规定的损害股东利益责任纠纷所对应的权利客体。故，白某要求朱某承担赔偿责任，缺乏依据，不予支持。

福建省福州市鼓楼区人民法院依照《最高人民法院关于适用〈中华人民共和国公司法〉若干问题的规定（四）》第十二条，《中华人民共和国民事诉讼法》第六十七条，《最高人民法院关于适用〈中华人民共和国民事诉讼法〉的解释》第九十条的规定，判决如下：

驳回白某的诉讼请求。

白某不服一审判决，提起上诉。福建省福州市中级人民法院经审理认为：根据白某的上诉请求，其系依据《最高人民法院关于适用〈中华人民共和国公司法〉若干问题的规定（四）》第十二条，主张其作为某餐饮管理公司的股东因无法行使股东知情权而提起本案侵权损害赔偿之诉。首先，陈某作为某餐饮管理公司的经理，属于公司高级管理人员，亦是制作或者保存财务会计报告和公司会计账簿的义务主体；其次，在（2022）闽0102民初2693号民事调解书生效后，某餐饮管理公司已经向白某一方提供了公司的会计账簿及会计凭证，财务会计报告是根据会计账簿记录和有关资料编制所得，本案中某餐饮管理公司实际经营时间不足一个会计年度，在公司已提供相应会计账簿及有关凭证的情况下，股东的知情权并未受损。白某如果认为会计账簿及会计凭证存在问题，未能客观真实体现某餐饮管理公司的实际经营情况，此时公司高级管理人员侵害的是公司经营管理秩序，应是公司利益受损，对此，股东可另行寻求法律救济。

福建省福州市中级人民法院依照《中华人民共和国民事诉讼法》第一百七十七条第一款第一项的规定，判决如下：

驳回上诉，维持原判。

【法官后语】

股东诉权不仅可以基于股东利益，也可以基于公司利益，但二者的救济途径并不相同。股东为维护自身利益而提起的诉讼，为股东直接诉讼，股东为维护公司利益而提起的诉讼，为股东代表诉讼。根据《中华人民共和国公司法》第一百九十条关于“董事、高级管理人员违反法律、行政法规或者公司章程的规定，损害股东利益的，股东可以向人民法院提起诉讼”的规定，股东提起直接诉讼以股东利益受到损害为要件，且该损害仅限于直接损害。从实质上看，公司利益与股东利益高度关联，股东利益内含于公司利益之中，任何对公司利益造成的损害都可能间接损害到股东个人的利益，如公司资产的减损造成股权价值或投资收益的降低等。但法人财产权与股权彼此独立，公司利益与股东利益亦有一定的法律边界。若允许股东就公司利益提起直接诉讼，可能会产生公司财产减少，公司其他利益相关者利益无法得到公平偿付的不当后果，对商事交易的安全与稳定亦有不利影响。因此，当公司利益受到损害时，股东无权将此直接主张为股东利益的损失，股东诉权应当通过代表诉讼来实现。

具体到本案中，白某系以朱某提供的某餐饮管理公司会计账簿内容不实，虚构成本支出，且未对公司固定资产等进行妥善地清理和处置，侵害其股东权利为由提出赔偿主张。显然，会计账簿内容不实，虚构成本支出，未对公司固定资产等进行妥善地清理和处置等是对某餐饮管理公司利益的损害，进而间接损害到朱某的股东利益，这不符合股东直接诉讼的构成条件。白某要求朱某向其承担赔偿责任，实际就是要求将诉讼利益直接归属于股东，当然不能得到支持。从本案中白某主张的事实与理由来看，其提起股东代表诉讼，主张朱某的前述行为对某餐饮管理公司利益造成损失并要求朱某向某餐饮管理公司承担赔偿责任，才是正确的诉讼路径。

本案案情并不复杂，其中值得探讨的问题是，何种损害能够被定义为对股东利益的直接损害，这是界定股东代表诉讼与直接诉讼的关键所在。综合来看，可以从以下三个方面判断：

1. 股东权利行使的目的。从目的角度，股东权利可以区分为自益权与共益权。若股东权利的目的是自益，那么其所联结的损害就应当认为是直接的。但是，股东直接诉讼的权源不应仅限于自益权，共益权时常也带有自益属性，其行使多受到个体利益理念的驱动。因此，通过股东权利的目的是“自益”还是“共益”来判断股东受到损害是“直接”还是“间接”，虽然直观，但当共益权容纳了具有自益权属性的行为时，就需进一步探究侵权行为指向的是共益还是自益。

2. 侵权行为指向的利益。股东受到的是直接损害还是间接损害，主要判断标准是侵权行为指向的股东利益还是公司利益。股东利益能否实现不仅取决于公司的经营管理效益，还与公司利润分配政策等相关。而且，公司利益涉及股东、职工、债权人等诸多利益相关者的利益，各方利益也时常呈现出此消彼长的状态。如果将公司利益损害视为股东直接损害，并允许股东提起直接诉讼，将可能损害公司的独立财产权及公司其他利益相关者的利益。因此，就股东直接损害的判断，司法应当坚持合理审慎的态度，严格把握公司利益与股东利益的区分，否则将有碍公司独立的法人人格及在此基础上建立的公司法上的诉。

3. 胜诉利益归属的主体。当利益受到损害时，不论是股东还是公司，均应当享有获得救济的权利。从概念上看，公司利益是抽象的、不确定的。公司利益与股东利益盘根错节，有时难以清晰区分。胜诉利益的归属，也即何种主体的利益应当受到填补的角度来判断是否存在直接损害，能够反映利益保护的现实需求。

编写人：福建省福州市鼓楼区人民法院　蔡思婷

37

股东违背竞业禁止原则设立公司所获收入归属认定及数额确认

——甲建筑劳务公司诉昂甲损害公司利益责任案

【案件基本信息】

1. 裁判书字号

安徽省马鞍山市中级人民法院（2023）皖05民终808号民事判决书

2. 案由：损害公司利益责任纠纷

3. 当事人

原告（上诉人）：甲建筑劳务公司

被告（被上诉人）：昂甲

【基本案情】

甲建筑劳务公司于2012年10月30日经工商注册成立，注册资本1000万元，企业类型为有限责任公司（自然人投资或控股），法定代表人为被告昂甲，股东为昂甲、陈某、张某，前列股东投资占比分别为40%、30%、30%。公司经营范围为：建筑劳务、劳务派遣、批发建材、建筑工程机械与设备租赁（依法须经批准的项目经相关部门批准后方可经营）。2015年4月10日，甲建筑劳务公司股东会决议决定：选举昂甲为公司执行董事（法定代表人）兼经理职务。2016年8月24日，甲建筑劳务公司股东会决议决定：选举陈某为公司监事，其他不变。2022年12月13日，甲建筑劳务公司董事、监事、经理等高级管理人员由陈某、昂甲变更为张某、昂甲。监事由陈某变更为张某。

昂甲于2020年8月14日经工商注册成立乙建筑劳务公司，注册资本为1000万元，企业类型为有限责任公司（自然人独资），股东为昂甲。经营范围为：建筑劳务分包、建筑材料销售、施工专业作业、机械设备租赁、保温材料销售、涂料销售（不含危险化学品）、家政服务（依法须批准的项目经相关部门批准后方可经营）。2022年7月27日，乙建筑劳务公司投资人由昂甲100%持股变更为余某持股80%、昂乙持股20%，公司类型变更为有限责任公司（自然人投资或控股），法定代表人由昂甲变更为余某。

昂甲在担任乙建筑劳务公司100%持股股东、总经理、执行董事以及法定代表人期间同时亦为甲建筑劳务公司的股东、执行董事、总经理及法定代表人，两公司经营范围类似，故甲建筑劳务公司认为昂甲存在损害公司利益行为，其在乙建筑劳务公司的所有收入应当归于甲建筑劳务公司，案件经一审法院多次调解无果。

甲建筑劳务公司自2017年至2023年4月4日，开具了多张购方为某工程局的发票。

自2021年8月19日至2022年7月27日（乙建筑劳务公司办理股权变更之日），乙建筑劳务公司开具的发票金额总计为50750000元。

余某系昂甲妻子，昂乙系昂甲女儿。

2022年3月，中国建筑业协会发布《2021年建筑业发展统计分析》，该文件中载明2021年全国建筑业产值利润率为2.92%；2023年3月，中国建筑业协会发布《2022年建筑业发展统计分析》，该文件中载明2022年全国建筑业产值利润率为2.68%。

【案件焦点】

乙建筑劳务公司归入甲建筑劳务公司数额的确定。

【法院裁判要旨】

安徽省马鞍山市雨山区人民法院经审理认为：甲建筑劳务公司提交的增值税专用发票仅能证明该公司收入及税收情况，提交的2021年建筑业发展统计分析报告亦不具备证明效力，在案证据材料不能证明昂甲存有损害甲建筑劳务公司利益的行为及金额。根据法律规定当事人对自己提出的主张，有责任提供证据。当事人对自己提出的诉讼请求所依据的事实或者反驳对方诉讼请求所依据的事实，应当提供证据加以证明，但法律另有规定的除外。在作出判决前，当事人未能提供证据或者证据不足以证明其事实主张的，由负有举证证明责任的当事人承担不利的后果。故，甲建筑劳务公司的主张依据不足，本院不予支持。

安徽省马鞍山市雨山区人民法院依据《中华人民共和国公司法》第一百四十七条，《中华人民共和国民事诉讼法》第一百四十七条、第六十七条第一款，《最高人民法院关于适用〈中华人民共和国民事诉讼法〉的解释》第九十条的规定，判决如下：

驳回甲建筑劳务公司的全部诉讼请求。

甲建筑劳务公司不服一审判决，提出上诉。安徽省马鞍山市中级人民法院经审理认为：在昂甲担任甲建筑劳务公司执行董事期间，其作为一人股东设立了乙建筑劳务公司，甲建筑劳务公司与乙建筑劳务公司经营范围、经营区域近似，而且两公司的客户也存在重合，故依据上述规定，昂甲存在违反董事、高级管理人员竞业禁止、忠实勤勉义务的行为，应将违反忠实勤勉义务行为所得的收入归甲建筑劳务公司所有。归入的收入应为昂甲的违法获利，按照乙建筑劳务公司开票金额按照一定比例计算归入款，具有一定依据。经统计，自2021年8月19日至2022年7月27日（乙建筑劳务公司办理股权变更之日），乙建筑劳务公司开具的发票金额总计为50750000元。由于乙建筑劳务公司设立时是由昂甲设立的一人有限公司，在昂甲未提交证据证明其个人财产独立于乙建筑劳务公司财产的情况下，甲建筑劳务公司很难举证证明昂甲通过乙建筑劳务公司获取的收入的具体金额，应由昂甲承担不利的后果。结合中国建筑业协会发布的2021年及2022年建筑业产值利润率情况，酌情确定乙建筑劳务公司需将50750000元×1.5%=761250元归入甲建筑劳务公司。

安徽省马鞍山市中级人民法院依照《中华人民共和国民事诉讼法》第一百七十七条第一款第二项、第一百八十二条之规定，判决如下：

一、撤销安徽省马鞍山市雨山区人民法院（2022）皖0504民初6494号民事判决；

二、昂甲于本判决生效之日起十日内向甲建筑劳务公司返还761250元；

三、驳回甲建筑劳务公司的其他诉讼请求。

【法官后语】

公司归入权适用存在多种情形，包括不当关联交易、侵占公司财产、篡夺公司机会、操纵盈余分配等。本案中，当事人昂甲作为公司股东违反董事、高级管理人员（以下简称高管）竞业禁止、忠实勤勉义务，设立与执业公司经营范围相似的公司，服务顾客群体重合度较高，该股东违反忠实勤勉义务行为所得的收入归执业公司所有。这种情形属于篡夺公司机会，此类案件审理的关键在于篡夺公司机会情形下，归入权数额的认定。

一、审判实务中归入权的认定路径

目前审判实务中对归入权的认定主要存在以下两种情形：一种是根据证据材料提供的线索确定的数额计算的要素，通过数据演算得出收入总数，以违反竞业禁止义务获得的投资收入为例，由一方当事人提供相关会计财务材料，经双方认可审计后作为利润分配的依据，在此基础上以“可分配利润×持股比例”计算经济利益流入的总额。另一种是在没有上述依据的情形下，法院发挥自由裁量权酌定归入总额。

二、归入金额确定的法律依据

公司董事或者高管与公司从事竞争行为，包括篡夺公司机会在内，归入权范围的计量难以把握，如果向违背竞业禁止业务的股东主张其现在所在公司的经营期间的净利润，以及股东作为高管所得的薪酬等，那股东从事经营过程中所付出的贡献，即投入的本金及个人劳务、能力与经验所得利益是否也需要一并归入，如果简单地将上述利益归入，可能将此类案件的审理推入另一个极端，即使得原告公司从股东的违信行为中获利。对于归入权的计量不是单纯的数学问题，而是需要有相关的法理基础。

行使归入权是有先决条件的。首先，公司董事或者高管故意违背竞业禁止义务而从中获益，“有利可图”才会违信，违信方的获益必然需要高于履行合同的成本，如果董事或者高管虽然存在篡夺商业机会或者同业经营的事实，但是实际并未获利，并且处于亏损的状态，此时无法行使归入权。其次，归入范围需要扣除违信方获益所支出的必要成本。最后，有证据证明违信方获益的具体数额。在案件审理中，因为此类证据提供困难，往往使得原告方因举证不能承担败诉的结果，但是为了明确归入范围的确定，在此假设关于违信方的账簿、合同等证据材料都能获得，将探讨的范围缩小为违信获利的范围，亦可称之为“收入”。收入应当为流入财产与流出财产的差值，这里收入的范围确定要考虑以下要素，做好加减法。

一是做好加法。流入财产包括同业经营或篡夺商业利益的获利。具体的计算需要依据审计等确定数额。流入财产还应括包孳息。董事和高管篡夺商业机会获益，由此产生的孳息与违信行为之间存在因果关系，参照恶意无权占有人返还孳息的规定，孳息也应当返还。

二是做好减法。流出财产包括必要成本，这种必要的成本是维持或者提升财产价值非劳务成本，当然如果存在奢侈的费用则需要一并归入，否则相当于变相鼓励董事或者高管违信。同理，维持或者提升财产价值的劳务成本，这些是难以精确计量的，在案件实际审理过程中企业从事的行业众多，如果需要法官对这种无形的付出与企业经营收入间进行分割，是不切实际的。因公司利益发生的财产减少也属于流出财产，董事、高管在违背忠实义务后，为原公司支付经营费用或者清偿公司对他人的债务，这部分费用需要扣除。

归入金额=同业经营或篡夺商业利益的获利+孳息-维持或者提升财产价值非劳务成本-因公司利益发生的财产减少

同业经营或篡夺商业利益的获利是案件审理中的难点，因为确立这一计算公式的前提是原告方提供的证据确实充分，但司法实践中往往难以达成这一目标。

三、结合证据材料确定获利

可归入的范围主要是违信公司的收益，根据“获利—成本”，可将归入的范围限缩至利润。对于利润的计算有不同的处理方式。有的根据账户收款金额确定营业收入，酌定利润率，再根据违信方的持股份额计算；有的根据违信方签订的合同来确定销售获利；有的计算方式复杂，需要明确哪些不是必要的成本，以及经营所得的利润。

上述计算的方式并不唯一，但是在利润的衡量上大致为“成本×利润率”，重要在于成本的估算和利润的酌定，具体需要根据双方当事人提供的证据，如合同、发票、银行流水、审计报告等。本案中，根据被告所在公司开票额的情况确定营业收入，并且酌定利润率 1.5%，并且该公司在股权变更前为一人公司，被告持股比例 100%，由此得出最后归入的数额。

编写人：安徽省马鞍山市中级人民法院　李睿

八、损害公司债权人利益责任纠纷

38

否定公司人格应受到严格的主体和范围限制，应与股东侵权行为造成的损害结果相适应

——某科技公司诉方甲、滕某股东损害公司债权人利益责任案

【案件基本信息】

1. 裁判书字号

广西壮族自治区南宁市中级人民法院（2022）桂01民终742号民事判决书

2. 案由：股东损害公司债权人利益责任纠纷

3. 当事人

原告（被上诉人）：某科技公司

被告（上诉人）：方甲、滕某

【基本案情】

2010年6月1日，方甲、滕某登记结婚。2011年3月30日，方甲、丁某作为股东（各占50%），成立某电气公司。2017年7月24日至2019年6月24日，某电气公司经过几次股权变动，最终股东变更为方甲、方乙（各占50%）并在工商部门登记备案变更。

2016年5月12日至2017年10月28日，某科技公司与某电气公司签订多

份《定做承揽合同》，其中，某一合作项目名称为某水立方，签订时间 2017 年 9 月 12 日，合同价款 910000 元。该项目发包方是某投资公司，承包方是某建筑公司。因某电气公司未支付合作期间的加工费用，某科技公司将某电气公司诉至法院。2020 年 4 月 2 日，广东省东莞市第一人民法院就该案作出民事判决，判令某电气公司承担给付加工款 1651230 元及相应利息的责任，后某电气公司怠于履行生效裁判，2020 年 8 月 6 日，某科技公司向东莞市第一人民法院申请强制执行。2020 年 11 月 25 日，东莞市第一人民法院裁定终结本次执行程序。

某投资公司与某建筑公司就 C 项目发生纠纷引发诉讼，2020 年 9 月 16 日，法院作出民事调解书，确认某投资公司尚欠某建筑公司工程款 820000 元，并分期履行。

2020 年 11 月 13 日，某投资公司向某建筑公司支付 300000 元。当日，方甲向某建筑公司提出《付款申请》，主要内容：现有项目名称：C 项目一户一表及专变配电工程，该项目负责人为方甲。甲方甲投资公司于 2020 年 11 月 13 日转 300000 元到某建筑公司账上，现申请某建筑公司扣除挂靠管理费及相关税费后付到方甲账上。2020 年 11 月 16 日，某建筑公司扣除管理费 9000 元，税费 20289.45 元后通过银行转账向方甲支付 270710.55 元。

2020 年 12 月 31 日，某投资公司向某建筑公司支付 260000 元。2021 年 1 月 4 日，方甲向某建筑公司提出《付款申请》，主要内容：现有项目名称：C 项目一户一表及专变配电工程，该项目负责人为方甲，甲方甲投资公司于 2020 年 12 月 31 日转 260000 元到某建筑公司账上，现申请某建筑公司扣除挂靠管理费后付到方甲账上。同日，某建筑公司扣除管理费 6500 元后通过银行转账向方甲支付 253500 元。

【案件焦点】

方甲作为股东是否对第三人某电气公司不能清偿某科技公司的债务承担连带责任。

【法院裁判要旨】

广西壮族自治区南宁市邕宁区人民法院经审理认为：公司股东应当遵守法律、行政法规和公司章程，依法行使股东权利，不得滥用公司法人独立地位和股东有限责任损害公司债权人的利益。根据某科技公司提交的证据，某电气公司与某科技公司签订买卖合同购买价值 910000 元电气设备用于 C 项目，而方甲利用个人账户接收 C 项目工程款高达 524210.55 元，且方甲没有提交证据证实该款项已经进入某电气公司财务记载，或者做出其他合理解释，构成人格混同，严重损害了某电气公司债权人利益，应当对民事判决书确定的某电气公司所欠某科技公司的债务承担连带责任。

广西壮族自治区南宁市邕宁区人民法院依照《中华人民共和国公司法》第二十条，《最高人民法院关于审理涉及夫妻债务纠纷案件适用法律有关问题的解释》第三条之规定，判决如下：

一、被告方甲对东莞市第一人民法院民事判决书确定的第三人某电气公司对原告某科技公司所欠加工款、逾期付款利息、担保费、迟延履行期间的债务利息、受理费、保全费承担连带清偿责任；

二、被告滕某对被告方甲上述债务承担连带责任；

三、驳回原告某科技公司的其他诉讼请求。

方甲、滕某不服一审判决，提出上诉。广西壮族自治区南宁市中级人民法院经审理认为：公司股东滥用公司法人独立地位和股东有限责任，逃避债务，严重损害公司债权人利益的，应当对公司债务承担连带责任。本案中，某电气公司与某科技公司自 2014 年起开始合作。方甲作为某电气公司持股 50%的股东和法定代表人，承接 C 项目后，又代表某电气公司与某科技公司订立承揽合同，由某科技公司加工 C 项目材料，并用于项目建设。在此过程中，某电气公司未全部支付加工费用，此后，某电气公司和某科技公司债权债务经法院判决由某电气公司承担给付责任并进入执行程序。方甲在明知经强制执行某电气公司财产未能还清债务的情况下，在执行的过程中和终结本次执行后，两次以个人账户收取 C 项目回款，但未将加工款返还某电气公司，使某电气公司无财产清偿欠某科技公司的债务，严重损害了某电气公司债权人某科技公司的利益，是利用公司资产进行经营且不做财务记账，股东自身收益与公司盈利不加区分，利益不清的行为，构成股东人格与某电气公司法人人格混同，应对某电气公司对某科技公司所负债务承担连带责任。但公司人格独立和股东有限责任是公司法的基本原则。否认公司独立人格，由滥用公司法人独立地位和股东有限责任的股东对公司债务承担连带责任，是股东有限责任的例外。公司人格否认并非全面、彻底、永久地否定公司的法人人格，而只是在特定情形下突破股东对公司债务不承担责任的一般规则的例外，因此否定公司人格应受到严格的主体和范围限制，应与股东侵权行为造成的损害结果相适应。股东的单一侵权行为，并不能当然地扩大推断其此前、此后也存在相同行为，从而全面、彻底地否定股东个人与公司之间相互独立的地位，要求其对公司所负全部债务承担连带责任。某科技公司与某电气公司存在长期合作的关系，东莞市第一人民法院生效的民事判决书是双方长期合作期间产生的债权债务的清理，并非只针对 C 项目。方甲在该项目上侵害了债权人的利益，并不能当然地推断其在其他合作中也存在同样的行为，某科技公司也未能提交证据证明方甲还存在侵害其他债权的行为，故对于某科技公司要求方甲对判决确定的所有债务承担连带责任的请求，本院不予以支持。方甲应在其收取的 C 项目款项 524210.55 元范围内对上述判决确认的债务承担连带责任。

广西壮族自治区南宁市中级人民法院依照《中华人民共和国民事诉讼法》第一百七十七条第一款第二项规定，判决如下：

一、撤销南宁市邕宁区人民法院（2021）桂 0109 民初 2872 号民事判决第二项、第三项；

二、变更南宁市邕宁区人民法院（2021）桂 0109 民初 2872 号民事判决第一项为：方甲以 524210.55 元为限，对相关民事判决书确定的某电气公司对某科技公司所欠加工款、逾期付款利息、担保费、迟延履行期间的债务利息、受理费、保全费承担连带清偿责任；

三、驳回某科技公司的其他诉讼请求。

【法官后语】

公司人格独立和股东有限责任是公司法的基本原则，否认公司独立人格是股东有限责任的例外情形。有限责任制度具有减少和转移风险、鼓励投资、促进资本流动等功能，因此《中华人民共和国公司法》和《中华人民共和国民法典》都规定了公司独立责任和股东有限责任的制度。

《中华人民共和国民法典》第五十七条规定："法人是具有民事权利能力和民事行为能力，依法独立享有民事权利和承担民事义务的组织。"第六十条规定："法人以其全部财产独立承担民事责任。"《中华人民共和国公司法》第三条第一款规定："公司是企业法人，有独立的法人财产，享有法人财产权。公司以其全部财产对公司的债务承担责任。"第四条第一款规定："有限责任公司的股东以其认缴的出资额为限对公司承担责任；股份有限公司的股东以其认购的股份为限对公司承担责任。"这些规定都表明，股东对公司债务承担有限责任是基本规定。

但公司的这一制度也可能为股东滥用公司独立人格进而损害公司债权人利益提供机会。出于保护债权人利益，防止公司股东、高级管理人员或控制人滥用公司独立地位，转移公司财产逃避债务等考虑，《中华人民共和国公司法》第二十三条第一款规定："公司股东滥用公司法人独立地位和股东有限责任，逃避债务，严重损害公司债权人利益的，应当对公司债务承担连带责任。"以立法形式定义了公司法人人格否认制度。

实践中，常见的公司法人人格否认情形主要有人格混同、过度支配与控制、资本显著不足等。本案主要涉及人格混同的情形。在本案的处理中，存在两种意见：

一种意见认为，方甲使用私人账户收取公司款项，且没有提交证据证实该款项已经进入某电气公司财务记载，或者做出其他合理解释，构成人格混同，严重损害某电气公司债权人利益，应当对相关民事判决书确定的某电气公司所欠某科技公司全部债务承担连带责任。

另一种意见认为，公司人格否认并非全面、彻底、永久地否定公司的法人人格，而只是在特定情形下突破股东对公司债务不承担责任的一般规则的例外，因此否定公司人格应受到严格的主体和范围限制，应与股东侵权行为造成的损害结果相适应。股东的单一侵权行为，并不能当然地扩大推断其此前、此后也存在相同行为，从而全面、彻底地否定股东个人与公司之间相互独立的地位，要求其对公司所负全部债务承担连带责任。方甲在某个项目上侵害了债权人的利益，并不能当然地推断其在其他合作中也存在同样的行为，某科技公司也未能提交证据证明方甲还存在侵害其他债权的行为，方甲应在其收取的指定项目款项范围内对判决确认的债务承担连带责任。

本文同意第二种意见，法人人格否认制度是对公司独立人格和股东有限责任的现代公司法基本原则的补充，是股东有限责任与债权人利益发生明显失衡时的事后救济，是在特定诉讼案件中对公司人格的一时一事的否定，在某一时间段或者某一具体事项中否认公司人格，并不当然用于涉及该公司的其他项目，不影响公司作为独立法人资格的存续。当然，主张被告一方存在人格混同的当事人，应当对被告存在资产混同以及滥用公司法人独立地位和股东有限责任，逃避债务，严重损害债权人利益的情形承担举证责任。

具体到本案中，方甲作为某电气公司持股50%的股东和法定代表人，本应监督公司财务按照公司法规定严格执行，以保持公司独立法人地位。但方甲在明知某电气公司涉及执行且财产未能还清债务的情况下，两次以个人账户收取涉案项目回款，且未将款项返还某电气公司，使某电气公司无财产清偿欠某科技公司的债务，严重损害了债权人某科技公司的利益，是利用公司资产进行经营且不做财务记账，股东自身收益与公司盈利不加区分，利益不清的行为，构成股东人格与公司法人人格混同，应承担与其侵权行为相适应的损害赔偿责任。

编写人：广西壮族自治区南宁市中级人民法院　覃炜

广西壮族自治区南宁市武鸣区人民法院　钟小琴

39

非公司股东身份的实际控制人滥用权利损害债权人利益，应就公司债务承担连带责任

——某装饰公司诉蒋某实际控制人损害公司债权人利益责任案

【案件基本信息】

1. 裁判书字号

江苏省无锡市中级人民法院（2023）苏02民终4305号民事判决书

2. 案由：实际控制人损害公司债权人利益责任纠纷

3. 当事人

原告（被上诉人）：某装饰公司

被告（上诉人）：蒋某

【基本案情】

某建筑公司与某装饰公司就某市地铁项目存在定作合同关系。2014年3月，江苏省江阴市人民法院作出（2012）澄华商初字第113号民事判决：某建筑公司给付某装饰公司价款519万余元并偿付逾期付款违约金。

2011年10月，某建筑公司设立，注册资本为100万元，股东为王某、穆某，王某担任法定代表人。2012年4月21日，某建筑公司住所地变更为S地址，经办人为乔某。2012年11月30日，某建筑公司股东变更为张甲、方某，法定代表人变更为张甲。2018年4月25日，某建筑公司营业执照被吊销。

2010年4月19日，某铝业公司设立，注册资本20万元，股东为蒋某一人。2011年1月6日，某铝业公司注册资本变更为200万元，股东变更为蒋某、赵甲，法定代表人为蒋某。2011年12月6日，某铝业公司住所地变更为S地址

（与某建筑公司地址相同），经办人为乔某。2012 年 2 月 23 日，某铝业公司股东变更为蒋某、李某，法定代表人为蒋某。2012 年 9 月 19 日，某铝业公司股东变更为赵乙、李某，法定代表人变更为赵乙。2013 年 1 月 25 日，某铝业公司股东变更为葛某、张乙，法定代表人变更为葛某。2018 年 12 月 5 日，某铝业公司注销登记。

某建筑公司银行账户开设于 2011 年 10 月 24 日，于 2012 年 10 月 10 日发生交易后未再正常经营使用。2012 年 2 月 15 日至 2012 年 9 月 12 日，某建筑公司陆续收到某市地铁 1 号线工程建设单位的工程款共计 1497 万元。2012 年 2 月、3 月，该账户发生 32 笔现金取款，每笔 1 万元。在某建筑公司收到上述工程款后，于 2012 年 4 月 19 日至 9 月 26 日陆续通过代发工资名义支出 800 余万元，其中发放给蒋某 1800242 元、发放给王某 148.19 万元、发放给乔某 3064264 元、发放给赵乙 50 万元。同时，某建筑公司分批向某铝业公司转账共计 405.49 万元，某铝业公司以代发工资名义陆续向蒋某发放 104 万元、向乔某发放 1116497 元。

江苏省江阴市人民法院分别向乔某、张甲调查。乔某陈述，其于 2010 年年底进入某铝业公司工作，后被蒋某安排到其他公司工作，一直到 2015 年离开；在上述期间，其名下银行卡收到的款项都是蒋某让其他人汇入，其提取现金后交给蒋某或者他老婆赵甲；某铝业公司实际控制人是蒋某。张甲称，其不认识蒋某，是方某让其做某建筑公司的名义股东，但其实际没有参与过某建筑公司的经营管理。

某装饰公司申请证人王某、李某、邵某、葛某作证。王某陈述，其是蒋某的表姐夫，于 2010 年到蒋某的某铝业公司打工；2011 年，蒋某用其身份证注册了某建筑公司，另一股东穆某是蒋某的丈母娘；其从未参与某建筑公司的管理，仅作为公司员工负责某市地铁项目现场施工与供货事宜；其个人名下银行卡以及私章一直交由蒋某保管与使用，其不清楚银行卡的使用情况；其于 2012 年 12 月底离职，某建筑公司仅有一项某市地铁业务。李某陈述，其是蒋某的表兄弟；某铝业公司、某建筑公司均是蒋某的企业，均由蒋某老婆赵甲负责财务；

某建筑公司仅做了某市地铁一个工程。邵某陈述，2012年年初，其经人介绍到蒋某的某铝业公司任职，是某市地铁项目的项目经理，某装饰公司的业务是其去对接的；与某装饰公司签合同用的抬头是某建筑公司，某建筑公司由蒋某控制和经营。葛某陈述，某建筑公司、某铝业公司都是由蒋某控制，并由蒋某的老婆赵甲负责财务，乔某负责行政。

某装饰公司认为，蒋某滥用对某建筑公司的实际控制权，逃避债务，给其公司造成巨大损失，遂提起诉讼，要求蒋某对某建筑公司结欠其公司的债务承担连带责任。

【案件焦点】

1. 蒋某是否为某建筑公司的实际控制人；2. 蒋某是否存在滥用公司法人独立地位和股东有限责任逃避债务的情形，应否就某建筑公司结欠某装饰公司的债务承担连带责任。

【法院裁判要旨】

江苏省江阴市人民法院经审理认为：首先，依据高度盖然性原则可认定蒋某系某建筑公司的实际控制人。某建筑公司设立时的股东王某与蒋某有亲戚关系，王某称系受蒋某安排担任某建筑公司股东，而设立时的另一名股东穆某系蒋某的丈母娘，与蒋某具有特殊身份关系；王某、李某、邵某、葛某、张甲均陈述蒋某系某建筑公司的实际控制人，乔某的陈述亦可佐证；某铝业公司与某建筑公司经营地点一致，代办人为同一人。其次，某建筑公司的款项直接或间接转移至蒋某个人银行账户，蒋某存在滥用对某建筑公司控制权的情形。蒋某作为某建筑公司的实际控制人，同时作为某铝业公司的法定代表人及大股东，将某建筑公司的款项1800242元以支付工资名义汇入其个人账户，未能进行合理说明；某建筑公司短期内以支付工资名义向乔某汇款3064264元，向王某汇款1511550元，未能进行合理说明；某建筑公司汇入某铝业公司的款项4054900元，某铝业公司又以代发工资名义支付给蒋某104万元、乔某1116497元，蒋某亦未能进行合理说明。综上，蒋某通过实际控制人的身份滥用某建筑公司法人独立地位和股东有限责任，恶意转移款项，逃避债务，严重损害了某装饰公司的利益，应对某建筑公司的债务承担连带责任。

江苏省江阴市人民法院依据《中华人民共和国公司法》第二十条第三款、第二百一十六条第三款，《中华人民共和国民法典》第一百九十五条第四款，《中华人民共和国民事诉讼法》第六十七条第一款之规定，判决如下：

蒋某应对江苏省江阴市人民法院（2012）澄华商初字第113号民事判决书所确定的某建筑公司向某装饰公司所负债务承担连带责任。

蒋某不服一审判决，提起上诉。江苏省无锡市中级人民法院经审理认为：本案证据足以证明蒋某是某建筑公司的实际控制人，且某建筑公司在蒋某的控制下随意进行转账和现金支出，不符合财务规范，并虚构工资支出的名义将多笔款项转入个人账户，属于滥用公司法人独立地位和股东有限责任，逃避债务，严重损害公司债权人利益的情形，蒋某应对某建筑公司结欠某装饰公司的债务承担连带责任。

江苏省无锡市中级人民法院依照《中华人民共和国民事诉讼法》第一百七十七条第一款第一项之规定，判决如下：

驳回上诉，维持原判。

【法官后语】

《中华人民共和国公司法》（2018年修正，以下简称原《公司法》）第二十条为司法实践中公司法人人格否认提供了法律依据，但该条第三款规定明确指向“公司股东”滥用法人独立地位和股东有限责任，而并未明确也适用于并非股东的公司实际控制人。《中华人民共和国公司法》（2023年修订，以下简称新《公司法》）第二十三条第一款吸收了原《公司法》第二十条第三款规定，依然明确适用的对象为“公司股东”。因此，实际控制人滥用控制权侵害公司及公司债权人利益的责任规制仍然存在法律上的缺位。事实上，实际控制人隐于登记的公司股东之后，通过投资关系、亲属关系等途径实质控制公司，利用法人独立地位逃避债务，损害公司债权人利益的情况在实践中时有发生。此种情况下，从权利不得滥用的原则出发，应对新《公司法》第二十三条第一款规定进行目的性扩张解释，将非股东身份的实际控制人纳入该条规制范畴。

一、公司实际控制人之认定

原《公司法》第二百一十六条第三项规定，实际控制人是指虽不是公司的股东，但通过投资关系、协议或者其他安排，能够实际支配公司行为的人。新《公司法》第二百六十五条第三项则删除了“虽不是股东”的内容，明确实际控制人是指通过投资关系、协议或者其他安排，能够实际支配公司行为的人。据此，实际控制人可能是虽持有少数比例股份但实际可控制公司的小股东，也可能并非公司登记的股东。实际控制人控制公司的表现形式主要有：(1) 基于股权投资关系实际控制目标公司，这主要有两种手段：一是以股权代持的形式，实际出资人通过显名股东控制目标公司；二是出资人通过层层持股间接控制目标公司。(2) 基于协议关系控制目标公司，指通过表决权委托协议、企业托管协议、控制协议等合同方式取得公司控制权，或取得董事会、管理层的权力并直接对公司进行经营管理。(3) 基于亲属、家族关系实际控制目标公司，指通过夫妻、父母子女、兄弟姐妹以及其他家族、亲属甚至朋友、员工之间的亲密、信任、可操控的关系，实现对目标公司的实际控制。实际上，上述只是实际控制人实现控制公司目的的几种途径，最根本的还是看实际控制人对目标公司施加了影响力和控制力，使得目标公司的行为完全体现自身的意志。

二、公司实际控制人滥用权利之规制

法律并未禁止未登记为股东的实际控制人的存在，当实际控制人正当行使其对公司的权利时，公司的利益不会受到损害，从而也不会存在损害公司债权人利益的情形，故实际控制人并不天然具有对公司或债权人承担责任的基础。只有当实际控制人实施了损害公司利益的行为，从而也会损害债权人利益时，才有可能对公司或债权人承担责任，这实际来源于侵权责任的理论基础。需要明确的是，如果实际控制人仅实施了单一的侵害公司利益的行为，并未影响公司财产独立性时，公司完全有途径向该实际控制人主张违约责任或侵权责任，债权人的利益也可以通过撤销权诉讼、代位权诉讼得到保护，不宜直接使用“法人人格否认”这一公司法最大武器来判断实际控制人是否对公司债务承担连带清偿责任。换言之，“法人人格否认”制度本身应当坚持谨慎适用的原则，是个案中针对特定情形所采取的最后必要手段，而实际控制人的责任当然也不能脱离该制度适用的基础。

实际上，关于公司实际控制人是否可适用“法人人格否认”制度，目前还缺乏明确的法律依据。新《公司法》第二十三条第一款是针对“公司股东”滥用公司法人独立地位和股东有限责任所作出的规定，并未明确包含非股东身份的实际控制人。但是，非公司股东身份的实际控制人要么是公司的实际股东只是通过名义股东行事，要么与股东利益一致，其滥用控制权损害债权人利益实际与股东利用法人独立地位损害债权人利益具有同质性，且“法人人格否认”制度旨在矫正有限责任制度在特定情形下对债权人利益保护的失衡，如放纵实际控制人滥用公司法人独立地位逃避债务，将极大破坏公司治理秩序。因此，基于公平、诚信以及权利不得滥用原则，应对新《公司法》第二十三条第一款作目的性扩张解释，将非股东身份的实际控制人也纳入该条款规制的范畴，以实现实质公正。找到法律依据后，就需要判断实际控制人的何种行为可适用“法人人格否认”制度。实践中，公司实际控制人利用对公司的控制力，向关联公司或自己控制的账户转移公司财产，致使公司无力偿还债务，严重损害债权人合法利益的，实际上已使得公司丧失独立意志。在此情况下，即使能明确实际控制人转移财产的金额，也应考虑适用“法人人格否认”制度。

本案中，某建筑公司在蒋某的控制下随意进行转账和现金支出，不符合财务规范，并虚构工资支出的名义将多笔款项转入个人账户，应认定为属于滥用公司法人独立地位和股东有限责任，逃避债务，严重损害公司债权人利益的情形，蒋某应对某建筑公司结欠某装饰公司的债务承担连带责任。

编写人：江苏省无锡市中级人民法院　王俊梅　钱菲

江苏省无锡市新吴区人民法院　叶涛

40

公司违规利润分配，股东对公司债权人的补充赔偿责任

——张某、王某诉陈某股东损害公司债权人利益责任案

【案件基本信息】

1. 裁判书字号

北京市第一中级人民法院（2023）京01民终2491号民事判决书

2. 案由：股东损害公司债权人利益责任纠纷

3. 当事人

原告（被上诉人）：张某、王某

被告（上诉人）：陈某

【基本案情】

另案生效判决，某教育公司退还张某、王某培训费、案件受理费、公告费、保全费。经强制执行，案款尚有274561元及迟延履行期间的债务利息未执行到位，终结本次执行。

经查，某教育公司成立于2019年5月9日，注册资本100万元，股东2名，其中陈某认缴出资49万元，出资期限为2019年4月23日。陈某任公司法定代表人、执行董事、经理。

为成立某教育公司，陈某与某科技公司签署《合资建校协议》，约定陈某应于2019年4月30日之前足额缴纳本次合作资金300万元。合作周期期间，将合资公司校区现金流盈余资金作为股东可分配收益。合资公司账户需保留一定水平的安全资金，如果没有积累足额的安全资金，双方均不得分配。提取盈余资金，需双方同意并于次月15日前支付。某科技公司子公司负责管理合资公

司日常运营、财务、人事等事务。陈某依约支付了300万元。

根据某教育公司向陈某的银行转账记录，陈某、王某均认可2019年8月9日至2020年12月23日某教育公司以投资人分成、盈余分配、投资人分账名目向陈某共支付1173507.79元。

2020年10月9日至23日，陈某向某教育公司转款280000元，某教育公司确认是退回股东分红款。2020年11月10日陈某向某教育公司转款1900元，名目是借给校区款。2020年12月23日、2021年1月3日陈某分别向某教育公司转款21369.76元、800元，银行流水备注为转账，某教育公司没有出具收据。

陈某提交了关于某教育公司对外付款均须经过总部的复核的相关证据材料。陈某称，其与某科技公司存在合作办学关系，其不参与某教育公司的经营，某教育公司向其支付的案涉款项，其不清楚是否经过股东会决议，不知道公司记账凭证对这些款项是如何记载的，不清楚公司记账凭证现在的下落；就某教育公司支付给陈某的款项，双方未签署过书面协议。

张某、王某另提出如下诉讼请求：（1）陈某对某教育公司应向张某、王某退还的培训费、案件受理费、公告费、保全费，承担连带责任；（2）陈某对加倍支付迟延履行期间的债务利息承担连带责任。

【案件焦点】

陈某应否对某教育公司对王某、张某所负债务承担责任以及承担责任的范围。

【法院裁判要旨】

北京市海淀区人民法院经审理认为：某教育公司自2019年8月至2020年12月频繁向股东陈某转出大额款项，但陈某不能证明转款性质，应承担举证不能后果。陈某未能提供有效证据证明其与公司之间财产独立、账目清晰，应认定某教育公司财产与股东陈某财产存在明显混同，公司法人人格并不独立。公司股东滥用公司法人独立地位和股东有限责任，逃避债务，严重损害公司债权人利益的，应当对公司债务承担连带责任。

北京市海淀区人民法院依据《中华人民共和国公司法》第二十条第三款之规定，判决如下：

陈某就另案生效民事判决书确定的某教育公司对张某、王某所负债务承担连带责任。

陈某不服一审判决，提出上诉。北京市第一中级人民法院经审理认为：从公司股权结构来看，陈某并非某教育公司控股股东。从财务收支管理来看，现有在案证据可以证明 2020 年 10 月 15 日之前某教育公司对外付款均须经过总部的复核，陈某无权决定对外付款，且依据《合资建校协议》约定，陈某不负责某教育公司的日常运营、财务、人事等事务。从转账数额来看，2020 年 10 月某教育公司出现经营问题之后，某教育公司付款不再由总部决定，其间陈某向某教育公司转款金额远大于某教育公司向陈某转款金额。故，现有证据不能证明陈某滥用公司法人独立地位和股东有限责任。在陈某未能举证证明某教育公司向其分配利润前已按法律规定弥补亏损、提取法定公积金，公司利润分配方案和弥补亏损方案经过股东会审议批准的情况下，陈某接收某教育公司的转款，客观上转移并减少了某教育公司资产，降低了公司的偿债能力，应当参照股东抽逃出资情况下的责任形态，对公司债务不能清偿的部分在其实际收取款项及其利息范围内承担补充赔偿责任。

北京市第一中级人民法院依照《中华人民共和国公司法》第二十条第三款之规定，判决如下：

一、撤销北京市海淀区人民法院（2022）京 0108 民初 12161 号民事判决；

二、陈某对（2021）京 0107 民初 1767 号民事判决书确定的某教育公司对王某、张某所负债务不能清偿的部分在 893507.79 元及其利息范围内承担补充赔偿责任，其中利息以 893507.79 元为基数按同期全国银行间同业拆借中心公布的贷款市场报价利率自 2021 年 1 月 4 日起计算至陈某实际履行完毕补充赔偿责任之日止；

三、驳回张某、王某的其他诉讼请求。

【法官后语】

一、公司违规利润分配的行为认定

公司资本主要有两种流向：一是从股东流入公司，股东出资构成公司的注册资本，增强公司对外公示的资信能力。二是从公司流向股东，即公司分配制度，主要表现形式有股份回购、利润分配、减资、抽逃出资等。相较于抽逃出资和利润分配，股份回购和减资往往需要履行特定的程序性事项并进行工商变更登记，在行为方式上易识别。而对于前者，由于货币的种类物属性以及公司财务核算的人为操作性，通过调整公司账目情况即可在不知不觉中达到利润分配和抽逃出资的目的。

违规利润分配包括两种情形：一是狭义违规分配，即在不符合利润分配条件时公司向股东进行分配或实际向股东利润分配超过其应分所得，该违规分配因违反公司法的强制性规定、损害公司债权人利益，属无效分配，股东应退还公司。二是广义违规分配，即公司具备利润分配的前提条件，但在分配程序、分配时间、分配标准和分配方法等方面违反法律或者公司章程的规定，如公司利润分配决议违反股权平等原则等，该违规分配并非一概无效。对于抽逃出资，也是股东非经合法程序从公司取得财产，但区别在于该财产与股东出资数额相对应。

本案问题在于，认定股东陈某系抽逃出资存在事实和法律上的障碍。第一，陈某存在溢价出资，但无论是工商登记还是涉事主体，均无法证明股东陈某是否已实缴到位以及对应的出资数额，无法认定从某教育公司流向陈某的资金系抽逃出资。第二，债权人基于公司人格否认要求股东对公司债务承担连带责任，但如果按照抽逃出资的思路进行审理，则案由应为抽逃出资纠纷，无法对应当事人诉请，且径行变更案由和审查重点，会损害当事人诉的利益。第三，结合转账备注情况，涉事主体均确认从公司流向股东的资金为盈余款，且抽逃出资与违规利润分配在实质上并无区别，二审法院通过自主、积极地行使审查权、释明权，最终将无对价从某教育公司流向股东陈某的款项认定为违规利润分配。

二、债权人对公司违规利润分配的请求权基础

从法理角度看，公司违规利润分配降低了公司的偿债能力。公司偿债能力对应着公司实际的现金流情况，即净资产，是判断公司能否清偿债务、是否严重侵害债权人利益的核心标准。对违规利润分配、抽逃出资等公司流动资金无对价流向股东的行为来说，该行为必然会损害公司偿债能力，尤其是短期偿付能力。故，可以参照《最高人民法院关于适用〈中华人民共和国公司法〉若干问题的规定（三）》第十四条规定，对从公司违规利润分配中获益的股东，也应当对债权人承担与抽逃出资相类似的补充赔偿责任，只是范围变更为实际收取的违规利润分配本息范围。

本案在综合股东陈某不参与公司经营管理、持有股权比例相对较低、对公司财务支出不具有决策权、公司经营出现问题后陈某资金转出大于资金流入等事实而得出不应"刺破公司面纱"的情况下，通过平衡股东与债权人之间的利益，释明当事人对案涉款项的性质主张，进而认定本案构成公司违规利润分配，并参照股东抽逃出资的责任形态支持了公司债权人的诉讼请求，从实质上化解了本案的矛盾纠纷。

编写人：北京市第一中级人民法院　秦顾萍　王焓

41

股东抽逃出资及对公司债权人责任承担范围的认定

——叶某诉张甲等股东损害公司债权人利益责任案

【案件基本信息】

1. 裁判书字号

北京市第三中级人民法院（2023）京03民终9724号民事判决书

2. 案由：股东损害公司债权人利益责任纠纷

3. 当事人

原告（上诉人）：叶某

被告（上诉人）：张甲、李某

被告（被上诉人）：秦某

【基本案情】

2003 年 6 月 5 日甲房地产公司成立，类型为有限责任公司。公司成立时法定代表人为秦某，注册资本为 1000 万元。甲房地产公司工商档案中存有《执行董事成员、经理、监事任职证明》，公司成立时，秦某为执行董事、张甲为经理、李某为监事。

甲房地产公司于 2003 年 6 月 4 日的公司章程中记载，公司注册资本为 1000 万元，股东的姓名、出资方式及出资金额如下：秦某，货币，700 万元；李某，货币，150 万元；张甲，货币，150 万元。章程尾部有秦某、张甲、李某签字字样。

2003 年 6 月 4 日，张乙向甲房地产公司 A 账户转账 1000 万元，其中记载秦某 700 万元、李某 150 万元、张甲 150 万元。同日，某银行出具《交存入资资金报告单》三份，单位名称分别记载为秦某、李某和张甲；金额分别为 700 万元、150 万元及 150 万元。甲房地产公司的工商档案中存有某会计师事务所出具的《验资报告》一份，表明该公司注册资本 1000 万元已全部到位。

2003 年 6 月 9 日，甲房地产公司 A 账户向甲房地产公司账户转账 1000 万元，备注为转款。后附手续中记载联系人为秦某，并有秦某签字字样。

2003 年 6 月 10 日，甲房地产公司 B 账户对外转款 13 笔，转出款项共计 10000783.2 元。

2008 年 5 月 20 日，甲房地产公司作出第一届第三次股东会决议，内容为：(1) 同意吸收杨某、靳某为公司新股东；(2) 同意秦某将在公司全部货币出资 700 万元转让给杨某，退出股东会；(3) 同意李某将在公司的全部货币出资 150 万元转让给杨某，退出公司；(4) 同意张甲将在公司的全部货币出资 150 万元分别转让给杨某 50 万元；转让给靳某 100 万元，退出股东会；(5) 同意免去秦某甲房地产公司执行董事职务；解聘张甲经理职务；免去李某监事职务。庭审中，李某、张甲均主张上述决议中的签字非其本人所签。

2008年6月4日，甲房地产公司名称由原名称变更为现名称。

2018年5月30日，北京市海淀区人民法院就叶某与郭某、甲房地产公司、张甲民间借贷纠纷一案作出（2017）京0108民初6103号民事判决书。2018年11月20日，北京市海淀区人民法院就叶某与郭某、甲房地产公司执行案件作出（2018）京0108执13029号执行裁定：终结本次执行程序。

2021年8月23日，某保险公司向叶某开具诉讼财产保全责任保险发票，金额为6000元。

李某、张甲于2022年3月30日向一审法院提起股东资格确认之诉，要求确认其二人自2003年6月5日至2008年5月20日不是甲房地产公司的发起人、股东。一审法院就上述案件于2022年10月31日作出（2022）京0105民初36692号民事判决：驳回李某、张甲的诉讼请求。

张甲、李某与甲房地产公司、秦某股东资格确认纠纷一案，张甲、李某不服一审法院作出的（2022）京0105民初36692号民事判决上诉至北京市第三中级人民法院，北京市第三中级人民法院于2023年8月30日作出（2023）京03民终10300号民事判决：驳回上诉，维持原判。

【案件焦点】

1. 股东是否构成抽逃出资；2. 公司债权人是否有权请求该股东在抽逃出资本息范围内对公司债务不能清偿的部分承担补充赔偿责任。

【法院裁判要旨】

北京市朝阳区人民法院经审理认为：《最高人民法院关于适用〈中华人民共和国公司法〉若干问题的规定（三）》第十二条规定："公司成立后，公司、股东或者公司债权人以相关股东的行为符合下列情形之一且损害公司权益为由，请求认定该股东抽逃出资的，人民法院应予支持……（二）通过虚构债权债务关系将其出资转出；（三）利用关联交易将出资转出……"本案中，张甲、李某、秦某于2003年6月4日向甲房地产公司验资专用账户支付出资；2003年6月9日，张甲、李某、秦某出资被转入甲房地产公司名下其他账户。次日，上述款项就分13笔转入其他主体的账户，甲房地产公司及张甲、李某、秦某均未就上述转账行为给出合理解释。在张甲、李某、秦某出资不到一周的时间就将上述款项全部转出，在未有合理解释的情况下应认定为抽逃出资。

《最高人民法院关于适用〈中华人民共和国公司法〉若干问题的规定（三）》第十三条第二款规定，公司债权人请求抽逃出资的股东在抽逃出资本息范围内对公司债务不能清偿的部分承担补充赔偿责任、协助抽逃出资的其他股东、董事、高级管理人员或者实际控制人对此承担连带责任的，人民法院应予支持。前文已述，张甲、李某、秦某存在抽逃出资的行为，故张甲、李某、秦某应在其各自抽逃出资的范围内就（2017）京0108民初6103号民事判决书确定的甲房地产公司债务不能清偿部分向叶某承担补充赔偿责任。叶某在本案中提出的诉讼请求，有法律和事实依据，一审法院予以支持。但张甲、李某、秦某承担责任的总额不超过叶某在本案中主张的债权总额。

关于李某及张甲主张的其股东身份的问题，一审法院已作出（2022）京0105民初36692号民事判决进行认定，故不再赘述。关于秦某主张的债务发生于股权转出后，故其不应对转出后的甲房地产公司的债务承担责任。对此，一审法院认为,《最高人民法院关于适用〈中华人民共和国公司法〉若干问题的规定（三）》第十三条第二款对于存在抽逃出资的股东对公司不能清偿的债务所发生的时间并无限制，秦某的上述主张并无法律依据。资本维持原则系公司法的重要原则之一，其设立目的之一就是为了维护公司偿债能力、保护公司债权人的利益。抽逃出资的股东系对于公司资本制度的破坏，无论公司债务发生于何时，均会对公司的偿债能力产生影响。因此，一审法院对于秦某的该点意见不予采纳。

叶某主张的保全担保费无法律依据，一审法院不予支持。甲房地产公司未到庭，不影响一审法院在查明事实的基础上依法作出判决。

北京市朝阳区人民法院依照《中华人民共和国公司法》第二十八条，《中华人民共和国民事诉讼法》第一百四十七条，《最高人民法院关于适用〈中华人民共和国公司法〉若干问题的规定（三）》第十二条、第十三条之规定，判决如下：

一、秦某在其抽逃出资 700 万元本息范围内就（2017）京 0108 民初 6103 号民事判决书确定的甲房地产公司债务不能清偿部分向叶某承担补充赔偿责任；

二、张甲在其抽逃出资 150 万元本息范围内就（2017）京 0108 民初 6103 号民事判决书确定的甲房地产公司债务不能清偿部分向叶某承担补充赔偿责任；

三、李某在其抽逃出资 150 万元本息范围内就（2017）京 0108 民初 6103 号民事判决书确定的甲房地产公司债务不能清偿部分向叶某承担补充赔偿责任；

四、驳回叶某的其他诉讼请求。

叶某、张甲、李某不服一审判决，提出上诉。北京市第三中级人民法院经审理认为：综合双方诉辩意见以及查明的事实，本案二审的争议焦点为：张甲、李某、秦某是否构成抽逃出资，一审法院对于张甲、李某、秦某责任承担的认定是否正确。

《最高人民法院关于适用〈中华人民共和国民事诉讼法〉的解释》第九十条规定，当事人对自己提出的诉讼请求所依据的事实或者反驳对方诉讼请求所依据的事实，应当提供证据加以证明，但法律另有规定的除外。在作出判决前，当事人未能提供证据或者证据不足以证明其事实主张的，由负有举证证明责任的当事人承担不利的后果。

首先，关于张甲、李某、秦某是否构成抽逃出资的问题。张甲、李某否认其系甲房地产公司股东，但生效判决已驳回张甲、李某要求确认其并非甲房地产公司发起人、股东的诉讼请求，故对于张甲、李某所称其系被冒名登记为甲房地产公司股东的主张本院不予采信。根据查明事实，张甲、李某、秦某是甲房地产公司的发起人股东，现有证据表明，张甲、李某、秦某于 2003 年 6 月 4 日向甲房地产公司验资专用账户支付出资；2003 年 6 月 9 日，张甲、李某、秦某的出资被转入甲房地产公司名下其他账户，截至次日，上述款项分 13 笔转入其他主体账户，在甲房地产公司及张甲、李某、秦某均未就上述转账行为作出合理解释的情况下，一审法院认定张甲、李某、秦某构成抽逃出资并无不当，本院不持异议。张甲、李某上诉主张其不存在抽逃出资行为，甲房地产公司注册资金的转出系秦某所为，但并未对此提交充分有效证据予以佐证，且工商登记对公司债权人具有公示公信力，作为甲房地产公司工商档案所载的发起人股东及高级管理人员，张甲、李某对公司的相关经营管理及大额资金交易应当知晓，其相应上诉意见系各股东之间的内部问题，不足以对抗善意相对人的信赖利益，故本院对张甲、李某的该项上诉主张不予采信。

其次，关于张甲、李某、秦某的责任承担问题。《最高人民法院关于适用〈中华人民共和国公司法〉若干问题的规定（三）》第十四条第二款规定，公司债权人请求抽逃出资的股东在抽逃出资本息范围内对公司债务不能清偿的部分承担补充赔偿责任、协助抽逃出资的其他股东、董事、高级管理人员或者实际控制人对此承担连带责任的，人民法院应予支持；抽逃出资的股东已经承担上述责任，其他债权人提出相同请求的，人民法院不予支持。本案中，叶某请求存在抽逃出资行为的张甲、李某、秦某在抽逃出资本息范围内对甲房地产公司案涉债务不能清偿部分承担补充赔偿责任于法有据，应予支持。关于张甲、李某、秦某抽逃出资的利息计算标准问题，应以其各自抽逃出资金额为基数，即张甲以 150 万元为基数、李某以 150 万元为基数、秦某以 700 万元为基数，均自 2003 年 6 月 10 日起至 2019 年 8 月 19 日止，按中国人民银行同期贷款利率标准计算，自 2019 年 8 月 20 日起至实际给付之日止，按全国银行间同业拆借中心公布的同期贷款市场报价利率标准计算。叶某主张的利息计算标准不准确，本院依法予以调整。需要说明的是，张甲、李某、秦某如有在其他案件中以其股东出资对公司债务承担补充赔偿责任的金额，应予扣除。

北京市第二中级人民法院依照《中华人民共和国民事诉讼法》第一百七十七条第一款第一项之规定，判决如下：

一、撤销北京市朝阳区人民法院（2021）京 0105 民初 95913 号民事判决；

二、自本判决生效之日起十日内，秦某在其抽逃出资 700 万元本息范围内（利息以 700 万元为基数，自 2003 年 6 月 10 日起至 2019 年 8 月 19 日止，按中国人民银行同期贷款利率标准计算；自2019年8月20日起至实际给付之日止，按全国银行间同业拆借中心公布的同期贷款市场报价利率标准计算）就（2017）京0108民初6103号民事判决书确定的甲房地产公司债务不能清偿部分向叶某承担补充赔偿责任；

三、自本判决生效之日起十日内，张甲在其抽逃出资150万元本息范围内（利息以150万元为基数，自2003年6月10日起至2019年8月19日止，按中国人民银行同期贷款利率标准计算；自2019年8月20日起至实际给付之日止，按全国银行间同业拆借中心公布的同期贷款市场报价利率标准计算）就（2017）京0108民初6103号民事判决书确定的甲房地产公司债务不能清偿部分向叶某承担补充赔偿责任；

四、自本判决生效之日起十日内，李某在其抽逃出资150万元本息范围内（利息以150万元为基数，自2003年6月10日起至2019年8月19日止，按中国人民银行同期贷款利率标准计算；自2019年8月20日起至实际给付之日止，按全国银行间同业拆借中心公布的同期贷款市场报价利率标准计算）就（2017）京0108民初6103号民事判决书确定的甲房地产公司债务不能清偿部分向叶某承担补充赔偿责任；

五、驳回叶某的其他诉讼请求。

【法官后语】

本案涉及股东抽逃出资的认定，以及股东抽逃出资的法律后果，而后者的一个关键问题是抽逃出资股东对公司债权人承担责任范围的认定。

一、股东抽逃出资的认定

公司是以资本为核心的企业组织形式，投资者出资是公司资本形成的基础，因此出资是股东的一项基本义务，抽逃出资行为是违反出资义务的表现之一，而且抽逃出资是比瑕疵出资性质更严重、情节更恶劣的行为，其严重影响了交易安全，给公司及公司债权人的利益带来了重大损害。《中华人民共和国公司法》未对抽逃出资作出清晰界定，但一般认为抽逃出资是指股东已出资，但在出资后非法将与其所缴纳出资相应的出资额部分或全部抽回，从而达到不出资或少出资但保有股东身份目的的行为。根据抽逃出资的概念，构成抽逃出资须符合以下要件：抽逃出资的主体是公司股东；抽逃出资股东具有欺诈的故意；抽逃出资行为是发生在公司成立后，且损害公司权益；股东实施将其缴纳的出资全部或者部分抽走的行为。随着社会经济的发展，在实践中股东抽逃出资的表现形式复杂多样。《最高人民法院关于适用〈中华人民共和国公司法〉若干问题的规定（三）》第十二条采用列举+兜底方式对抽逃出资行为予以规定。

本案中，作为公司的发起人股东，张甲、李某、秦某均对公司负有出资义务，上述三当事人将出资款于2003年6月4日转入公司验资专用账户验资后，上述款项又于2003年6月9日转入公司名下其他账户，截至2003年6月10日，上述款项又分为13笔转入其他主体账户。作为公司的发起人股东，张甲、李某、秦某在公司设立期间利用短期走账形式完成注册资本的缴纳，该款项仅是用于验资，公司及发起人股东并未对于上述款项的流转作出合理说明，亦无证据显示该款项的流转系用于公司的日常经营，故张甲、李某、秦某明显违反了出资义务，是一种变相逃避出资义务的情形，损害公司权益，应认定为股东抽逃出资。

二、抽逃出资股东的责任认定

抽逃出资行为会严重损害公司、债权人和其他股东的权益，因此，抽逃出资股东需对这些利害关系人承担相应的民事责任。本案主要涉及对公司债权人的民事责任。股东向公司出资的财产，在转移给公司之后就转化为公司财产，未经公司同意，擅自抽逃出资，则侵害了公司的财产权利。在公司作为债务人无法清偿债权人的到期债务时，股东抽逃出资的行为亦造成了对公司债权人利益的损害，股东对于公司债权人应当承担何种责任，《最高人民法院关于适用〈中华人民共和国公司法〉若干问题的规定（三）》第十四条第二款规定，公司债权人请求抽逃出资的股东在抽逃出资本息范围内对公司债务不能清偿的部分承担补充赔偿责任、协助抽逃出资的其他股东、董事、高级管理人员或者实际控制人对此承担连带责任的，人民法院应予支持；抽逃出资的股东已经承担上述责任，其他债权人提出相同请求的，人民法院不予支持。

本案中，叶某请求存在抽逃出资行为的张甲、李某、秦某在抽逃出资本息范围内对甲房地产公司案涉债务不能清偿部分承担补充赔偿责任于法有据，应予支持。一审中，叶某对其诉讼请求中的利息标准提出明确主张，但一审法院在判项中并未对此予以明确，叶某不服一审判决提出上诉。关于张甲、李某、秦某抽逃出资的利息计算标准问题，应以其各自抽逃出资金额为基数，即张甲以150万元为基数、李某以150万元为基数、秦某以700万元为基数，均自2003年6月10日起至2019年8月19日止，按中国人民银行同期贷款利率标准计算，自2019年8月20日起至实际给付之日止，按全国银行间同业拆借中心公布的同期贷款市场报价利率标准计算。叶某主张的利息计算标准不准确，法院依法予以调整。同时需要说明的是，张甲、李某、秦某如有在其他案件中以其股东出资对公司债务承担补充赔偿责任的金额，应予扣除。

编写人：北京市第三中级人民法院　江惠　李君

42

股东怠于清算赔偿责任之审查要件

——某工程建设公司诉某天然气公司、某电视台股东损害债权人利益责任案

【案件基本信息】

1. 裁判书字号

北京市第三中级人民法院（2023）京03民再104号民事判决书

2. 案由：股东损害公司债权人利益责任纠纷

3. 当事人

原告（上诉人、再审申请人）：某工程建设公司

被告（被上诉人、再审被申请人）：某天然气公司、某电视台

【基本案情】

某工程建设公司与某旅游公司、某技术公司建设工程施工合同纠纷一案，河北省廊坊市中级人民法院（以下简称廊坊中院）于2004年作出（2004）廊民三初字第35号民事调解书，确认某旅游公司偿付某工程建设公司工程款3686996元。后，因某旅游公司未按期履行付款义务，某工程建设公司于2005年向廊坊中院申请强制执行。2006年，廊坊中院查封了某旅游公司名下28亩土地使用权。2011年10月9日，廊坊市国土资源局开发区分局向廊坊中院执行局出具《关于某旅游公司28.8亩土地使用权涉案事宜的函》，载明该地块已经市政府批准规划调整，土地使用权用途变更为公共绿地。2006年1月22日，执行卷宗记载某旅游公司称其公司只有28亩土地使用权，公司已不经营，主要工作是处理债权债务。2011年10月12日，执行法官组织双方谈话，某旅游公司述称公司已经吊销，没有其他收入。2017年6月，廊坊中院作出（2017）冀1091执21号执行裁定书，载明经过财产调查，未发现某旅游公司有可供执行的财产，裁定终结本次执行程序。2018年3月，某工程建设公司向河北省廊坊经济技术开发区人民法院（以下简称廊坊开发区法院）申请对某旅游公司进行强制清算。2018年12月4日，廊坊开发区法院作出（2018）冀1091民算1号之一民事裁定书，载明："2008年11月9日，某旅游公司被工商行政管理机关吊销了营业执照。现，某旅游公司注册地址无工作人员且无任何账册和文件。清算期间，无人向法院移交任何资料，同时亦无人申报债权。因某旅游公司人员均无法联系、未能查到某旅游公司可供分配的财产，无法进行清算。故，裁定终结对某旅游公司的强制清算程序。"

根据工商档案，2001年2月，某旅游公司股东及持股情况为：某技术公司（以土地使用权出资8800万元，持股比例44%），某电视台（以现金出资7400万元，持股比例37%），某广告公司（以现金出资1600万元，持股比例8%），某房地产咨询公司（以现金出资1600万元，持股比例8%），某天然气公司（以实物出资600万元，持股比例3%），各股东向某旅游公司委派了董事和监事。之后某旅游公司各年度《公司年检报告书》中记载的股东情况未有变化。

某工程建设公司向法院提出诉讼请求：因某电视台、某天然气公司作为某旅游公司股东怠于履行清算义务，致使某旅游公司无法清算，故应对（2004）廊民三初字第35号《民事调解书》确定某旅游公司的债务向某工程建设公司承担连带清偿责任。

【案件焦点】

某天然气公司是否应当承担因怠于履行清算义务、导致公司无法清算而承担股东损害债权人利益的赔偿责任。

【法院裁判要旨】

北京市朝阳区人民法院经审理认为：《中华人民共和国公司法》第一百八十条、第一百八十三条规定，公司因依法被吊销营业执照、责令关闭或者被撤销而解散，在解散事由出现之日起十五日内，公司应当成立清算组，开始清算。有限责任公司的清算组由股东组成。《最高人民法院关于适用〈中华人民共和国公司法〉若干问题的规定（二）》第十八条第二款规定，有限责任公司的股东因怠于履行义务，导致公司主要财产、账册、重要文件等灭失，无法进行清算，债权人主张其对公司债务承担连带清偿责任的，人民法院应依法予以支持。债权人以公司未及时清算、无法清算为由主张清算义务人承担民事赔偿责任应在诉讼时效内提起，即自债权人知道或应当知道其权利受损害之日起三年内主张相应权利。本案中，某旅游公司于2008年11月9日被吊销营业执照，出现解散事由，某旅游公司股东未依法组成清算组进行清算。但是，根据执行案件卷宗记载，2011年10月12日，执行法官主持谈话过程中，某旅游公司将吊销营业执照的事实告知了某工程建设公司。此时，某工程建设公司知道某旅游公司存在法定清算事由，且应当知道某旅游公司的清算义务人未依法履行清算义务，可能损害债权人的合法债权。从此时起算，某工程建设公司提起本案诉讼要求某旅游公司股东承担相应民事责任，明显超过诉讼时效。

北京市朝阳区人民法院判决驳回原告某工程建设公司全部诉讼请求。某工程建设公司不服一审判决，提起上诉。北京市第三中级人民法院判决驳回上诉，维持原判。某工程建设公司仍不服二审判决，申请再审。北京市高级人民法院裁定提审本案，后撤销一、二审判决，将本案发回北京市朝阳区人民法院重审。

北京市朝阳区人民法院再审经审理认为：本案债权形成于 2004 年，2005 年已对某旅游公司的主要资产约 28 亩土地使用权进行冻结。根据执行卷宗中相关证据显示，早在 2006 年，某旅游公司的财产即为该土地使用权，公司已不再经营，主要工作是处理债权债务。后，虽然该土地使用权用途变更为公共绿地，但至今仍登记在某旅游公司名下，并非因股东未履行清算责任导致某旅游公司的主要资产发生变化，故某工程建设公司要求某电视台和某天然气公司承担连带清偿责任缺乏事实及法律依据。2011 年 10 月 12 日，执行法官主持谈话过程中，某旅游公司将吊销营业执照的事实告知了某工程建设公司，某工程建设公司此时即应当知道某旅游公司存在法定清算事由，且应当知道某旅游公司的清算义务人并未依法履行清算义务，可能损害自身的合法债权。而某工程建设公司却长时间不向股东主张清算责任，直到 2018 年方才提起强制清算之诉，并在 2019 年才提起本案诉讼。应当认为某工程建设公司存在怠于主张清算责任的事实，故某工程建设公司的诉讼请求超过诉讼时效，判决驳回某工程建设公司的诉讼请求。

某工程建设公司不服一审判决，提起上诉。北京市第三中级人民法院同意一审法院裁判意见。

北京市第三中级人民法院依照《中华人民共和国民事诉讼法》第一百七十七条第一款第一项规定，判决如下：

驳回上诉，维持原判。

【法官后语】

一、某工程建设公司提起本诉是否超过诉讼时效

我国关于民事案件诉讼时效制度适用的权利范围是民事实体法上的请求权。债权人对公司清算义务人提起的怠于清算赔偿责任为侵权赔偿请求权，根据诉讼时效制度规定应适用诉讼时效期间。关于诉讼时效起算点，《全国法院民商事审判工作会议纪要》第十六条第二款规定：“公司债权人以公司法司法解释

（二）第18条第2款为依据，请求有限责任公司的股东对公司债务承担连带清偿责任的，诉讼时效期间自公司债权人知道或者应当知道公司无法进行清算之日起计算。”

由于诉讼时效制度旨在督促权利人及时行使权利，避免当事人之间的民事法律关系长期处于不确定状态，故诉讼时效应结合权利人是否存在怠于主张权利的情况综合认定。因此，虽然《全国法院民商事审判工作会议纪要》对怠于清算赔偿之诉的诉讼时效规定自债权人知道或者应当知道公司无法进行清算之日起计算，但在具体适用中，时效起算点应结合债权人主张清算之诉的情况予以认定，即确立诉讼时效根据清算之诉行权情况区分适用之原则。也就是若债权人自知道或应当知道公司出现法定清算事由满15日后或之后的应当知道公司未进行清算的合理区间内，债权人提起强制清算之诉，经清算之诉认定无法清算后提起怠于清算赔偿之诉，也就是在正常合理的行权区间内提起了清算之诉，此时诉讼时效可从经清算之诉认定无法清算时起计算；若债权人自知道或应当知道公司出现法定清算事由满15日后或之后的应当知道公司未进行清算的合理区间内，未提起强制清算之诉，形成长时间怠于提起强制清算之诉的事实，致使无法清算的认定确实过于迟延，此时诉讼时效应从知道或应当知道公司出现法定清算事由满15日后或之后的应当知道公司未进行清算的合理区间起算。

在一些案件中，常常存在公司被吊销营业执照且无财产可供执行的时间持续几年甚至十几年的情形，公司无法清算的事实状态早已存在，但是债权人却长期怠于提起清算之诉，以致怠于清算赔偿请求权被恶意拖延行使，此时应严格适用上述诉讼时效起算点原则。这种对诉讼时效根据清算之诉行权情况的区分适用原则，既符合权利人知道权利遭到侵害是请求法定机关保护其权利的基础理论，也能够最大限度地平衡权利人与义务人之间的利益关系，避免突破公司股东有限责任，导致公司清算赔偿责任的不适当扩大。否则一概以无法清算为时效起算点，会明显放纵债权人明知公司未进行清算却长期不提起清算之诉致使怠于清算赔偿之诉恶意被拖延，与保护善意公司债权人的立法本意相悖。

本案中，某工程建设公司称诉讼时效应自知道或应当知道无法进行清算之日起算，2018年某旅游公司经法院认定无法清算，其知道无法清算后于2019年便提起本案之诉，并未超过诉讼时效。但该时效规定适用前提是某工程建设公司在得知某旅游公司存在法定清算事由后及时主张了清算责任。经查，某工程建设公司自2011年10月12日在执行程序中便知道某旅游公司营业执照被吊销、存在法定清算事由，于2018年方提起强制清算之诉，其间间隔了七年多，明显超过了其行权的合理区间，属于长时间怠于提起强制清算之诉，致使无法清算事实认定确实过迟的情况，因此，诉讼时效不应从无法清算之日起算，应从知道或应当知道公司出现法定清算事由满15日后或之后的应当知道公司未进行清算的合理区间起算。本案某工程建设公司在2011年10月12日应当知道某旅游公司存在法定清算事由，且应当知道某旅游公司的清算义务人并未依法履行清算义务，可能损害自身的合法债权，应自此时计算诉讼时效。按法律规定某工程建设公司应在三年内主张相应权利，但其于2019年方主张权利。因此，对某工程建设公司上诉意见不予采纳。

二、某天然气公司是否应当承担连带清偿责任

股东怠于履行清算义务的赔偿责任，从本质上看是一种不作为的侵权责任，因此，应按照侵权责任的构成要件，结合股东怠于履行清算义务的情况进行审查。依据《最高人民法院关于适用〈中华人民共和国公司法〉若干问题的规定（二）》第十八条第二款之规定，股东怠于履行清算义务与公司无法清算间是否存在因果关系，是认定清算义务人是否应承担清算赔偿责任的重要考量因素。股东怠于清算赔偿之诉的目的是通过规范股东的清算义务保障债权人的债权可以及时实现，更在于使债权人所受之损害得到救济，价值取向系使所受损害获得赔偿，因此，股东怠于清算赔偿之诉中，股东怠于履行清算义务还应与债权人债权无法实现、导致债权人损失间具有因果关系。如果公司在被吊销营业执照出现法定解散事由前，已经不具备清偿债务能力，此后即使股东等清算义务人未尽清算义务，其与债权人未获清偿的损害结果之间并无直接因果关系；也就是如果执行结果在先、怠于履行清算义务在后，根据因果关系推定原理，无论公司股东是否怠于履行清算义务，均不能改变公司无法清算、公司债权无法

足额清偿的客观事实。则公司债权无法足额清偿也并非作为或不作为的侵权行为所导致，此时公司清算义务人不应对公司债务承担连带清偿责任。

本案中，某旅游公司于2008年被吊销营业执照，出现了法定的清算事由。但是，某工程建设公司债权自2005年申请强制执行以来，法院已查封某旅游公司名下28亩土地使用权，但因行政原因该土地性质变更为公共绿地，导致该被查封财产目前无法通过拍卖等方式进行变现，从某种程度上来说，某工程建设公司债权因该土地使用权无法被执行而无法受偿遭到损害，但该损害与股东怠于履行清算义务致公司无法清算无关。某工程建设公司对某旅游公司名下财产经过十余年时间的强制执行，除上述被查封的土地使用权外，无任何其他资产，最终法院裁定终结本次执行程序。该事实表明债务人已不具备清偿能力，且自2005年至2017年，涉案债权一直在强制执行中，强制执行程序是对被执行人财产的全面查控处置程序。根据执行程序中的相关情况，某旅游公司早已不经营，仅是处理债权债务。其后，执行案件也未因发现新的可供执行的财产线索而恢复执行。故，仅依据某旅游公司无法清算的事实，难以认定某旅游公司无法清算、其债权无法实现与股东未履行清算义务存在因果关系。因此，对某工程建设公司要求某电视台、某天然气公司承担清偿责任的上诉请求，不应予以支持。

编写人：北京市第三中级人民法院　陈恒　詹晓莉

43

关联公司横向人格否认的适用规则

——林某诉李某等股东损害公司债权人利益责任案

【案件基本信息】

1. 裁判书字号

广东省广州市中级人民法院（2024）粤01民终2659号民事判决书

2. 案由：股东损害公司债权人利益责任纠纷

3. 当事人

原告（被上诉人）：林某

被告（上诉人）：李某、某技术公司、某健康管理公司

【基本案情】

林某把租赁合同概括转让给某智能公司，同时将租赁场所的办公设备、库存产品也全部转让给某智能公司，某智能公司利用林某的原经营场所及办公设备、库存产品开展经营。某健康管理公司在2022年8月30日成立，使用某智能公司的场所及办公用品进行经营活动。某智能公司在没有通知林某的情况下于2022年11月29日注销。

某智能公司的股东为李某（持股1%）和某技术公司（持股99%），某健康管理公司当时的股东为李某（持股66%）和某技术公司（持股34%），某技术公司当时的股东为李某。

林某主张某智能公司没有支付转让款，李某、某技术公司作为股东及清算组成员违法注销某智能公司，应承担赔偿责任，同时某健康管理公司与某智能公司人格混同，也应承担连带责任。

【案件焦点】

某健康管理公司与某智能公司是否构成人格混同，应否对涉案债务承担连带责任。

【法院裁判要旨】

广东省广州市花都区人民法院经审理认为：根据《全国法院民商事审判工作会议纪要》第十一条规定，控制股东或实际控制人控制多个子公司或者关联公司，滥用控制权使多个子公司或者关联公司财产边界不清、财务混同，利益相互输送，丧失人格独立性，沦为控制股东逃避债务、非法经营，甚至违法犯罪工具的，可以综合案件事实，否认子公司或者关联公司法人人格，判令承担

连带责任。第一，从主体要件看。在涉案债务发生时，某智能公司的股东是李某与某技术公司，某技术公司是李某为唯一股东的一人有限责任公司。某健康管理公司在 2022 年 8 月 30 日成立时，股东也是李某与某技术公司。可见某智能公司和某健康管理公司是完全受李某控制和支配的。第二，从行为要件看。在案证据显示，涉案两份合同项下的权利包括办公场所及办公用品，原先由某智能公司受让，但在 2022 年 8 月 30 日某健康管理公司成立后，该公司即在该办公场所办公，并实际占有使用该办公用品，此时两公司在同一场所办公。在向某智能公司送达债权转让通知时，某健康管理公司盖章签收，也反映出两公司之间主体意志模糊。随后，某智能公司于 2022 年 11 月 29 日注销。由此可见，李某以原公司场所、设备另设公司，且无证据显示某健康管理公司为此支付了合理对价。某智能公司和某健康管理公司两者存在财产边界不清、财务混同、利益相互输送、丧失人格独立性的情形。第三，由于某智能公司的违法清算注销，林某的债权无法获得清偿，这与李某非法注销公司、另设某健康管理公司的行为有直接的因果关系。综上，某智能公司与某健康管理公司已构成人格混同，且严重损害债权人林某的利益，某健康管理公司应就某智能公司的债务承担连带责任。

广东省广州市花都区人民法院依照《中华人民共和国民法典》第五百零九条、第五百四十六条、第五百七十七条，《中华人民共和国公司法》第二十条规定，《最高人民法院关于适用〈中华人民共和国公司法〉若干问题的规定（二）》第十一条，《最高人民法院关于适用〈中华人民共和国民事诉讼法〉的解释》第九十条的规定，判决如下：

一、被告李某、某技术公司、某健康管理公司于本判决生效之日起十日内向林某支付货款 90000 元及利息（利息以 90000 元为基数，自 2022 年 11 月 8 日起按照全国银行间同业拆借中心公布的一年期贷款市场报价利率计算至付清之日止）；

二、被告李某、某技术公司、某健康管理公司于本判决生效之日起十日内向原告林某支付律师费 4000 元及律师提成费 9000 元；

三、驳回原告林某的其他诉讼请求。

李某、某技术公司、某健康管理公司不服一审判决，提起上诉。广东省广州市中级人民法院同意一审法院裁判意见。

广东省广州市中级人民法院依照《中华人民共和国民事诉讼法》第一百七十七条第一款第一项的规定，判决如下：

驳回上诉，维持原判。

【法官后语】

2018 年《中华人民共和国公司法》（以下简称《公司法》）只规定了纵向的法人人格否认，并无横向否认规则。横向人格否认，即兄弟、姐妹公司之间的人格混同，导致互相为对方的债务承担连带责任。《全国法院民商事审判工作会议纪要》（以下简称《九民纪要》）首次明确提出横向人格否认，2023 年《公司法》也正式增加了横向人格否认规则的条文。横向人格否认规则如何适用，是司法实践中值得关注的问题。

一、公司横向人格否认制度的适用要件

只有在股东实施了滥用公司法人独立地位及股东有限责任的行为，且该行为严重损害了公司债权人利益的情况下，才能适用人格否认。对关联公司的横向人格否认，可综合考虑主体要件、行为要件和结果要件。

其一，主体要件：关联公司受同一主体操控。横向人格否认是刺破不同公司之间的面纱，其内在法理逻辑是这些公司受同一主体控制，导致公司的人格形骸化，因此其适用的前提是公司之间具有关联特性。关联性不仅包括有明确持股关系的脉络的兄弟、姐妹公司，还应注意具有转投资、投资协议、身份关系等隐性关联关系。隐形关联关系通常通过关联人或亲属关系等实现控制权，关联人与各关联公司之间有时存在合同关系，有时则通过身份关系纽结，带有较强的隐蔽性，控制权实现途径多样化。如在本案中，李某通过多重持股关系，实际控制某健康管理公司和某智能公司。

其二，行为要件：滥用控制权导致关联公司人格混同。在横向人格否认中，滥用控制权通常指对关联公司的过度支配与控制。其具体表现形式主要有：一是人员混同。即公司的股东、法定代表人、管理层、财务人员、重要业务人员甚至普通雇员有交叉任职的情况。“一套人马，多块牌子”既是对管理层交叉任职的形象描述，也是最典型的人员混同。二是业务混同。是指关联公司间的业务不能清晰区分，主要表现在公司之间从事同一业务，大量交易活动形式上的交易主体与实际主体不符或无法辨认。但在商业实践中，集团子公司从事同领域的业务，或者从事的业务为上下游关系的均很常见，因此不能仅凭业务混同而认定两公司人格混同。三是身份混同。诸如公司的电话号码、网址、电子邮箱地址、标识相同，使用相同字号，对外宣传时使用相同的标语，宣传内容一致或相似，使用相同格式的文件等，这些代表公司身份识别的表征导致两公司难以辨认。四是财产混同。这是人格混同的实质因素。财产混同的表现形式既包括关联公司之间的财务混同，如公司之间有多笔资金往来缺乏正当理由、交叉开票、交叉收发货，关联公司之间资产来回调拨等，也包括关联公司共用同一办公场所，共用主要办公、生产设备且产权归属不清晰，最终导致各自财产无法区分的混同。

具体到本案中，李某实际控制某健康管理公司、某智能公司，在某智能公司注销后，某健康管理公司实际使用某智能公司的办公场所及办公用品办公，且没有支付合理对价，两公司财产边界不清、财务混同。而且，某健康管理公司盖章签收发给某智能公司的文件，也反映两公司的身份模糊。

其三，结果要件：严重损害债权人利益。人格否认是出于公平正义目的而制定的衡平法则，是对公司“有限责任”基本原则的一个例外，这要求法院适用时要非常慎重。一般的滥权行为，如公司财务管理不规范致使股东与公司结算混同、公司之间人员与业务交叉、忽视公司形式等，即使给债权人带来损害，但当公司账面上仍有合理的资产以清偿债权人债务，并未达到资不抵债或显然无法清偿债权人债务的情况，则公司尚可通过自有资金或其他债权追索手段清偿对债权人的债务，此时没有适用法人人格否认制度的必要。本案中，某智能公司已被注销，林某的债权显然无法获得清偿，因此完全符合结果要件。

二、2023年《公司法》生效后横向人格否认适用需注意的问题

2023年《公司法》关于横向人格否认的条文规定在第二十三条第二款，即股东利用其控制的两个以上公司实施前款规定行为的，各公司应当对任一公司的债务承担连带责任。从条文来看，主体要件为“股东”。对主体要件采用“股东”的表述，沿袭了2006年《公司法》以来对纵向人格否认制度一贯的规定。因此，如果按照文义解释法条，对股东以外的实际控制人则不能适用人格否认。

对比2023年《公司法》与《九民纪要》横向人格否认的规定可以发现，《九民纪要》中适用横向人格否认制度的主体包括控股股东和实际控制人，而2023年《公司法》将适用人格否认制度的主体，不论是纵向还是横向，均规定为股东。采用“股东”的表述，从字面意义理解，将原来《九民纪要》已经纳入的“实际控制人”排除在外。由此引致的问题是，非股东的实际控制人实施滥权行为，损害债权人利益时，能否适用《公司法》中对人格否认制度的规定。在过往司法实践中，有的案例已将“股东”解释为包括非股东的实际控制人，对2018年《公司法》第二十条规定进行类推解释，对实际控制人滥用公司独立人格、严重损害债权人利益的行为主张横向人格否认。而此次公司法修订，从立法文义来看，却限缩了横向否认的适用范围。对于横向人格否认的主体，亟须实践进一步探索。

编写人：广东省广州市花都区人民法院　任永乐

44

减资程序瑕疵时各股东对外的责任承担

——黄甲诉陈甲等股东损害公司债权人利益责任案

【案件基本信息】

1. 裁判书字号

浙江省温州市中级人民法院（2023）浙03民终3452号民事判决书

2. 案由：股东损害公司债权人利益责任纠纷

3. 当事人

原告（被上诉人）：黄甲

被告（上诉人）：陈甲、罗某

被告：黄乙、何某、陈乙

【基本案情】

某电气公司于2009年7月21日登记设立，注册资本10万元并于2009年7月9日已实缴，原登记股东为陈甲（占股100%），法定代表人陈甲（执行董事）；于2016年2月22日变更注册资本500万元，由股东陈甲认缴出资额500万元，出资时间为2019年7月20日；于2018年3月7日变更股东为陈甲（占股40%，认缴出资额200万元）、罗某（占股30%，认缴出资额150万元）、黄乙（占股15%，认缴出资额75万元）、何某（占股15%，认缴出资额75万元），出资时间变更为2029年7月20日；于2018年12月1日经全体股东同意公司减资形成《股东会决议》，公司编制了资产负债表及财产清单，在该决议作出之日起的10日内通知了债权人，并于2018年12月24日在报纸上刊登了减资公告。2020年4月7日变更法定代表人为陈乙；于2020年5月20日变更注册资本为50万元，股东陈甲、罗某、黄乙、何某按其占股比例于2020年5月12日分别缴纳注册资本10万元、15万元、7.5万元、7.5万元；于2021年3月30日变更股东为罗某（占股30%，实缴出资额15万元）、何某（占股15%，实缴出资额7.5万元）、陈乙（占股55%，实缴出资额27.5万元），陈乙的股权系0元从陈甲、黄乙处受让取得。

2020年1月16日，浙江省瑞安市人民法院判决某电气公司应支付黄甲商标转让款1625390.1元及利息损失。某电气公司不服上诉至温州市中级人民法院，温州市中级人民法院于2020年6月1日作出（2020）浙03民终515号判决驳回上诉，维持原判。该判决于2020年6月4日发生法律效力后，该公司未履行判决确定的义务，黄甲向本院申请执行，浙江省瑞安市人民法院经调查未发现该公司有可供执行的财产，遂于裁定本次执行程序终结。

黄甲与某电气公司签订的商标转让协议及履行部分供货义务均发生在减资决议之前，故诉请法院，请求涉案股东在减资范围内就公司未清偿债务承担补充赔偿责任，同时互负连带责任。

【案件焦点】

股东陈甲、罗某、黄乙、何某是否应对某电气公司的减资导致债权人的损失承担赔偿责任。

【法院裁判要旨】

浙江省瑞安市人民法院经审理认为：黄甲与某电气公司签订《M商标转让协议》以及黄甲履行部分供货义务均发生在该公司股东会的减资决议之前，且该公司在减资变更登记前单方表示解除该转让协议，故黄甲属于该公司减资时的已知债权人，该公司未对黄甲履行通知义务，违反了《中华人民共和国公司法》第一百七十七条之规定，减资程序存在瑕疵。尽管公司法规定公司减资时的通知义务人是公司，但公司减资系股东会决议的结果，是否减资以及如何进行减资取决于股东的意志。作为该公司的股东陈甲、罗某、黄乙、何某在公司负债的情形下通过股东会决议减少公司注册资本，客观上损害了该公司的偿债能力，所产生的后果与股东未履行或未全面履行出资义务及抽逃出资产生的法律后果并无不同。鉴于减资的股东会决议系所有股东共同作出，导致公司无法以自身财产清偿债务的后果，则其他股东对减资股东在减资范围内所负的补充赔偿责任承担连带责任。

浙江省瑞安市人民法院依照《最高人民法院关于适用〈中华人民共和国公司法〉若干问题的规定（三）》第十三条第二款、第三款，第十四条第二款；《中华人民共和国民事诉讼法》第六十七条第一款、第一百四十七条之规定，判决如下：

一、被告陈甲在 180 万元范围内、被告罗某在 135 万元范围内、被告黄乙在 67.5 万元范围内、被告何某在 67.5 万元范围内对（2019）浙 0381 民初 7507 号民事判决书确定的某电气公司结欠原告黄甲债务包括商标转让款 1625390.1 元、利息损失（以 1625390.1 元为基数，自 2019 年 4 月 16 日起按中国人民银行同期同档次贷款基准利率计算至 2019 年 8 月 19 日、自 2019 年 8 月 20 日起按同期全国银行间同业拆借中心公布的贷款市场报价利率计算至实际履行完毕之日止）及迟延履行期间的债务利息（以 1625390.1 元为基数，自 2020 年 6 月 14 日起按日万分之一点七五计算至实际履行完毕之日止）承担补充赔偿责任；

二、被告陈甲、罗某、黄乙、何某对上述第一项确认的债务互负连带责任；

三、驳回原告黄甲的其他诉讼请求。

黄甲不服一审判决，提起上诉。浙江省温州市中级人民法院同意一审裁判意见。

浙江省温州市中级人民法院依照《中华人民共和国民事诉讼法》第一百七十七条第一款第一项规定，判决如下：

驳回上诉，维持原判。

【法官后语】

公司注册资本是公司资产的重要组成部分，系公司从事生产经营活动及对外承担民事责任的基础和保障。而公司注册资本减少是指公司依法对已经注册的资本通过一定的程序进行削减的法律行为，简称减资。自 2024 年 7 月 1 日起施行的《中华人民共和国公司法》（2023 年修订）对于有限责任公司注册资本认缴制作了完善，要求全体股东认缴的出资额由股东按照公司章程的规定自公司成立之日起五年内缴足。在认缴制下，多数公司在延长出资时间的情况下，过分提高了公司的注册资本，远超于其公司股东所能承受的范围，受该条款的制约，减资将是最优选择。然而减资涉及公司、股东和债权人的多方利益，减资程序的瑕疵将侵害多方利益，而违反通知义务系减资程序瑕疵的主要表现，在审理时应当注意：

一、违反通知义务的类型

根据《中华人民共和国公司法》（2018 年修正）第一百七十七条规定，公司应当自作出减少注册资本决议之日起十日内通知债权人，并于三十日内在报纸上公告。债权人自接到通知书之日起三十日内，未接到通知书的自公告之日起四十五日内，有权要求公司清偿债务或者提供相应的担保。根据《中华人民共和国公司法》（2023 年修订）新增无须通知债权人的简易减资情形，同时就减资程序新增公告平台——国家企业信用信息公示系统。综上，违反通知义务有以下几种情形：一是未及时通知债权人。公司减资，将会导致公司资产减少，等同于股东优先于债权人回收所投入的资本，公司对外偿债能力减弱，若减资情况不及时通知债权人，将侵犯债权人利益，此时的债权人应当包括债务确定的债权人和已形成债权基础的或然债权人。二是公告载体形式或规模不合条件。公告载体应为当地市级及以上公开发行的报纸或者是国家企业信用信息公示系统，有利于让更多的人了解当前公司资金状况，避免不必要的投资、债权风险。

二、责任主体

并非所有股东都应当就公司减资对债权人产生的侵害承担法律责任，股东会作出增加或者减少注册资本的决议应当经代表三分之二以上表决权的股东通过，在这种情况下要求全体股东对于减资决议导致的债权人损失承担责任是不合理的，对于小股东的权益是没办法进行保障的，小股东在会议表决中是没有办法左右最终结果的。此时，应当适用过错原则更为合理。

对于不支持公司减资或未参加股东会决议的股东，就减资对债权人产生的侵害不需要承担责任。尽管公司法规定公司减资时的通知义务人是公司，但公司减资系股东会决议的结果，是否减资以及如何进行减资取决于股东的意志，现减资程序瑕疵导致债权人利益受损，其损失承担责任的主体应当是参与减资决议并表示支持通过决定的股东。

三、责任范围

根据《中华人民共和国公司法》（2018年修正）之规定，公司股东负有全面出资的义务，同时负有维持公司注册资本充实的责任。股东在明知道公司对外尚有债务未予支付，但仍然选择通过股东会决议进行减资，客观上降低了公司偿债能力，公司未对已知债权人进行减资通知，损害了债权人的权利。该减资行为对债权人产生的后果与股东抽逃出资并无不同，故可参照适用抽逃出资，股东应在减资范围内对公司债务清偿不能部分承担补充赔偿责任，协助股东减资的其他股东、董事、高级管理人员或者实际控制人应对此承担连带责任。

本案中，某电气公司在进行公司减资决议时，虽然履行了在报纸公告的义务，但并未履行对债权人黄甲的通知义务，本案股东辩称在公司减资时黄甲尚未请求解除合同，其并非公司应当通知的债权人。某电气公司在完成减资手续前，与黄甲签订的合同协议已经生效且已履行部分供货义务，黄甲属于已形成债权基础的或然债权人，且某电气公司并不符合简易减资情形，即该公司理应通知该债权人黄甲。现，由于未通知黄甲，属于违反了通知义务已然构成减资瑕疵。减资股东即陈甲、罗某、黄乙、何某应当就减资对债权人黄甲造成的侵害应当在减资范围内承担补充赔偿责任，又因该减资决议由全体股东一致同意，应对上述债务承担连带责任。

另，《中华人民共和国公司法》（2023年修订）虽新增了关于违法减少注册资本的法律责任，股东需要退还资金、恢复原状，但对于债权人的赔偿责任尚未作直接规定。本案判决为审理减资程序存在瑕疵时各股东对外责任承担的类似案件提供了参考。

编写人：浙江省瑞安市人民法院　章伊瑞

九、公司解散、清算责任和破产纠纷

45

清算组成员责任诉讼时效认定的考量维度

——甲科技公司诉刘某、王某清算责任案

【案件基本信息】

1. 裁判书字号

上海市第二中级人民法院（2023）沪 02 民终 2865 号民事判决书

2. 案由：清算责任纠纷

3. 当事人

原告（上诉人）：甲科技公司

被告（被上诉人）：刘某、王某

【基本案情】

2015 年 6 月 1 日，原告甲科技公司与乙科技公司签订《网游定制协议》，委托乙科技公司定制一款手机网络游戏。甲科技公司向乙科技公司支付预付款 180 万元，后乙科技公司未交付成果。

乙科技公司为一人有限责任公司，股东为丙科技公司。2019 年 4 月，乙科技公司决议解散。清算组成员刘某、王某未依法开展清算，但在清算报告上，签字确认乙科技公司已依法清算，债权已全部清偿，股东丙科技公司作具结承

诺。2019年7月5日，乙科技公司注销。

2021年3月25日，甲科技公司以丙科技公司为被告，诉至上海市静安区人民法院，案由为承揽合同纠纷，2021年4月12日立案，2021年5月18日撤诉。法院告知其应仲裁。

2021年6月3日，甲科技公司依据《网游定制协议》仲裁条款提起仲裁，主张丙科技公司基于一人股东应对公司债务承担连带责任、解散注销公司却未通知债权人，要求丙科技公司返还甲科技公司预付款180万元本金及利息，丙科技公司缺席仲裁。2022年1月26日，仲裁庭依据清算报告上丙科技公司的具结承诺，裁决支持了甲科技公司的请求。

2022年3月17日，甲科技公司向上海市第二中级人民法院（以下简称上海二中院）提交强制执行仲裁裁决的网上立案申请，并留言备注：（1）本案被执行人名下存在无财产可供执行的较大可能性，申请本次执行是为了尽快执行终本，以便后续在诉讼时效期内（2022年5月1日前）提起清算责任纠纷，恳请贵院加速本案推进……（2）因起诉清算成员的诉讼时效即将届满，故希望贵院能尽快受理执行立案并裁定终本，便于申请人因执行无果起诉清算组成员。

2022年6月6日，甲科技公司就仲裁裁决向上海二中院提出的强制执行申请被立案受理。2022年7月6日，上海二中院裁定终结本次执行。2022年7月7日，甲科技公司收到上海市第二中级人民法院（2022）沪02执417号民事裁定扣划到的156653.66元款项。

2022年7月7日，甲科技公司就本案向一审法院提出立案申请。2022年9月1日，一审法院正式立案。

王某系接受某咨询公司指派，参与乙科技公司清算、注销工作，并担任清算组负责人。

甲科技公司认为，刘某、王某在从事清算事务及注销登记工作过程中，未依法将乙科技公司拟解散和清算注销事宜通知债权人甲科技公司，严重侵犯了甲科技公司合法权益，两人应对乙科技公司的上述债务承担赔偿责任。故，请求法院判令：（1）刘某、王某赔偿甲科技公司预付款本金损失1643346.34元；

（2）判令刘某、王某赔偿甲科技公司利息损失。

【案件焦点】

本案是否已过诉讼时效。

【法院裁判要旨】

上海市虹口区人民法院经审理认为：清算组侵权责任成立，但诉讼时效已过。合同签订于 2015 年，后长时间未履行，甲科技公司应特别关注、积极救济。乙科技公司于 2019 年 7 月 5 日注销登记，该信息通过企业信用信息公示系统对外公示，推定所有人均知晓，应自此起算三年诉讼时效，甲科技公司于 2022 年 9 月 1 日提起本案诉讼，已过诉讼时效。

上海市虹口区人民法院依照《最高人民法院关于适用〈中华人民共和国民法典〉时间效力的若干规定》第一条第二款，《中华人民共和国民法总则》第一百八十八条，《中华人民共和国公司法》第一百八十四条、第一百八十五条第一款、第一百八十九条，《最高人民法院关于适用〈中华人民共和国公司法〉若干问题的规定（二）》第十一条之规定，判决如下：

驳回甲科技公司的全部诉讼请求。

甲科技公司不服一审判决，提起上诉。上海市第二中级人民法院经审理认为：本案未过诉讼时效，系基于以下理由：

首先，就诉讼时效的制度价值和立法目的而言。诉讼时效制度规范的对象为债权请求权，目的在于督促债权人在权利保护期间内积极行使自身民事权利。司法对诉讼时效期间经过的认定不宜过于苛刻，应以债权人怠于行使权利的行为事实为前提。本案中，一方面，乙科技公司清算组成员因其自身未依法履职的过错行为在公司清算时未书面通知已知债权人甲科技公司，致使甲科技公司未能及时知晓乙科技公司清算、解散的具体情况及时间进度，一审法院以乙科技公司注销公示日期为诉讼时效起算点，对甲科技公司等债权人已属严苛。另一方面，从甲科技公司提起仲裁、强制执行、诉讼的时间线来看，甲科技公司自其知晓乙科技公司已注销起即始终处于积极寻求救济以实现己方债权的状态，显然不构成“怠于”向乙科技公司主张权利。

其次，就清算组成员侵权债权与案涉合同债权、仲裁裁决债权之间的关系而言。甲科技公司的维权救济源于其对乙科技公司的合同债权未获清偿，在知道乙科技公司已注销后，甲科技公司基于其与乙科技公司的定制合同仲裁条款限制、乙科技公司系一人公司的特殊性及其一人股东丙科技公司在清算报告上所作的债务承担承诺等事实，理性考量针对各诉讼对象依据不同法律关系提出不同诉讼主张所面临的诉讼成本及难易程度、诉请实现的可能性大小等现实因素，甚至包括对各诉讼对象承担责任的顺位的单方认知，选择通过仲裁方式向一人股东丙科技公司主张连带责任，并经法院强制执行确认一人股东确无法清偿全部债权后，再行提起本案清算组成员侵权损害补充赔偿责任之诉，具有事实依据和现实合理性。

最后，就本案清算组成员侵权责任的请求权基础而言。依照我国公司法律规定，公司清算过程中未依法通知债权人的，清算组成员系就其行为所造成的损失即债权人“未获清偿债权”承担赔偿责任，该责任为公司应承担责任之后的补充责任。甲科技公司称，仲裁裁决所确认的债权未经执行本终，则无法确定清算组成员应承担“未获清偿债权”赔偿责任的具体金额，甲科技公司起诉清算组成员刘某、王某承担补充赔偿责任能否获得受理处于待定状态。对此，本院认为，甲科技公司是否自始确因前述认知方才于仲裁裁决执行本终之后提起本案诉讼，本院难以确认，但鉴于甲科技公司2022年3月17日向本院申请网上立案强制执行仲裁裁决时，留言称其申请本次执行是为了尽快执行终本，以便后续在诉讼时效期内提起清算责任纠纷，可以认定甲科技公司对本案诉讼时效给予充分关注，并依其所想、尽其所能积极促成相应纠纷进入诉讼程序。

综上所述，本案未过诉讼时效，刘某、王某以此提出不承担赔偿责任的抗辩不成立。一审法院依据查明事实，认定乙科技公司清算组成员刘某、王某未依法履行书面通知已知债权人义务，导致债权人甲科技公司未及时申报债权而未获清偿，存在重大过失，其应对甲科技公司未获清偿债权承担赔偿责任，符合法律规定，本院予以确认。甲科技公司要求刘某、王某赔偿的债权本金及利息，合法有据，本院予以支持。

上海市第二中级人民法院依照《中华人民共和国民事诉讼法》第一百七十七条第一款第二项的规定，判决如下：

一、撤销上海市虹口区人民法院（2022）沪0109民初10928号民事判决；

二、被上诉人刘某、王某于本判决生效之日起十日内支付上诉人甲科技公司预付款本金1643346.34元；

三、被上诉人刘某、王某于本判决生效之日起十日内支付上诉人甲科技公司利息损失。

【法官后语】

《最高人民法院关于适用〈中华人民共和国公司法〉若干问题的规定（二）》明确了清算组成员未依法履行清算义务所应承担的民事责任，但该司法解释及相关公司法律规定对清算组成员的民事责任如何适用诉讼时效尚未明确。本案争议便因诉讼时效而起，公司债权人以清算组成员未履行通知义务，导致债权人未及时申报债权而未获清偿为由，主张清算组成员对因此造成的损失承担清算赔偿责任。清算赔偿责任属于侵权责任，应当适用诉讼时效，但何时起算诉讼时效，本案客观事实是否产生诉讼时效中止的效果，对于诉讼时效的认定应当综合考虑哪些因素，值得探讨。

一、诉讼时效的价值判断

利益均衡保护是审理公司法案件原则之一，而诉讼时效的认定往往带有价值取向的判断。[①] 回到本案中，一审法院认为，根据案涉定制协议约定，乙科技公司在2016年即应向甲科技公司交付产品，后长时间未履行，甲科技公司理应对其履约能力、存续状况等加以关注，并积极采取救济措施。乙科技公司于2019年7月5日注销登记，该信息通过企业信用信息公示系统对外公示，推定所有人均知晓，应自此起算三年诉讼时效，甲科技公司于2022年9月1日方提

① 姚蔚薇：《公司清算义务人民事责任诉讼时效问题探析》，载《法律适用》2015年第4期。

起本案诉讼，其主张权利显然不够积极，对这种“权利睡眠”行为法律不应保护，应认定已过诉讼时效。而本文认为，在对本案诉讼时效的认定上，不仅需考虑诉讼时效制度规定本身，还应考虑清算组成员承担清算赔偿责任的立法目的。《最高人民法院关于适用〈中华人民共和国公司法〉若干问题的规定（二）》第十一条之所以规定清算组成员须对公司债权人未获清偿债权承担补充赔偿责任，除了在于追究清算组成员的民事责任，更在于督促清算组成员依法履行清算通知和公告义务，规范法人退出机制，保护债权人的应有利益。[①] 在公司清算过程中，侧重保护债权人利益，既是清算立法的价值取向，也是清算制度的重要立法原则。如果公司解散而不进行清算或清算不依法进行，会造成债权人权利落空，而对正当交易过程中的债权债务关系加以维护，是社会秩序的根本所在。[②] 故此，本文认为，在清算组成员清算赔偿责任的诉讼时效适用问题上，应坚持侧重保护债权人利益的理念。

诉讼时效的适用基础是请求权不行使的状态，因此只有存在权利人享有请求权而怠于行使的事实，方可适用诉讼时效；也只有在具备这种事实状态时，时效期间才开始计算。[③] 诉讼时效期间届满的效果是债务人可以提出不履行义务的抗辩，同时，《中华人民共和国民法典》诉讼时效条款规定法院不主动审查诉讼时效，若义务人放弃时效抗辩，法律亦尊重当事人的意思自治及自由处分。本案基础债权应于2016年最后一期产品交付时起算诉讼时效，甲科技公司直至2021年3月方就基础债权提起仲裁，其在长达5年时间内未有询问、催促乙科技公司履约进展或提起仲裁、诉讼的行为，确系怠于主张权利。然而在仲裁案件审理过程中，乙科技公司一人股东丙科技公司缺席审理，丙科技公司以其实际行为表明其抛弃了时效利益，仲裁庭则不得依职权适用诉讼时效，据此仲裁庭支持了甲科技公司的仲裁请求，对基础债权予以确认，并依据清算报告

① 最高人民法院民事审判第二庭编著：《最高人民法院关于公司法司法解释（一）（二）理解与适用》，人民法院出版社2008年版，第338页。

② 刘敏：《公司解散清算制度》，北京大学出版社2010年版，第278页。

③ 柳经纬：《关于时效制度的若干理论问题》，载《比较法研究》2004年第5期。

上丙科技公司的具结承诺裁决丙科技公司对基础债权承担连带责任。而从甲科技公司提起仲裁、强制执行、诉讼的时间线来看，甲科技公司自其知晓乙科技公司已注销起即始终处于积极寻求救济以实现己方债权的状态，显然不构成“怠于”向乙科技公司主张权利。根据查明事实，甲科技公司于2022年7月7日即向一审法院提出立案申请，即使按照乙科技公司注销公示之日即2019年7月5日起算诉讼时效，也仅差2天。另，甲科技公司在收到仲裁案执行终本裁定后的次日即提起本案诉讼的情况，亦可佐证甲科技公司主观上不存在怠于行使权利的情形。

二、处分原则——债权人可在多种请求权中自行选择救济方式

乙科技公司注销后，法律赋予债权人甲科技公司多种不同的诉讼权利，债权人可主张丙科技公司作为乙科技公司一人股东对公司债务承担连带责任，主张相关人员基于清算报告具结承诺承担清偿责任，抑或主张清算组成员就“未获清偿债权”承担补充赔偿责任。甲科技公司应当如何选择？

本文认为，本着保护债权人利益的原则，在债权人可基于多种请求权实现债权的场合，其选择何种救济方式是法律赋予的权利，也是民事诉讼处分原则的体现，该种选择权不应成为其寻求司法救济的障碍。甲科技公司的维权救济源于其对乙科技公司的合同债权未获清偿，在知道乙科技公司已注销后，甲科技公司基于其与乙科技公司的定制合同仲裁条款限制、乙科技公司系一人公司的特殊性及其一人股东丙科技公司在清算报告上所作的债务承担承诺等事实，理性考量针对各诉讼对象依据不同法律关系提出不同诉讼主张所面临的诉讼成本及难易程度、诉请实现的可能性大小等现实因素，甚至包括对各诉讼对象承担责任的顺位的单方认知，选择通过仲裁方式向一人股东丙科技公司主张连带责任，并经法院强制执行确认一人股东确无法清偿全部债权后，再行提起本案清算组成员侵权损害补充赔偿责任之诉，具有事实依据和现实合理性。由此可见，甲科技公司并非系消极不行使其对清算组成员享有的债权请求权，这与诉讼时效制度系用于对不积极行使权利人的惩罚的立法目的不同。[①] 因此，基于

---

① 高圣平：《诉讼时效立法中的几个问题》，载《法学论坛》2015年第2期。

本案清算组成员侵权债权与案涉合同债权、仲裁裁决债权之间的关联关系，法院宜将甲科技公司先行提起仲裁且待执行本终后提起本案诉讼的相关主、客观情节，作为本案诉讼时效是否已过的考量因素。

三、清算组责任案件的受理条件——多种责任的顺位问题

就本案清算组成员侵权责任的请求权基础而言。依照我国公司法律规定，公司清算过程中未依法通知债权人的，清算组成员系就其行为所造成的损失即债权人“未获清偿债权”承担赔偿责任，该责任为公司应负担责任之后的补充责任。[①]

值得考虑的是，本案基础债权经仲裁确认后，甲科技公司是否须获得执行本终裁定即符合“未获清偿”条件方可提起清算组成员责任之诉？该问题实质为：公司注销后，债权人主张一人公司股东对公司债务承担连带责任、清算组成员就“未获清偿债权”承担补充赔偿责任、相关人员基于清算报告具结承诺承担清偿责任，三种责任是否存在顺位？

本文认为，三者的请求权基础截然不同，分别为法人人格否认、保证和承诺、清算赔偿侵权责任，但对于甲科技公司而言，法律后果却有相同之处，均为保障其对乙科技公司的基础债权得以受偿，三者既存在并列关系，又互为补充。法律并无明确规定债权人必须先行对一人股东、作出具结承诺的相关人员提起诉讼，获得执行本终裁定后方可对清算组成员提起清算赔偿之诉。但实践中，若甲科技公司在提起仲裁申请同时，即向法院提起本案诉讼，一方面既可能面临因诉讼条件不足（“未获清偿债权”赔偿责任的具体金额无法确定，即损害后果无法确定）而不被受理的阻碍，另一方面可能造成不必要的司法资源浪费。

甲科技公司称，仲裁裁决所确认的债权系乙科技公司一人股东丙科技公司承担的连带责任，其性质与乙科技公司责任同质，优先于清算组成员责任，故而若该债权未经执行本终，则无法确定清算组成员应否被轮到承担责任，亦无法确认其应承担“未获清偿债权”赔偿责任的具体金额，甲科技公司起诉清算

---

① 李建伟：《公司清算义务人基本问题研究》，载《北方法学》2010年第4期。

组成员刘某、王某承担补充赔偿责任能否获得受理、审理处于待定状态。对此，本文认为，甲科技公司是否自始确因前述认知方才于仲裁裁决执行本终之后提起本案诉讼，难以确认，但鉴于甲科技公司2022年3月17日向法院申请网上立案强制执行2698号仲裁裁决时，留言称其申请本次执行是为了尽快执行终本，以便后续在诉讼时效期内提起清算责任纠纷，可以认定甲科技公司对本案诉讼时效给予充分关注，并依其所想、尽其所能积极促成相应纠纷进入诉讼程序。综上，本案诉讼时效是否经过的认定亦应对诉讼请求权基础的特殊性加以考虑。

四、小结

诉讼时效是民事权利受法律保护的期限前提，司法对诉讼时效期间经过的认定不宜过于苛刻，应以债权人怠于行使权利的行为事实为前提。本着保护债权人利益的原则，在债权人可基于多种请求权实现债权的场合，其选择何种救济方式是法律赋予的权利，也是民事诉讼处分原则的体现，该种选择权不应成为其寻求司法救济的障碍。债权人在先选择保结股东承担责任未获清偿后，要求清算组承担责任的，在债权人对诉讼时效给予充分关注，并依其所知、尽其所能积极促成相应纠纷进入诉讼程序的情况下，对于诉讼时效的认定应当综合考虑诉讼时效的制度价值、多请求权间的法律关联、案件受理的程序条件等维度，结合个案情形予以认定。

编写人：上海市第二中级人民法院　王曦　施凌波

46

拆迁安置房项目委托代建过程中对于承包人主张优先受偿权的处理

——某建工集团诉某建设公司破产债权确认案

【案件基本信息】

1. 裁判书字号

江苏省南京市中级人民法院（2023）苏 01 民终 13349 号民事判决书

2. 案由：破产债权确认纠纷

3. 当事人

原告（反诉被告、上诉人）：某建工集团

被告（反诉原告、上诉人）：某建设公司

【基本案情】

2015 年，某置业公司取得某拆迁安置房项目《建设工程规划许可证》，后某置业公司取得该地块国有建设用地使用权，用途为城镇住宅用地。2015 年 6 月，某置业公司与某建设公司签订《投资建设合同》，约定案涉项目以代建模式运作，某建设公司组织实施项目的投资、建设并按约定向某置业公司移交代建工程，某置业公司按约定向某建设公司支付项目回购价款。2016 年 3 月，某建设公司与某建工集团就案涉项目一期工程签订《建设工程施工合同》，约定由某建工集团进行施工。工程施工过程中，某建设公司与某建工集团于 2019 年 8 月签订《建设工程施工合同补充协议》（合同解除），约定双方一致同意解除案涉施工合同，双方互不承担及追究违约责任，并对工程移交、产值及付款情况作出约定。2020 年 7 月 28 日，某置业公司诉至法院要求解除与某建设公司签订的《投资建设合同》，法院作出生效判决确认双方合同解除。某置业公司已自行将案涉项目收回，但未与某建设公司就项目回购价款完成结算。2021 年 5 月 14 日，江苏省南京市雨花台区人民法院受理通州建总公司对某建设公司的破产清算申请。2021 年 6 月 30 日，江苏省南京市中级人民法院受理某建工集团的破产重整申请，2022 年 4 月 14 日，法院批准某建工集团产业集团有限公司等 25 家公司重整计划；终止某建工集团产业集团有限公司等 25 家公司实质合并重整程序，附件中包括某建工集团。

2022 年 1 月 21 日，某建工集团向江苏省南京市雨花台区人民法院起诉请求：（1）确认某建工集团申报工程款本金 130258786.47 元及逾期付款利息 2284594.35 元（利息自 2020 年 12 月 1 日起计算至 2021 年的 5 月 14 日，按同期 LPR 利率 3.85%/年计算）；（2）确认某建工集团对"新建某拆迁安置房项目施工工程"的折价/拍卖款享有优先受偿权；（3）本案诉讼费由某建设公司承担。某建设公司提出反诉请求：（1）判令某建工集团向某建设公司支付因违法转包产生的违约金 35067619.89 元；（2）本案诉讼费由某建工集团承担。

【案件焦点】

某建工集团主张的建设工程价款优先受偿权应否支持。

【法院裁判要旨】

江苏省南京市雨花台区人民法院经审理认为：某建工集团、某建设公司签订的《建设工程施工合同》《解除协议》及《清算协议》均合法有效，双方协商解除案涉建设工程施工合同，应按照《解除协议》及《清算协议》履行各自的义务。经审理认定，某建工集团施工部分的工程造价为 280907917.04 元、已付款为 239167700 元，未支付工程款 41740217.04 元。关于优先受偿权，某建设公司与某置业公司签订的《投资建设合同》及《补充协议》已被另案判决解除，案涉土地使用权登记在某置业公司名下，目前项目工程亦不处于某建设公司的控制之中，且案涉工程属于拆迁安置房项目，不宜折价、拍卖，故对某建工集团主张的优先受偿权不予支持。

江苏省南京市雨花台区人民法院依据《最高人民法院关于适用〈中华人民共和国民法典〉时间效力的若干规定》第一条，《中华人民共和国合同法》第六十条、第九十三条、第九十七条、第二百六十九条、第二百七十二条，《中华人民共和国民法典》第八百零七条，《中华人民共和国民事诉讼法》第六十七条、第一百四十五条，《最高人民法院关于适用〈中华人民共和国民事诉讼法〉的解释》第九十条、第九十三条之规定，判决如下：

一、确认某建工集团对某建设公司享有债权 41740217.04 元；

二、驳回某建工集团的其他诉讼请求；

三、驳回某建设公司的反诉诉讼请求。

某建工集团、某建设公司不服一审判决，均提起上诉。江苏省南京市中级人民法院经审理认为：某置业公司未作为发包人对案涉工程进行建设，亦未与某建设公司就工程已完工部分完成回购款的结算并支付；而某建设公司作为投资建设者，对其代建已完工的工程享有相应权利；某建工集团作为承包人，向某建设公司主张建设工程价款优先受偿权应予以支持。关于拆迁安置房项目的问题，某置业公司与某建设公司对案涉已完成工程进行回购并支付回购款，属于将案涉工程折价的合法方式之一，某置业公司所付回购款中优先保障某建工集团优先权的实现，不会影响案涉工程的回购及使用。对于案件涉及的其他争议问题，二审法院均同意一审法院裁判意见。

江苏省南京市中级人民法院依照《中华人民共和国民事诉讼法》第一百七十七条第一款第二项规定，判决如下：

一、维持江苏省南京市雨花台区人民法院（2022）苏 0114 民初 578 号民事判决第一项、第三项；

二、撤销江苏省南京市雨花台区人民法院（2022）苏 0114 民初 578 号民事判决第二项；

三、某建工集团就工程款 41740217.04 元在其承建案涉工程部分折价或者拍卖的价款中享有优先受偿权；

四、驳回某建工集团的其他诉讼请求。

【法官后语】

实践中委托代建的模式各不相同。以委托代建方式建设的工程，承包人依法享有建设工程价款优先受偿权在理论上并无争议，但针对不同委托代建模式下，承包人的优先受偿权能否得到支持以及如何实现是司法实践中值得讨论的问题。

本案的价值在于，委托代建合同约定由代建方投资进行建设，项目建成后向委托方进行移交并由委托方按约定向代建方支付项目回购价款，且委托代建的拆迁安置房项目性质不宜转让，此种情况下，承包人主张优先受偿权能否支持以及如何实现的问题。首先，代建方是在建工程的投资建设者，其因合法建造行为而对在建工程享有权利。委托方是案涉土地使用权人，但委托方未按约定支付项目回购价款，故委托方将项目取回并不能当然取得案涉建筑物的所有权。其次，承包人与代建方之间的建设工程施工合同合法有效，承包人向代建方主张建设工程价款优先受偿权，符合法律规定。再次，拆迁安置房项目性质不宜转让，但建设工程价款优先受偿权本质是一种变价的优先受偿权，本案中委托方与代建方约定由委托方支付回购价款对项目进行回购，是对案涉工程折价的合法方式之一，承包人的优先权以委托方支付的回购价款来保障实现，亦符合优先权行使的条件。最后，本案因代建方进入破产程序而涉及破产债权确认问题，因工程价款优先受偿权立法目的在于赋予承包人以其物化的劳动成果在债权范围内优先受偿的权利，以更好地保护建筑工人的合法权益，故以委托方应支付的项目回购款优先保障承包人优先权的实现，符合立法本意，也并未侵害代建方其他债权人的合法权益。本案保护了建筑工人的合法权益，同时也兼顾了其他债权人利益及公共利益，对于保障承包人优先权实现的路径进行探索。

编写人：江苏省南京市中级人民法院　李任飞

47

从破产企业处无偿受让的债权被用于抵销后管理人主张撤销权的法律效果

——某科技公司管理人诉某智能装备公司等破产撤销权案

【案件基本信息】

1. 裁判书字号

广东省高级人民法院（2022）粤民终 3302 号民事判决书

2. 案由：破产撤销权纠纷

3. 当事人

原告（被上诉人）：某科技公司管理人

被告（上诉人）：某智能装备公司、甲机械公司

被告：某五金公司

【基本案情】

2019 年 10 月 28 日，广东省东莞市第二人民法院就某科技公司与某智能装备公司承揽合同纠纷一案作出判决，判令某智能装备公司向某科技公司支付违约金 6059484.76 元。上述案件在二审审理期间，某科技公司作为甲方与某智能装备公司作为乙方、甲机械公司作为丙方，三方签订了《三方和解协议》，主要内容为：某智能装备公司分 6 个月向某科技公司支付应付款 1435197.29 元，甲机械公司成为保证人对某智能装备公司应付所有款项承担连带清偿责任。《三方和解协议》签订后，某科技公司、某智能装备公司分别向东莞市中级人民法院撤回上诉。某智能装备公司向某科技公司支付了第一期款。2020 年 4 月 3 日，某五金公司作为买方（甲方）与乙机械公司作为卖方（乙方）签订《设

备购销合同》，约定：某五金公司向乙机械公司购买6台精机共计147万元。2020年9月9日，乙机械公司作为甲方，某五金公司作为乙方，某科技公司作为丙方，某智能装备公司作为丁方就四方的债权债务关系在上述《三方和解协议》基础上，共同签订了《债权转让及抵销协议》，主要内容为：（1）鉴于某五金公司向乙机械公司购买机器设备，且某五金公司尚未支付乙机械公司设备款项，故乙机械公司对某五金公司享有147万元债权。（2）某智能装备公司尚未支付某科技公司货款共计1195997.29元，即某科技公司对某智能装备公司享有1195997.29元债权。（3）四方协商确认并同意，乙机械公司将对某五金公司的债权即147万元转让给某智能装备公司行使，某科技公司将对某智能装备公司的债权即1195997.29元转让给某五金公司；某智能装备公司获得乙机械公司转让的债权及某五金公司获得某科技公司转让的债权后，即某智能装备公司对某五金公司享有147万元的债权，某五金公司对某智能装备公司享有1195997.29元的债权，相互进行冲抵，冲抵后乙机械公司剩余债权274002.71元由某五金公司支付给乙机械公司。2020年12月30日，广东省惠州市中级人民法院作出（2020）粤13破申209号民事裁定：受理某科技公司的破产清算申请，并依法指定某律师事务所担任某科技公司管理人，徐某为管理人的负责人。

【案件焦点】

1. 某智能装备公司是否应当向某科技公司清偿人民币1195997.29元；2. 甲机械公司是否应当对某智能装备公司此项债务承担连带责任。

【法院裁判要旨】

广东省东莞市中级人民法院经审理认为：根据案涉《三方和解协议》，某科技公司对某智能装备公司享有债权1195997.29元。从案涉《债权转让及抵销协议》内容看，某科技公司将其对某智能装备公司享有的债权转让给某五金公司系无偿转让，该转让行为发生在法院裁定受理某科技公司破产清算申请前一年内，根据《中华人民共和国企业破产法》第三十一条第一款第一项之规定，某科技公司管理人诉请撤销某科技公司将对某智能装备公司享有的债权无偿转让给某五金公司的行为及追回该债权，理据充分，应予支持。某科技公司无偿转让债权的行为撤销后，某智能装备公司、甲机械公司与某科技公司应恢复履行上述《三方和解协议》。由于某智能装备公司没有依《三方和解协议》的约定如期履行债务，已构成违约，依该协议的约定，甲机械公司应作为保证人对某智能装备公司拖欠款项承担连带清偿责任。

广东省东莞市中级人民法院依照《中华人民共和国企业破产法》第三十一条第一款第一项、第三十四条的规定，判决如下：

一、撤销某科技公司于2020年9月9日将对某智能装备公司享有的人民币1195997.29元债权无偿转让给某五金公司的行为；

二、某智能装备公司于本判决生效之日起10日内向某科技公司清偿人民币1195997.29元；

三、甲机械公司对上列第二判项中某智能装备公司应负的债务承担连带清偿责任。

某智能装备公司、甲机械公司不服一审判决，提起上诉。广东省高级人民法院经审理认为：债权属于债务人财产的一种，破产企业在破产申请被受理前一年内无偿转让债权的行为，管理人有权依据《中华人民共和国企业破产法》第三十一条之规定申请人民法院予以撤销；在无偿转让债权行为被撤销后，债权受让人依法负有向破产企业返还债权的义务。债权受让人无偿受让债权后，即使与受让债权的债务人形成互负债务的情形，且与其约定抵销，但在该债务人并非善意的情况下，抵销约定也不能对抗破产企业。因此，该债权应当向破产企业返还，而从法律效果而言，该债权的债务人亦应当继续向破产企业履行债务。因案涉债权为附有连带责任保证担保的附保证债权，在主债权被返还之后，保证人所负之保证义务当然也应当继续履行。综上，某智能装备公司、甲机械公司的上诉理由均不能成立，其上诉请求应予驳回。

广东省高级人民法院依照《中华人民共和国民事诉讼法》第一百七十七条第一款第一项规定，判决如下：

驳回上诉，维持原判。

【法官后语】

本案涉及从破产企业处无偿受让的债权被用于抵销后管理人主张撤销权的法律效果，其更典型的意义在于，如果将抵销行为的内部构造视为当事人一方以自己对对方债权受让对方对自己债权的行为并导致债权债务归于一方而发生混同，则本案实质上是争议在债务人与第一受让人（无偿行为相对人）之间的转让行为被撤销之前，第一受让人已经处分其无偿取得的财产时，转得人（又称为后手受让人）对于债务人是否存在返还义务的问题。

无论是《中华人民共和国企业破产法》（以下简称《企业破产法》）和《中华人民共和国民法典》（以下简称《民法典》）及《最高人民法院关于适用〈中华人民共和国民法典〉合同编通则若干问题的解释》，均未在破产撤销权制度或者类似的债权人撤销权制度中，规定连续转让中的转得人问题。学界虽有观点认为可以适用善意取得规则解决这个问题，但善意取得规则只能作为转得人取得物权的依据，而不能成为转得人并非善意时是否应当参加破产撤销权诉讼及承担返还义务的裁判规则，而且从逻辑上而言，转得人不能依善意取得规则取得物权，不能完全等同于其向破产企业负有返还义务，所以在此情况下，仍应基于破产撤销权的进路通过解释论求解。

《企业破产法》第三十四条规定："因本法第三十一条、第三十二条或者第三十三条规定的行为而取得的债务人的财产，管理人有权追回。"所以破产撤销权的行使既能够否定债务人与相对人之间的行为，也可以否定双方之间的财产权利变动结果。在此意义上，撤销从法律意义上实质性地废除了该转让行为的效力，被转让的利益应当自动恢复成为债务人财产的一部分。同时，该法条并未限定，管理人的追回权只能向第一受让人主张。因此，如果被转让的债务人财产仍然存在或者物理灭失，管理人可以向第一受让人主张原物返还或者价值返还；但在债务人与第一受让人之间的无偿转让行为被撤销之前，第一受让人已经处分其所获得的债务人财产时，为保护交易安全，善意转得人可依据《民法典》第三百三十一条关于善意取得之规定取得相应物权，即当转得人为善意时，第一受让人的处分行为有效且善意转得人对债务人不负有返还义务，此时应由第一受让人向债务人进行价值返还；而在转得人并非善意时，管理人则仍可以向其主张《企业破产法》第三十四条赋予的追回权。

此处所指的善意转得人，须对于债务人与第一受让人之间的可撤销事由不知情，即事实上不知道存在可撤销事由，也不应当知道存在可撤销事由；而在本案中，各方当事人均为案涉《债权转让及抵销协议》的签约方，所以转得人应当明知案涉债权系无偿转让的事实，因此，本案转得人不能被认定为善意，其与第一受让人之间的抵销约定不能对抗破产企业。所以，在无偿受让债权的行为被撤销后，前述债权应返还破产企业。因本案无偿转让的财产为债权，故从法律效果上而言，财产返还实质结果为该债权的债务人继续向破产企业履行清偿义务。

综上，对于破产撤销权纠纷中的转得人而言，如其为善意，可依《民法典》第三百三十一条所规定的善意取得规则取得物权，并由第一受让人向债务人进行价值返还；但若转得人并非善意，则其亦负有向债务人原物返还或者价值返还的义务。

编写人：广东省高级人民法院　王泳涌

48

公司股东作为强制清算程序债权异议主体的参照适用及审查

——陈某诉某资产管理公司、龙某与公司有关的纠纷案

【案件基本信息】

1. 裁判书字号

重庆市第五中级人民法院（2023）渝 05 民终 3391 号民事裁定书

2. 案由：与公司有关的纠纷

3. 当事人

原告（被上诉人）：陈某

被告（上诉人）：龙某

被告：某资产管理公司

【基本案情】

2014年10月9日，陈某与龙某等共六人签订某资产管理公司章程，约定五人各自出资100万元，设立某资产管理公司，同时约定公司的主要资金来源为股东缴纳的资本金、公司不向内部或者外部集资、吸收或者变相吸收公众存款。嗣后，陈某按照约定实际出资100万元。公司成立后，王某（系龙某丈夫）与卿某共同负责公司经营事务。经营过程中，某资产管理公司使用王某与龙某的银行账户收取借款、股东出资款、对外支付款项。

2020年9月29日，因经营管理发生严重困难，另一股东陈某起诉要求解散公司，重庆市渝北区人民法院据此判决解散某资产管理公司。2021年2月25日，陈某向重庆市第五中级人民法院申请对某资产管理公司进行强制清算。同年3月25日，重庆市第五中级人民法院裁定受理了陈某对某资产管理公司强制清算申请，并指定某律师事务所担任某资产管理公司清算组。

2021年6月20日，在某资产管理公司强制清算过程中，龙某作为债权人向某资产管理公司申报债权135万元，并提交借条、银行流水等证据。2021年7月8日，清算组初步认定的某资产管理公司债务金额共计13637131元。其中，债权人龙某，确认借款本金135万元，确认利息1908415元，确认总金额3258415元。陈某对包括该笔债务在内的公司债务表示异议，并向清算组申请复核前述债务金额。

2021年10月19日，清算组向陈某书面回复：根据《中华人民共和国破产法》《中华人民共和国公司法》及相关司法解释的规定，债权人对清算组核定的债权有异议的，可以要求清算组重新核定。而陈某不是某资产管理公司的债权人，提出债权复核申请缺乏法律依据，故不予进行债权复核。陈某认为，龙某申报债权提交的债权凭证不能证明其对某资产管理公司享有3258415元的债权，故来院提起诉讼。

【案件焦点】

1. 陈某是否系本案适格原告；2. 龙某是否对某资产管理公司享有债权。

【法院裁判要旨】

重庆市渝中区人民法院经审理认为：陈某系本案适格的原告。一方面，从《中华人民共和国公司法》的规定来看，股东在清算程序分配公司剩余财产的顺序中处于末位，清算组对公司债权人申报债权的确认结果势必影响公司股东尚能分配的剩余财产余额，所以公司股东与清算组作出的债权、债务核定结果具有直接利害关系。另一方面，允许公司股东对清算组债权核定结果提出异议，符合市场经济效率原则，有利于充分保护其他债权人利益，兼顾公司股东的合法权益，能够妥善处理各方冲突，符合清算程序追求的效率目标。因此，陈某因对清算组的债权核定结果有异议，并以申报债权主体龙某及被清算的某资产管理公司为被告提起诉讼，符合起诉条件，陈某具有原告的诉讼主体资格。

虽然《借条》是以某资产管理公司名义出具的，但《借条》上记载的款项均系龙某直接转账至王某的个人账户。法院依据公司章程关于不向内部或者外部集资的规定，考虑到王某与龙某的夫妻关系、王某系某资产管理公司的实际控制人等，认为应当对某资产管理公司出具的《借条》中所载款项是否真实用于某资产管理公司经营作实质性审查，由于某资产管理公司没有实际核查公司会计账目，龙某和某资产管理公司亦没有提供证据证明《借条》上所载款项用于某资产管理公司经营，故认定无法确认龙某对某资产管理公司享有债权。

重庆市渝中区人民法院依照《中华人民共和国公司法》第一百八十六条第二款、第二百一十六条第一款第二项，《中华人民共和国破产法》第五十六条、第五十八条第三款，《最高人民法院关于适用〈中华人民共和国企业破产法〉若干问题的规定（三）》第八条以及《中华人民共和国民事诉讼法》第六十七条第一款、第一百二十二条、第一百四十五条，《最高人民法院关于适用〈中华人民共和国民事诉讼法〉的解释》第九十条之规定，判决如下：

确认被告龙某不对被告某资产管理公司享有3258415元的债权。

龙某不服一审判决，提起上诉。在上诉过程中，龙某未在指定期限内预交上诉案件受理费，重庆市第五中级人民法院按照自动撤回上诉处理，一审判决发生法律效力。

【法官后语】

公司股东对清算组债权核定结果提出异议后，清算组以公司股东并非法律明文规定的异议主体而不予重新核定，股东据此提起诉讼的，人民法院应当参照适用最相类似的《最高人民法院关于适用〈中华人民共和国公司法〉若干问题的规定（二）》第十二条之规定，并参照债权人提出异议和诉讼的条件予以受理和审查。本案裁判规则的确立，将强制清算股东作为债权异议主体的参照适用及实际审查，对于处理类似个案具有较大参考价值。

一、强制清算股东参照适用债权异议主体的逻辑推理判断

公司股东是否有权提起诉讼并没有法律明文规定，《最高人民法院关于适用〈中华人民共和国公司法〉若干问题的规定（二）》第十二条文义也无法涵摄本案事实要素。在参照适用的逻辑推理过程中，必须要求法官将类比推理与演绎推理进行熟练应用并有机结合，以达到合法性与正当性的双重认同。首先要解决公司股东对清算组核定的债权有异议时是否可以提起诉讼这一关键必要事项。

参照适用《最高人民法院关于适用〈中华人民共和国公司法〉若干问题的规定（二）》第十二条这一类似性规定肯定公司股东的诉讼权利，需要分两个步骤进行推理：第一个步骤：根据构成要件类似说，证明系争案件类型与前述法定类型的事实要素具有类似性。第二个步骤：根据案件事实要素的比对，再通过三段论逻辑推理，将系争案件事实要素涵摄于类似法律规定构成要件之下，并使公司股东享有对清算组核定债权异议并提起诉讼的同等权利。结论为公司股东应当享有可以提起诉讼的同等权利。

二、强制清算股东参照适用债权异议主体的利益衡量与价值判断

1. 参照适用的利益衡量。在强制清算过程中，虽然着重解决被清算企业与

债权人之间的个体利益冲突问题，但公司股东的合法权益也应得到体现与维护。公司股东与清算组作出的有关公司债权、债务核定结果具有法律上的直接利害关系。公司股东对债权、债务核定结果提出异议与提起诉讼将有利于衡平各方合法权益。

2. 参照适用的价值判断。对于强制清算中债权异议主体的参照适用的价值判断，主体参照适用应当契合公司清算程序的价值追求；且主体参照适用契合能动履职导向，确证本案合理完整的参照适用过程具有正当性，实现股东对清算组核定债权提出异议和诉讼参照适用债权人相关法律的漏洞填补。

三、强制清算股东参照适用债权异议主体之本案适用

强制清算程序作为公司退出市场机制的重要途径，应合理调整众多法律关系主体的利益，维护正常经济秩序。公司股东作为强制清算的重要参与主体，其利益不能被忽视。本案无法直接适用现有法律规定进行裁判，此时需要考虑简单“依法”下判后会不会引发新的不公平，进而选择最合适，更有利于双方当事人权益维护的“自由裁量”方案，故本案中援引类似法律规定并进行准确无误的逻辑推理与确证，认定股东应当参照债权人的诉讼地位对清算组债权核定结果提出异议。

首先，法院作出的此种主体参照适用的认定符合一般逻辑推理判断，根据构成要件类似说以及案件事实要素的比对，诉争案件事实要素与法定案件事实要素间具备了高度类似性，股东参照债权人享有提起诉讼的同等权利具有合理性。其次，股东主体参照适用的认定充分考虑了适用的利益平衡和价值判断。股东在清算程序分配公司剩余财产的顺序中处于末位，清算组对公司债权人申报债权的确认结果势必会影响公司股东尚能分配的剩余财产余额。赋予股东对清算组核定的债权提出异议，并向法院提起诉讼的权利，将股东的追究清算组承担赔偿责任的事后救济权利，转化为允许股东在清算组履行职责时实施监督的权利。进而进一步审查相关债权是否真实，更符合市场经济效率原则，更有利于充分保护其他债权人利益，更能兼顾公司股东的合法权益，妥善处理各方冲突。最后，认定股东参照债权人的诉讼地位对清算组债权核定结果提出异议

系能动履职在商事审判中的具体体现，通过商事纠纷的公正、效率处理，发挥生效判决示范引领作用，对司法实践中类推适用公司法及相关司法解释处理相关案件具有积极指导意义。

编写人：重庆市高级人民法院　刘智铭
重庆市第五中级人民法院　郝绍彬
重庆市渝中区人民法院　吕荣荣

49

管理人在破产程序中向破产企业的前任法定代表人、现任挂名法定代表人、监事主张承担民事责任的法律认定

——甲咨询公司诉周某等损害债务人利益赔偿案

【案件基本信息】

1. 裁判书字号

江苏省南通市中级人民法院（2023）苏06民终1769号民事判决书

2. 案由：损害债务人利益赔偿纠纷

3. 当事人

原告（上诉人）：甲咨询公司

被告（被上诉人）：周某、戴某、朱某

【基本案情】

甲咨询公司成立于2018年8月24日，注册资金为1000万元，法定代表人周某，监事朱某，股东为乙咨询公司。2020年5月6日，甲咨询公司的股东变更为某集团公司，法定代表人变更为戴某，担任执行董事。

2021年9月24日，江苏省南通市崇川区人民法院裁定受理申请人张某对

甲咨询公司的破产清算申请，并于2021年10月22日指定南通某会计师事务所担任破产管理人。2022年4月18日，法院裁定宣告甲咨询公司破产。2022年7月27日，法院裁定确认甲咨询公司债权金额为361697.79元，债权性质为普通债权。2022年8月13日，经债权人讨论决定，一致要求管理人起诉追究甲咨询公司股东、高级管理人员的法律责任，起诉对象为周某、戴某、朱某。后，管理人代表甲咨询公司提起本案诉讼。

【案件焦点】

周某、戴某、朱某在本案中应否承担相应的赔偿责任。

【法院裁判要旨】

江苏省南通市崇川区人民法院经审理认为：甲咨询公司进入破产程序时，周某已不再担任法定代表人，依法不属于履行配合清算义务人的主体范围。戴某系挂名法定代表人，没有实际权利义务，难以认定其具有妥善保管相应资料的职权和义务，不能认定与甲咨询公司主张的损失之间存在因果关系。朱某自甲咨询公司成立起即担任监事，但其职责为对公司事务进行监督，并不属于相关法律规定中的有关人员或实际控制人，不承担妥善保管并交付清算资料的职责。

江苏省南通市崇川区人民法院依照《中华人民共和国企业破产法》第十五条，《最高人民法院关于债权人对人员下落不明或者财产状况不清的债务人申请破产清算案件如何处理的批复》第三款，《最高人民法院关于适用〈中华人民共和国公司法〉若干问题的规定（二）》第十八条第二款、第三款规定，判决如下：

驳回甲咨询公司的诉讼请求。

甲咨询公司不服一审判决，提出上诉。江苏省南通市中级人民法院经审理认为：甲咨询公司并未出现公司法规定的解散事由，不存在需清算义务人在法定期限内成立清算组及时履行清算义务的情形，且周某、戴某、朱某也非法律规定的清算义务人，故甲咨询公司诉请周某、戴某、朱某承担因怠于履行清算义务造成公司损害赔偿责任于法无据。人民法院受理甲咨询公司破产申请时，周某已不再担任法定代表人，朱某虽为公司经营管理人员，但未经人民法院决定，并非《中华人民共和国企业破产法》第十五条规定的“债务人的有关人员”；戴某虽为法定代表人，但没有证据证明系其行为导致管理人无法执行清算职务，给债权人的债权造成损害，故甲咨询公司诉请周某、戴某、朱某承担企业破产法规定的“债务人的有关人员”的赔偿责任亦缺失依据。

江苏省南通市中级人民法院依照《中华人民共和国民事诉讼法》第一百七十七条第一款第一项之规定，判决如下：

驳回上诉，维持原判。

【法官后语】

本案系管理人在破产程序中向债务人的前任法定代表人、现任挂名法定代表人以及监事主张承担民事责任引发的纠纷，其请求权实质包括两个方面：一是清算义务人怠于履行清算义务损害债权人利益；二是债务人有关人员怠于履行破产清算配合义务损害债权人利益。本案围绕上述两项请求权涉及的法律适用问题进行了充分论证，为审理此类纠纷提供了分析样本。

一、公司法意义上清算义务人的界定及其责任承担

《中华人民共和国民法典》第七十条第二款规定，法人的董事、理事等执行机构或者决策机构的成员为清算义务人。该规定系基本法对法人清算义务人的一般性规定，对特殊类型法人的清算义务人，该款明确“法律、行政法规另有规定，依照其规定”。而本案判决时适用的2018年《中华人民共和国公司法》（以下简称《公司法》）第一百八十四条及《最高人民法院关于适用〈中华人民共和国公司法〉若干问题的规定（二）》第十八条均明确，有限责任公司的清算组由股东组成。甲咨询公司作为一人有限责任公司，如其股东会决议公司解散，清算义务人为其股东某集团公司。周某是曾经的法定代表人，戴某是现任的法定代表人，朱某是监事，三人都非甲咨询公司的股东，因而不是公司法意义上的清算义务人。

此外，本案清算义务人及时组成清算组进行清算的前提不存在。《中华人

民共和国民法典》第七十条第一款规定，法人解散的，除合并或者分立的情形外，清算义务人应当及时成立清算组。所谓及时，是指根据2018年《公司法》第一百八十三条规定，应当在解散事由出现之日起十五日内成立清算组，开始清算。因此，只有当公司解散事由出现后，清算义务人才负有及时清算的义务。2018年《公司法》第一百八十条规定了五项公司解散的事由，其中第一、第二、第四项事由出现需要清算义务人在十五日内成立清算组进行清算。本案显然不存在该条第一、四两项情形，与第二项事由“股东会或股东大会决议解散”也不相符，故公司法意义上的解散事由并未出现，也就不存在清算义务及时履行之说。

需要指出的是，2023年《公司法》第二百三十二条对公司清算义务人作出了新的规定，按照该规定，董事为公司清算义务人。对于此类案件的审理，2024年7月1日以后需结合《最高人民法院关于适用〈中华人民共和国公司法〉若干问题的解释（一）》作出相应认定。

二、《中华人民共和国企业破产法》第十五条第二款规定的“债务人的有关人员”的界定及其责任承担

《中华人民共和国企业破产法》第十五条第二款规定，债务人的有关人员包括企业的法定代表人和经人民法院决定的企业财务管理人员和其他经营管理人员。“债务人的有关人员”履行的是企业破产法规定的配合清算义务，承担的是企业破产法上的责任，而非公司法及其司法解释规定的不及时履行公司解散后的清算义务而应对公司债务承担的责任。本案中，周某在人民法院受理破产申请前已不再担任法定代表人，非前述法律规定的“债务人的有关人员”。朱某在人民法院受理破产清算申请时系公司监事，属于前款规定的其他经营管理人员，但甲咨询公司并未提供证据证明人民法院已经决定朱某必须履行上述规定之义务，不能仅依其经营管理人员的身份即认定其为“债务人的有关人员”。因此，周某、朱某均不属于上述规定的“债务人的有关人员”，无须承担怠于履行清算配合义务的法律责任。

戴某系人民法院受理破产申请时工商登记的法定代表人，即使其仅为挂名

法定人，也应当认定其身份为上述规定的“债务人的有关人员”。但戴某承担赔偿责任需以其行为与公司无法清算或者造成债务人损失具有因果关系为前提。根据查明的事实，戴某在受托担任甲咨询公司法定代表人时，与甲咨询公司股东签订挂名法定代表人免责协议，甲咨询公司亦在协议上盖章，证明戴某对公司没有实际权利义务，真正行使权利的是股东某集团公司。戴某既不保管公司账簿、文书等资料，也无对公司财务人员监督管理之职，在甲咨询公司进入破产程序之前，其股东并未赋予戴某公司法意义上法定代表人的权利，却要求戴某在破产清算程序中承担法定代表人的义务，对其显然不公平。综上，戴某虽未能向破产管理人移交财务账簿、文书等资料，未尽破产清算之配合义务，但其主观上并无过错，其行为与公司无法清算或者造成债务人损失不具有因果关系，故戴某无须承担企业破产法上的法律责任。

编写人：江苏省南通市中级人民法院　樊建兵　李晓晴

江苏省南通市崇川区人民法院　刘喆慧

50

偏颇性清偿行为被确认无效或被撤销后，未返还或未完全返还财产的债权人申报的债权应否确认

——某贸易公司诉某新材料公司普通破产债权确认案

【案件基本信息】

1. 裁判书字号

浙江省杭州市中级人民法院（2023）浙01民终11495号民事判决书

2. 案由：普通破产债权确认纠纷

3. 当事人

原告（被上诉人）：某贸易公司

被告（上诉人）：某新材料公司

【基本案情】

2020年3月24日，浙江省建德市人民法院（以下简称建德法院）作出（2020）浙0182破申2号民事裁定：受理某新材料公司破产清算并于同日指定管理人。

2020年9月22日，建德法院作出（2020）浙0182民初1842号民事判决：一、确认某冶金公司代某新材料公司向某贸易公司个别清偿债务5290600元的行为无效；二、某贸易公司于判决生效之日起十日内向某新材料公司管理人返还5290600元及利息损失。

2020年10月19日，建德法院作出（2020）浙0182民初1840号民事判决：一、撤销某冶金公司代某新材料公司向某贸易公司个别清偿的行为；二、某贸易公司于判决生效后十日内向某新材料公司管理人返还950000元及利息损失。

2020年10月23日，建德法院作出（2020）浙0182民初1846号民事判决：一、撤销某新材料公司向某贸易公司清偿货款4381925元的行为；二、某贸易公司于判决生效之日起十日内向某新材料公司管理人返还4381925元及利息损失。

上述个别清偿款本金共计10622525元。

因某贸易公司未根据上述三份民事判决返还财产，某新材料公司管理人向建德法院申请强制执行。在执行程序中，某新材料公司受偿337801.65元。因暂未发现某贸易公司有其他可供执行的财产，该院于2021年3月分别裁定终结三案的本次执行程序。后，某新材料公司申请某贸易公司破产清算。

2021年5月28日，浙江省绍兴市越城区法院作出（2021）浙0602破申13号民事裁定：受理某贸易公司破产清算并指定管理人。该公司管理人委托审计机构出具《专项审计报告》，载明：某贸易公司对某新材料公司享有应收账款18738971.15元，具体包括：双方逐笔核对并一致确认的7778644.50元；因某新材料公司管理人申请撤销该公司向某贸易公司个别清偿金额合计 10622525 元并取得生效判决；建德法院扣划某贸易公司存款后用于返还个别清偿款 337801.65 元。

2023 年 5 月 15 日，某新材料公司管理人向某贸易公司管理人出具《债权确认单》，载明：某贸易公司管理人向某新材料公司管理人申报债权 18738971.15 元，确认债权本金 8116446.15 元（包括双方核对一致的货款 7778644.5 元以及经强制执行返还的个别清偿款 337801.65 元），对申报的其他债权不予确认。某贸易公司管理人提出异议后某新材料公司管理人复核认为异议不成立，遂成讼。

【案件焦点】

破产企业的个别清偿行为被确认无效或被撤销后，个别受偿的债权人仅返还部分款项后其自身亦被裁定破产清算，其以尚未返还的个别清偿款金额申报的债权应否予以确认。

【法院裁判要旨】

浙江省建德市人民法院经审理认为：破产撤销权行使的法律后果是使债务人实施的损害债权人利益的行为因被撤销而丧失效力并恢复原有状态，但并不因此消灭债务人与撤销相对人之间原有的债权债务关系。在债权人某贸易公司亦进入破产程序的情况下，其对某新材料公司享有的普通债权可参照《中华人民共和国企业破产法》第四十七条关于附条件、附期限的债权和诉讼、仲裁未决的债权，债权人可以申报之规定，某贸易公司对某新材料公司可申报前述因撤销或者确认无效行为涉及的基础债权。但在某新材料公司获得分配额前，某贸易公司在某新材料公司破产程序中的分配额应予提存，否则显失公允。

浙江省建德市人民法院根据《中华人民共和国企业破产法》第四十六条第一款、第四十七条、第五十八条第三款规定，判决如下：

一、确认某贸易公司对某新材料公司享有金额为 10284723.35 元的普通债权；

二、驳回某贸易公司的其他诉讼请求。

某新材料公司不服一审判决，提起上诉。浙江省杭州市中级人民法院经审理认为：首先，债务人的个别清偿行为被撤销或被确认无效的法律后果应系个别清偿行为因被撤销或被确认无效而丧失效力，个别受偿的债权人应当返还所受偿的款项并归入破产财产用于对全体债权人分配清偿，而个别受偿的债权人则可依据基础债权关系向管理人申报债权。其次，本案中，某新材料公司的相关个别清偿行为已被法院判决撤销或确认无效，并判决某贸易公司将个别清偿款项共计 10622525 元及利息向某新材料公司管理人返还。后，某新材料公司管理人申请强制执行后仅受偿 337801.65 元，某贸易公司仍有 10284723.35 元款项未返还。最后，某贸易公司向某新材料公司申报的案涉债权被确认并获得清偿应以其实际返还个别清偿款项为前提，否则将损害某新材料公司全体债权人的利益，有违企业破产法关于公平清理债权债务的立法宗旨。人民法院作出某贸易公司向某新材料公司管理人返还个别清偿款项的判决以及某贸易公司破产后某新材料公司向其申报债权并被确认的行为，并不意味着某贸易公司已经实际返还了个别清偿款项，亦不代表其对某新材料公司享有的基础债权得以恢复。因某贸易公司未返还相应的个别清偿款项，其要求某新材料公司管理人对其申报的普通债权 10284723.35 元予以确认的诉请，缺乏事实和法律依据，本院不予支持，某新材料公司管理人对该笔债权不予确认并无不当。综上所述，某新材料公司的上诉理由成立，本院予以采纳。一审法院认定事实清楚，但适用法律不当，本院予以纠正。

浙江省杭州市中级人民法院依照《中华人民共和国民事诉讼法》第一百七十七条第一款第二项之规定，判决如下：

一、撤销浙江省建德市人民法院（2023）浙 0182 民初 2208 号民事判决；

二、驳回某贸易公司的诉讼请求。

【法官后语】

在破产程序中，债务人对个别债权人的偏颇性清偿行为时常存在，严重损害了其他债权人公平受偿的权益，管理人一般通过提起诉讼的方式请求人民法院对债务人的个别清偿行为确认无效或撤销，将个别清偿的财产复归破产财产。

本案的核心问题是债务人的个别清偿行为被人民法院确认无效或撤销后，个别受偿的债权人仅返还部分款项后其自身亦被人民法院裁定破产清算，其以尚未返还的个别清偿款金额申报的债权应否予以确认。

第一，个别受偿的债权人向管理人申报的债权被确认并在破产程序中获得清偿应以其实际返还个别清偿款项为前提。《中华人民共和国企业破产法》第十六条关于债务人在破产申请受理后对个别债权人清偿无效的规定以及第三十二条关于债务人于破产申请受理前六个月内对个别债权人进行清偿的行为可予以撤销的规定，均系为了防止债务人的个别清偿行为损害全体债权人在破产程序中公平受偿的权利，确保实现企业破产法公平清理债权债务的立法宗旨。债务人在破产前法定期间内以及破产后向个别债权人清偿款项后，理论上来说双方之间相应的基础债权消灭。当债务人的个别清偿行为被确认无效或被撤销，法律后果应系个别清偿行为因被确认无效或被撤销而丧失效力，个别受偿的债权人应返还受偿的款项并归入破产财产，用于对全体债权人分配清偿，否则双方之间的基础债权不能自行恢复。即债权人实际返还个别清偿的款项系其与债务人之间的基础债权得以恢复的前提。若债权人未返还或未全部返还个别受偿的款项，则其申报的债权不应被确认。本案中，某贸易公司进入破产程序后可供分配的破产财产极少，虽然某新材料公司向某贸易公司管理人就个别清偿款项申报债权并被确认，但实际可获得分配的金额极少，该笔债权的确认并不意味着某贸易公司已经实际返还了相关款项。因某贸易公司仅返还了337801.65元，仍有10284723.35元个别受偿款未返还，其申报的该部分债权当然不应被确认。

第二，个别受偿的债权人申报的债权应以双方之间的基础债权为审查依据。管理人审查个别受偿的债权人申报的债权时，应以债权人与债务人之间的基础债权为依据，而不能仅仅以人民法院生效法律文书判决债权人应返还的个别受偿款项的金额为依据。本案中，一审法院按照债权人未返还的个别受偿款项10284723.35元直接确认债权，并不妥当。理由如下：债务人的个别清偿行为一般具有主观恶意，其个别清偿的对象往往系与其存在关联关系的债权人，如债务人的关联企业或债务人法定代表人的近亲属，在破产前六个月内已经具备破产原因以及破产后仍对个别债权人清偿，说明其逃废债或使个别债权人获益的意图明显。在此情况下，双方在对基础合同进行结算时，极有可能将欠付金额提高，如实际欠付 800 万元，但债务人为提高对债权人的个别清偿金额，结算欠付 1000 万元。故，当个别受偿的债权人向管理人申报债权时，管理人应以双方之间的基础合同进行审查，避免债务人存在的上述恶意提高结算金额以达到逃废债的目的，以确保债权审查的真实性、准确性。

第三，个别受偿的债权人申报债权的路径。个别受偿的债权人一般可以就基础债权向管理人申报债权，但可以申报不代表就可以债权确认。司法实践中，当个别受偿的债权人向管理人申报债权时，管理人可对该笔债权进行登记，并以双方之间的基础债权为依据进行审查。当确认债权的条件成就，即上文阐述的个别清偿款项实际返还后，管理人再确认债权并在破产程序中予以清偿分配，以确保全体债权人的公平受偿利益不受损害。同时，为兼顾个别受偿的债权人利益，若债权人已经返还了部分款项，管理人可将该部分款项在破产程序中实际获得的清偿金额予以提存，待后续债权人实际返还款项的情况综合处理。

编写人：浙江省杭州市中级人民法院　丁希军

十、其他

51

违反附随义务导致出现僵局致使合同依法解除的法律分析

——郑某诉黎甲与企业有关的纠纷案

【案件基本信息】

1. 裁判书字号

广西壮族自治区柳州市中级人民法院（2023）桂02民终625号民事判决书

2. 案由：与企业有关的纠纷

3. 当事人

原告（被上诉人）：郑某

被告（上诉人）：黎甲

【基本案情】

2016年4月24日，彭某、张某、李某与黎甲就转让某石矿的采矿权和某矿粉厂的承包管理经营权签订《协议书》，约定黎甲出资528万元，占某石矿与某矿粉厂60%的股份，另三人占40%的股份。2019年1月29日，四人签订《股份转让协议书》，约定张某、李某、彭某三人将某石矿及某矿粉厂的占股40%转让给黎甲，转让金额为372万元。

2019年3月22日，黎甲与郑某签订《股份转让协议书》，载明某石矿为个人独资企业，投资人是彭某；某矿粉厂为集体所有制，法定代表人为黎乙。黎甲在协议书中承诺：上述矿山采矿权及矿粉厂为其一人独有，黎甲同意将矿山开采权及矿粉厂全部股份转让给郑某，总转让金额为930万元；转让的股份及其相对应的实体财产与权利真实存在，不存在任何权利瑕疵；不存在其他方对本协议所约定的相关股份、实体财产及权利产生争议；黎甲在四个月内完成上述开采权及矿粉厂的转名手续。协议书还对转让款的分期支付情况进行明确约定。协议签订后，郑某共向黎甲支付了372万元。

同日，各方相约办理法人过户手续。准备过户资料后，因当天时间不足，相约于3月25日（星期一）继续办理“转名手续”。3月25日早上，彭某以过户存在纠纷为由，要求工作人员暂不办理，下午，郑某带相关资料要求过户，工作人员以过户原法人不同意为由，暂时不予办理。2019年3月28日，郑某与彭某共同出具《情况说明》，就2019年3月22日、3月25日办证经过进行说明，载明系因资金没有到位，所以彭某要求暂不办理。

2019年4月19日，郑某向黎甲发送《关于不再支付协议书剩余价款的通知函》，告知因其仍未能提出有效证明证实对拟转让的标的物享有完全处分权，且某矿粉厂是集体所有，认为约定的转名办理方式与现行《中华人民共和国城镇集体所有制企业条例》的相关规定相违背，故将不再支付剩余价款。二审询问中，黎甲明确再次通知郑某继续办理过户手续的时间是2019年7月13日，其通过微信发出通知的同时也向郑某邮寄了函件。2019年7月15日至17日，黎甲持续向郑某发出数条微信，而2019年7月28日向对方发出邮寄的照片后，被微信系统告知双方非微信朋友。郑某自认因已经向公安机关报案，被告知在侦查期间不要与黎甲联系，故郑某自行删掉了黎甲的微信和电话。

2019年7月，郑某以被黎甲诈骗为由向县公安局D派出所报案，当月9日县公安局受理该案。2022年10月8日，县公安局出具《撤销案件通知书》及《撤销告知》，告知“郑某被诈骗案一案”不构成犯罪，决定撤销案件。黎甲在接受县公安局询问时曾自述：在签订2019年3月22日《股份转让协议书》之后的一段时间里，其自行对某石矿开采了约1000吨某矿石，将获得十几万元的收益用于支付员工工资。

某石矿投资人于2019年4月16日由彭某变更为黎乙。黎乙系黎甲的胞妹，二人均表示黎乙系根据黎甲的指示对某石矿、某矿粉厂代为“持牌”，可按照黎甲的指示配合办理后续手续。某石矿采矿安全许可证有效期至2016年9月26日，到期后至今未发放新证。市行政审批局于2016年12月15日出具的《非煤矿山建设项目安全设施设计许可意见书》记载，《某石矿开采设计》中的安全设施设计专篇已通过审查，审批局要求某石矿严格按照该项目安全设施设计施工。其后，县安全生产监督管理局于2019年3月4日到某石矿进行现场检查，《现场检查记录》记载：该矿山有《采矿许可证》且在有效期；矿山属于建矿期，有建矿审批文件；矿山现场处于停工状态。某石矿采矿许可证的有效期为2017年4月3日至2020年4月3日。在某石矿向县自然资源和规划局提交采矿权延续登记申请后，该局于2020年7月30日出具《限期办理采矿登记的通知》，以材料不齐全为由要求在2020年11月30日之前补齐材料。黎甲与彭某、李某、张某在2020年11月6日《协议书》中，对案涉矿山开采权证到期及补交续证资料等事宜进行了明确，同时指出四人于2019年1月29日签订的《股份转让协议书》并非各方真实意思，仅是为了简化转让手续。但因彭某不同意《协议书》中关于垫付款项等方面的约定，故未签字。2020年12月14日，郑某向县自然资源和规划局提交《申请书》，以某石矿转让过程中涉及刑事诈骗为由申请暂停办理采矿权证延续手续。2021年4月12日，县自然资源和规划局再次向某石矿发出《通知》，要求其在2021年6月底前办理采矿权延续、变更登记，告知逾期将导致采矿权自行灭失，但某石矿至今未办理完毕采矿权延续手续。2022年4月28日，县征地拆迁和房屋征收补偿服务中心与彭某、李某、张某、黎甲签订《青苗及地面附着物补偿协议》，明确某矿粉厂被拆迁约定补偿款860194.3元。黎甲自认案涉厂房已拆迁，四人已获得补偿款。

【案件焦点】

郑某与黎甲于2019年3月22日签订的《股份转让协议书》是否应予以解除。

【法院裁判要旨】

广西壮族自治区融安县人民法院经审理认为：郑某与黎甲签订《股份转让协议书》，涉及的转让标的分别是某石矿的采矿权与某矿粉厂的承包管理经营权，转让本质是某石矿股权的转让，系郑某与黎甲的真实意思表示，未违反法律、行政法规的强制性规定，股权转让协议合法有效。某矿粉厂属于集体所有制企业，现有证据亦未表明黎甲对某矿粉厂享有处分权利，故《股份转让协议书》关于某矿粉厂的转让部分效力待定。现，办理某石矿的过户过程中案外人彭某未配合办理过户手续，致使郑某甲并未能够按照协议约定获得某石矿的股权，合同目的未能实现。

广西壮族自治区融安县人民法院依照《最高人民法院关于适用〈中华人民共和国民法典〉时间效力的若干规定》第一条第二款，《中华人民共和国合同法》第二条第一款、第四十八条、第九十四条、第九十七条之规定，判决如下：

一、解除郑某与黎甲于 2019 年 3 月 22 日签订的《股份转让协议书》；

二、黎甲应于本判决生效之日起十日内退还郑某股权转让款 3720000 元；

三、黎甲应于本判决生效之日起十日内支付郑某逾期退还股权转让款的损失（以 3720000 元为基数，自 2019 年 7 月 23 日至 2020 年 8 月 20 日按照中国人民银行同期同类贷款利率计算，2020 年 8 月 21 日至款项实际还清之日止，按照全国银行间同业拆借中心公布的一年期贷款市场报价利率 LPR 计算）；

四、驳回郑某的其他诉讼请求。

黎甲不服一审判决，提起上诉。广西壮族自治区柳州市中级人民法院经审理认为：现行行政法规并未禁止集体所有制企业实行承包经营，某石矿作为个人独资企业，企业财产可由投资人自由处分，某石矿实际财产归黎甲所有，黎甲、郑某就转让某石矿所有权转让签署的协议内容属于合法有效的合同，双方均应当按照合同约定的内容履行各自义务，出让方黎甲理应在约定的期限内将合同标的交付给受让方郑某，亦需在期限内完成某石矿法定代表人、某矿粉厂投资人的“转名手续”。

双方沟通不畅、互不配合、拒绝协作等违反附随义务的行为以及诸多案外因素导致矛盾不断升级，某石矿投资人未能如期变更是引发后续纠纷的导火索，是导致合同目的落空的根本原因之一。黎甲未能按合同约定协调合伙人办理相应手续，在签订《股份转让协议书》后仍实际控制某石矿并自行进行采矿获得了收益，矿山安全生产许可证在双方缔约前早已处于过期状态，未能保证权利无瑕疵等行为均构成违约，加之某矿粉厂厂房已被征收，《股份转让协议书》的主要合同义务已失去继续履行的可能性及必要性，黎甲根本违约行为明显，郑某请求解除前述协议的主张符合法定解除情形。一审法院判决虽存在瑕疵，依法纠正后予以维持。

广西壮族自治区柳州市中级人民法院依照《最高人民法院关于适用〈中华人民共和国民法典〉时间效力的若干规定》第一条第二款、第三款，《中华人民共和国合同法》第九十四条、第九十七条，《中华人民共和国民法典》第五百六十三条第一款、第五百六十六条第一款，《中华人民共和国民事诉讼法》第一百七十七条第一款第一项，《最高人民法院关于适用〈中华人民共和国民事诉讼法〉的解释》第三百三十二条之规定，判决如下：

驳回上诉，维持原判。

【法官后语】

《中华人民共和国民法典》（以下简称《民法典》）第五百零九条第一款、第二款分别规定了合同的全面履行原则及基于诚信原则所产生的附随义务。附随义务一般理解为为了辅助实现债权人给付利益的义务，可以促进实现主给付义务，使债权人的给付利益获得最大可能的满足，属于从给付义务以外的更外围的一层义务。[①] 通说认为，附随义务从属于主给付义务和从给付义务，无法通过独立诉请履行而得到实现，只有在附随义务被违反且给对方造成损害时，才可以成立损害赔偿责任请求权，债务人不履行附随义务的，债权人原则上不

① 参见最高人民法院民法典贯彻实施工作领导小组编著：《中华人民共和国民法典合同编理解与适用（一）》，人民法院出版社2020年版，第339~341页。

得解除合同，故司法实践中存在“确认合同性质和类型—区分主、从给付义务及附随义务—分别确认合同归责方式”的认定路径，将附随义务排除在合同法定解除的具体分析和考量范围外。但在一些特定领域和场景下，一方当事人不适当履行附随义务也可能导致双方信任危机陷入合同僵局，致使合同失去继续履行的可能性及必要性的情况，此种状况下能否达到解除合同的效果，应结合具体查明的法律事实对双方行为逐一作出评价，进行综合分析和认定。

一、违反合同附随义务责任认定的具体考量

合同履行是合同法的核心，全面履行原则指对于债务人全部义务的履行，包括先合同义务、主给付义务、从给付义务、附随义务等，附随义务条款规定在合同全面履行原则之后，具有逻辑的连贯性。《民法典》第五百零九条第二款规定的当事人的“通知、协助、保密等义务”等附随义务的内涵和外延均有不确定性，附随义务在个案中具体指代的内容要根据具体合同的性质、交易习惯等，在诚实信用原则的指引下作出判断。

（一）附随义务不能致使合同法定解除观点的局限性

《民法典》第五百六十三条规定了合同的法定解除权，从法律条文的具体规定看，无论何种给付障碍形态，均需要达到合同目的不能实现的程度，方可产生法定解除权，可知合同目的能否实现是判断法定解除权是否产生的实质性标准。实践中认定债务人不履行附随义务的，债权人原则上不得解除合同，主要基于这几点原因：一是不履行附随义务采用损害赔偿来救济已经足够；二是违反附随义务仅构成不完全给付，不会导致对合同的实质性违反；三是轻易解除合同将导致合同目的无法实现，违反附随义务即可解除合同将极大耗费社会成本。上述观点均是基于附随义务的从属性，认为违反附随义务不构成对“合同目的无法实现”的原因力，进而与《民法典》第五百六十三条背后的认定逻辑相互衔接，得出附随义务不能致使合同法定解除的观点。但随着市场经济的迅猛发展，通常理解的“通知、协助义务”在特定的场景下也可能出现合同利益严重偏离预期、权利状态无法修复、主给付义务已无法实现的情况，附随义务对“合同目的无法实现”产生间接影响。此种情形下，将附随义务排除在合同法定解除的具体分析和考量范围外不仅不利于还原案件情况、了解当事人真实意思及对经济利益所做出的实际安排，还可能造成对合同效力及法律效果认定的偏差。

（二）矿业权纠纷中责任认定的特殊性

矿业权是一种自然资源物权，国家专门对矿业权的许可、运作、监督、行政责任等作出诸多规定。在现行法律框架下，矿业权既是一种用益物权，也是一种基于行政许可而获得的权利；既表现为一种民事财产权，又展现为一种特许经营权或行业准入资格，兼具公法、私法上的双重属性。

有别于一般民事主体，矿业权主体资格是自然资源主管部门的行政判断范畴，相关证照、资质的顺利办理及正常存续需经行政机关严格的审批手续。正是基于此，履行协助、配合等附随义务在矿物权纠纷项下具有特殊性，相较于其他合同更有赖于权益出让方、受让人双方的密切合作，任何一方怠于履行上述附随义务均有可能导致相关证照、资质无法维持正常存续，进而导致合同履行出现僵局、影响合同目的的实现，故在此类纠纷中，更应重视仅协助、配合等附随义务在矿业权纠纷中的履行情况，将附随义务纳入分析导致合同僵局的原因之中。

二、本案的处理

本案诉讼活动围绕郑某权利请求展开，其诉讼目的旨在行使法定解除权，解除案涉协议，要求相对方承担违约赔偿责任，故审理的核心是审查黎甲的行为是否具有《民法典》第五百六十三条第一款第二项、第四项合同依法予以解除的适用情形。本案中，《股份转让协议书》签订的目的在于郑某获取正常经营开采的矿山及矿粉厂，最终实现经济利益，需要注意的是，安全生产许可证、采矿许可证有效、存续，是矿山得以正常开展采矿活动、实现合同目的的必要条件，黎甲权利瑕疵担保责任的履行情况，必将影响郑某合同权利的实现，也是判断是否符合“当事人一方迟延履行债务或者有其他违约行为致使不能实现合同目的”法定解除情形构成要件的关键所在。

基于本案矿业权纠纷的特殊性，在审理该案过程中，充分详细地查明相关证照、资质的办理及相应通知、协助情况，将附随义务的履行纳入合同履行情况的查明中，考虑附随义务对合同陷入僵局致使合同目的无法实现的原因力。比如，郑某在《股份转让协议书》履约过程中，存在四个月办证履行期限内，接到黎甲的通知而未予回应，还自行切断联络方式等未尽到沟通、配合附随义务的违约行为，以上违反附随义务的行为直接影响相关证照、资质的顺利办理，是导致双方信任破裂、引发后续纠纷的导火索，也是形成僵局、导致合同目的落空的根本原因之一。

郑某的违约行为与黎甲未能保证矿山安全生产许可证权属状态完备无权利瑕疵、未实际移交某石矿和某矿粉厂、某矿粉厂厂房已被征收等先行违约行为共同导致转让某矿粉厂承包经营权的主合同义务已经失去继续履行的可能性，已达到《民法典》第五百六十三条第一款第二项、第四项法定解除合同的情形，故本案据此作出解除合同的裁判。

编写人：广西壮族自治区柳州市中级人民法院　李婷婷　黄麟茜

52

公司“董监高”不能仅以其特殊身份占有与其履职身份无关的公司证照

——某投资公司诉何某等公司证照返还案

【案件基本信息】

1. 裁判书字号

北京市第二中级人民法院（2023）京 02 民终 13933 号民事判决书

2. 案由：公司证照返还纠纷

3. 当事人

原告（被上诉人）：某投资公司

被告（上诉人）：何某

被告：某母婴护理公司、江某

【基本案情】

王某系某投资公司的法定代表人，王某与何某系某投资公司的股东，王某持股60%，何某持股40%，同时何某系某投资公司的监事。

2022年7月6日，甲方何某与乙方王某签署《和解协议书》，约定内容包括“甲乙双方终止在某投资公司、某酒店的合作关系。乙方在某投资公司的全部股份，按照234万元的转让金额转让给某母婴护理公司。乙方不再担任某投资公司、某酒店的法定代表人和经理等一切职务。乙方应在当日把某投资公司、某酒店的执照印章、工商会计税务文件、与各方签订的合同原件等全部移交给某母婴护理公司。乙方自本协议签订之日起积极配合某投资公司及甲方完成股权变更、法定代表人及公司职务变更、公司交接相关手续。乙方承诺在本合同签订之日起7日内，搬离相应房屋交付给某母婴护理公司。交接完成时，甲方向乙方交付交接清单。”

2022年7月26日，王某与某母婴护理公司签署《股权转让协议》，约定王某将其持有的某投资公司60%的股份转让给某母婴护理公司。

2022年8月2日，某母婴护理公司向王某发送《解除〈股权转让协议〉通知》，载明“王某：我公司2022年7月26日与你就某投资公司股份转让事宜签署的《股份转让协议》，因你严重违约导致合同目的无法实现，于本通知发出之日起正式解除。”

2022年8月20日，王某出具《复函》，载明“贵公司的‘解除《股份转让协议》通知’已收讫。我方同意贵司提出的解除双方于2022年7月26日签订的《股份转让协议》的请求；但不同意贵司解除《股份转让协议》的理由。请贵司自收到本函之日起5日内将2022年7月26日签订的《交接清单》所列全部材料交还给我方。”

2022年8月20日，王某向何某出具《解除〈和解协议书〉通知》。2022年8月30日，何某向王某出具《函告书》，载明“王某：你好。你2022年8月26日发来的解除《和解协议书》通知收悉。同意解除你我双方此前签订的《和解协议书》，但不认可你所陈述的解除理由。解除也系你本人丧失诚信恶意违约所致。此外，《股份转让协议》的合同相对方已经把某投资公司的证照资料移交给公司监事，不存在交还资料的问题。”

2022年7月26日，交付方某投资公司与接收方某母婴护理公司签订《交接清单》载明“某投资公司公章、合同专用章、发票专用章、财物专用章各一枚，共四枚；U盾4个、33××甲银行卡1张、25××甲银行卡1张；多功能电子回单系统电子卡，回单系统打印卡，各1张，共二张；某投资公司营业执照正本1份，副本2份；某汽车贸易公司与王某签订的《房屋租赁意向书》1份；某汽车贸易公司与某投资公司签订的《房屋租赁合同》2份（含补充协议）；某投资公司与乙银行签订的《房屋租赁合同》1份（含补充合同）；某投资公司与C公司签订的《代理记账委托合同书》1份；某汽车贸易公司与某投资公司签订的《物业管理委托合同》1份；某投资公司与丙银行签订的《房屋租赁合同》1份；某投资公司与丁银行签订的《房屋租赁合同》1份，其他合同原件及复印件共29份。”接收方处加盖有某母婴护理公司的公章，并有江某的签字，载明交接时间为2022年7月26日18：05。

2022年7月27日，交接人麻某签署《交接表》，载明“某投资公司一证通、开票盘、开户许可证原件一份，印章留存卡一套，全部空白发票，银行余额1647071.91元，可用余额4271.91元。甲银行、乙银行、丙银行、丁银行各联系人以微信形式推给麻某。杨某付房租现金收据一份，某酒店和某投资公司之前的章各一套。银行密码器一个。”

2022年8月1日，交接人麻某签署《交接清单》，载明“（1）二层财务室门钥匙2把；（2）保险柜钥匙1把；（3）配电室钥匙3把；（4）直播间房间钥匙4把；（5）直播间钥匙3把；（6）6层房间磁卡4个+一套；（7）电梯卡1张；（8）电梯间库房钥匙1把；（9）财务室财务电脑及数据物品。已交接完毕。

【案件焦点】

1. 公司证照保管人如何确定；2. 公司的董事、监事或者高级管理人员能否依据其特殊身份占有公司证照；3. 应返还的“公司证照”范围如何认定。

【法院裁判要旨】

北京市大兴区人民法院经审理认为：本案系“公司证照返还纠纷”，公司证照返还纠纷实质上仍是公司控制权纠纷，故判断标的物是否属于公司证照范畴应当综合考虑标的物与公司运营管理的利益关系以及非法占有人的目的性和关联性。因此，“公司证照”一词不应仅局限于公司的营业执照、税务登记证等公司证件，而应作广义解释与理解。根据以上判断标准某投资公司诉讼请求中主张的某投资公司营业执照（正副本各 1 份），公章、合同专用章、发票专用章、财物专用章各 1 枚；U 盾 2 个；卡号为 33××、25××甲银行卡各 1 张；多功能电子回单系统电子卡、回单系统打印卡各 1 张，共 2 张；会计凭证（总账及明细账）；开户许可证；社保登记证属于本案处理“公司证照返还”的处理范畴，某投资公司诉讼请求中的其他不属于“公司证照”的范畴，本案中不予处理。首先，某投资公司对江某提出的诉请主张，因 2022 年 7 月 26 日的《交接清单》上接收方某母婴护理公司，接收方处虽有江某的签字同时也有某母婴护理公司的公章，江某的签字应系作为某母婴护理公司的授权代表签署的，故江某个人没有接收来自某投资公司的证照材料，其不具有返还的义务。其次，对于某投资公司要求某母婴护理公司返还“公司证照”的主张，2022 年 7 月 26 日的《交接清单》中某母婴护理公司作为接收方加盖公章，接收了《交接清单》载明的材料。但 2022 年 8 月 3 日某母婴护理公司作为交付方、某投资公司作为接收方再次签署了《交接清单》，其中载明的交付材料与 2022 年 7 月 26 日的《交接清单》的材料除第十一项外完全一致，其中 2022 年 7 月 26 日的《交接清单》第十一项载明内容为“某投资公司与乙银行签订的《房屋租赁合同》1 份（含补充合同）”，2022 年 8 月 3 日《交接清单》第十一项载明内容为“某投资公司与乙银行签订的《房屋租赁合同》1 份”，某投资公司作为接收方在 2022 年 8 月 3 日《交接清单》上加盖了公章，并有其监事和股东何某的签字，因此某母婴护理公司对 2022 年 8 月 3 日《交接清单》载明的材料不再继续具有向某投资公司返还的义务。最后，某投资公司要求何某返还“公司证照”的主张，何某自认现持有 2022 年 8 月 3 日《交接清单》载明的所有材料，《交接清单》中的物品材料是某投资公司合法所有的财产，也是某投资公司开展正常经营活动的保障，某投资公司有要求返还的权利和必要。本案中，双方当事人均认可某投资公司的章程、内部管理文件及公司决议等文件中对于公司印章、证照、印鉴等“公司证照”保管并无明确规定，故应由该公司自行保管。一般而言，法定代表人被推定为公司证照的占有人及使用人，上述物品应依据法律规定或公司章程及公司内部有关制度的规定妥善保管。现，何某的身份虽是某投资公司的监事及股东，但并非某投资公司的法定代表人或指定的上述物品的保管人，何某擅自保管缺乏依据，理应返还。现，何某认为某投资公司的法定代表人王某保管上述材料将导致公司损失进一步扩大，严重损害公司利益，不适宜返还，其提交的证据不足以证明其该主张，其该项意见亦不能成为何某擅自保管上述物品的理由。故，在其提起的本案“公司证照返还纠纷”中，本院对某投资公司要求何某返还某投资公司营业执照（正副本各 1 份）、公章、合同专用章、发票专用章、财物专用章各 1 枚，U 盾 2 个；卡号为 33××、25××甲银行卡各 1 张；多功能电子回单系统电子卡，回单系统打印卡各 1 张，共 2 张的诉讼请求，本院予以支持。

某投资公司主张某母婴护理公司、江某、何某返还开户许可证的请求，2022 年 7 月 27 日《交接表》其中交接物品包含开户许可证，但交接人处签字的人为“麻某”。根据 2022 年 8 月 1 日麻某作为接收人签字的《交接清单》与 2022 年 8 月 3 日某母婴护理公司作为交付方与某投资公司作为接收方签署的交回的《交接清单》的交付材料内容完全一致的情况，本院认定麻某作为接收方签字是代表某母婴护理公司签的，现未有证据证明某母婴护理公司将某投资公司的开户许可证返还给了某投资公司，现王某与某母婴护理公司之间的《股权转让协议》已经解除，因此某母婴护理公司无权继续占有某投资公司的开户许可证应当返还某投资公司。

某投资公司主张某母婴护理公司、江某、何某返还会计凭证（总账及明细账）、社保登记证的请求，由于其未提交证据证明某母婴护理公司、江某、何某占有这些物品，某母婴护理公司、江某、何某亦不认可其占有，故本院对某投资公司该部分请求不予支持。

北京市大兴区人民法院依照《中华人民共和国民法典》第二百三十五条，《中华人民共和国公司法》第三条，《最高人民法院关于适用〈中华人民共和国民事诉讼法〉的解释》第九十条之规定，判决如下：

一、何某于本判决生效后十日内向某投资公司返还某投资公司营业执照（正副本各1份）、公章、合同专用章、发票专用章、财物专用章各1枚，U盾2个，卡号为33××、25××甲银行卡各1张，多功能电子回单系统电子卡，回单系统打印卡各1张共2张；

二、某母婴护理公司于本判决生效后十日内向某投资公司返还某投资公司开户许可证；

三、驳回某投资公司的其他诉讼请求。

何某不服一审判决，提出上诉。北京市第二中级人民法院经审理认为：何某称其代表某投资公司接收公司证照等材料，属于合法持有。某投资公司的证照从公司成立时由法定代表人王某持有，何某未能提供公司章程、股东会决议等证据证明某投资公司作出改变公司证照持有人的决议或决定，现有证据亦不足以证明王某存在损害公司利益或不具备担任公司高级管理人员资格的情形，故对于其相应上诉主张，不予采信。综合上述情况，何某的上诉理由，没有事实和法律依据。

北京市第二中级人民法院依照《中华人民共和国民事诉讼法》第一百七十七条第一款第一项规定，判决如下：

驳回上诉，维持原判。

【法官后语】

公司是企业法人，有独立的法人财产，享有法人财产权，而公司的证照、印章、银行印鉴等均属公司财产，由公司依法享有占有、使用、收益和处分的权利，以上系公司对外作出意思表示的有形载体与表现形式，亦属于公司主体资格的证明。但基于对外经营与内部管理之需要，公司往往会授权股东、实际控制人、法定代表人、高级管理人员或因工作需要的相关人员进行保管。由于公司自治的复杂性与多样性，当公司发生管理人员更迭、内部控制权争夺等情形时，容易发生持有人无权占有且不愿意归还的情形，进而引发公司证照返还纠纷案件。本案公司证照返还纠纷的主要争议焦点和涉及的法律问题如下。

一、公司证照保管义务人的确定

对于公司证照保管人，公司可以在章程中进行明确。如果章程中没有规定，则应当由公司最高权力机关（一般为股东会）对公司证照保管及使用事项进行决议。但在实际经营中，由于部分公司管理不规范，对于公司证照的有权占有人、不当占有人的认定存在争议。根据《中华人民共和国公司法》的规定，公司的法定代表人是公司对外行为的代表，可以代表公司的意志，且其作为公司应当进行登记的重要事项之一，对外亦存在公示效力，因此，当公司章程、制度、股东会决议等均未对公司证照管理作出明确规定的，应当认为由法定代表人或其授权的工作人员负有公司重要证照的保管义务。

二、公司的董事、监事或者高级管理人员能否依据其特殊身份占有公司证照

公司的董监高，因其特殊身份，通常会成为公司日常经营管理中公司证照的管理人或使用人，但其对公司证照的占有亦需要经过公司或法定代表人的授权。在未获得授权的情况下，公司董监高不能仅以其具有的特殊管理身份为由，占有与其履职行为无关的公司证照。但是为了确保公司的规范有序运行，当有关人员基于授权或履职行为合法占有或保管公司证照时，公司若需要取回证照或变更证照管理人，也需要依据法定或章程规定的内部治理程序作出有效决议进行变更。

三、"公司证照"范围的界定

公司证照从性质上来说，是政府有关部门向公司核发的、证明公司合法经营的有效证件。但公司证照返还案由下的"公司证照"不仅包含从字面意思可

推定的营业执照，还应当包含公司主体资格证明、能够对外代表公司意思表示、与公司对外经营密切相关的各类证照或物品。比如，组织机构代码证、特许经营机构许可证、法人章、财务专用章、合同章、发票专用章、银行开户许可证、银行印签、银行U盾及密码、财务账册、记账凭证、原始凭证等，其属于公司的财产，又具备代表公司的权利外观，应作为证照返还的范围。但“公司证照”的含义也不应过分扩大。并非所有对公司具有重要意义的动产都属于公司证照的范围。比如，公司的业务合同、客户名单、投资清单、投资协议等文件以及银行对账单等会计凭证，虽然对公司的经营管理也具有重要意义，属于公司法人财产，但是其并不具有对外代表公司意志的作用，更强调财产价值，不宜纳入公司证照的范围。对于因该类文件或动产产生的纠纷，还是应当通过有关物权保护的民事诉讼程序解决。

编写人：北京市大兴区人民法院　魏若男

53

公司权力机构与执行机构的冲突处理路径

——某科技公司诉刘某公司证照返还案

【案件基本信息】

1. 裁判书字号

北京市第一中级人民法院（2023）京01民终2263号民事判决书

2. 案由：公司证照返还纠纷

3. 当事人

原告（被上诉人）：某科技公司

被告（上诉人）：刘某

【基本案情】

某科技公司成立于2005年5月30日，系周某自然人独资有限责任公司。2016年7月28日之前，周某任执行董事、总经理，此后法定代表人由周某变更为刘某，同时刘某担任经理职务。2019年2月25日，执行董事由周某变更为刘某。

某科技公司章程约定：第八条，股东行使下列职权：（一）决定公司的经营方针和投资计划；（二）选举和更换非由职工代表担任的执行董事、监事，决定有关执行董事、监事的报酬事项……第十一条，执行董事行使下列职权：（一）负责向股东报告工作；（二）执行股东的决定……（八）决定公司内部管理机构的设置……（十）制定公司的基本管理制度。第十二条，公司设经理，由股东决定聘任或者解聘，经理对执行董事负责，行使下列职权：（一）主持公司的生产经营管理工作，组织实施股东决定……（三）拟定公司内部管理机构设置方案；（四）拟定公司的基本管理制度；（五）制定公司的具体规章……第十五条，经理为公司的法定代表人。第十六条，法定代表人行使下列职权：（一）检查股东决定的落实情况，并向股东报告；（二）代表公司签署有关文件……

2020年5月29日，某科技公司委托律师向刘某发送律师函，记载要求刘某返还对某科技公司相关财物的管理权等。

某科技公司提交周某签名的《股东意见书》，记载：我作为某科技公司股东，特作出如下决定：(1) 由某科技公司向刘某提起公司证照返还之诉，希望公司借助法律武器能够拿回属于某科技公司的财物，维护自身的合法权益。(2) 由某科技公司委托的某律师事务所黄某律师代为接收诉请返还的公司物品。(3) 待某科技公司与刘某的全部纠纷处理完毕、刘某完成与某科技公司的财物交接之后，再依照公司程序解除刘某的职务等。

刘某要求某科技公司更换其法定代表人身份，在更换后同意将其实际持有的公司物品返还。某科技公司称因刘某没有完成离任前的审计、没有交接物品、返还公司资金及履行其承诺的义务，不同意解除其法定代表人职务。但某科技公司表示刘某现已不享有公司章程规定的执行董事和经理的职权。某科技公司称因刘某于2019年开办贝安公司后，事实上已停止履行某科技公司法定代表人职责，作出了损害某科技公司的行为，故要求刘某将公司物品返还给周某委托的人员代为接收。

【案件焦点】

在某科技公司拒绝变更刘某法定代表人身份的情况下，作为一人有限公司股东周某可否以某科技公司名义要求现任法定代表人、执行董事、经理刘某返还公司物品及资料。

【法院裁判要旨】

北京市昌平区人民法院经审理认为：依法设立的公司有独立的法人财产，享有法人财产权。公司证照、公章、法定代表人名章对外代表公司意志，是公司的表象，属于公司财产。作为所有权人，公司对前述物品享有占有、使用、处分等权利，其有权决定此类物品具体由何人占有保管。公司证照返还纠纷所指向的标的物范围不仅限于公司证照、各类印章，还包括其他对公司经营具有特殊意义的动产。就本案而言，对于某科技公司主张返还财物清单中刘某认可其保管的物品（包括：法定代表人名章、对公账户密码器、某科技公司现金支票20张及转账支票3张、2017年I公司授予某科技公司最佳分销商奖杯、某科技公司商标注册凭证书），一审法院确认刘某应返还某科技公司。对于某科技公司主张的S软件数据，根据证人证言及刘某陈述，应认定刘某持有某科技公司的软件数据，对于某科技公司前述请求，一审法院予以支持；对于某科技公司主张的电子账簿，其庭审中已明确该部分内容系S软件中的财务数据，故对其该项主张，一审法院不予重复认定。对于某科技公司主张的2019年度及之前的某科技公司手记账簿，根据某科技公司股东周某与赵某的沟通及证人陈述刘某在某科技公司的经营管理职责、刘某明确其未与某科技公司进行过交接的陈述等，应认定刘某负担有返还某科技公司手记账簿的职责，但应以刘某担任某科技公司经理及法定代表人期间为限。对于某科技公司主张的2017年度及之前的会计公司账簿，考虑刘某在某科技公司任职时间及经营管理职责，以及某科技公司提交的《会计资料交接单》记载内容，一审法院确认刘某应返还 2016 年、2017 年会计账簿。对于某科技公司主张的税务登记证正副本，根据周某向刘某发送的邮件记载证章包括营业执照、税务登记证及某科技公司确认营业执照目前在公司等事实，一审法院对此予以支持。某科技公司主张的法人身份证复印件，非公司财产范围，一审法院对此不予支持；某科技公司对其主张的办理注销的相关凭证未予明确，且双方确认相关注销程序已经完成，故对其该项主张，一审法院不予支持。对于某科技公司的其他主张，刘某辩称其未保管，考虑某科技公司曾搬至 G 办公地点、其他资料系公司因开展具体经营事项而产生，某科技公司应证明其主张资料实际存在且应由刘某保管，此外，根据某科技公司陈述意见，S 软件数据已包含了业务资料，综上，对于某科技公司的其他请求，一审法院不予支持。

北京市昌平区人民法院依照《中华人民共和国民法典》第二百三十五条，《中华人民共和国民事诉讼法》第六十七条之规定，判决如下：

一、刘某于本判决生效后十五日内返还某科技公司法定代表人名章、对公账户身份认证卡、对公账户密码器、公司现金支票 20 张、转账支票 3 张、2016—2019 年手记账簿、2016—2017 年会计账簿、2019 年及之前 S 软件数据、商标注册凭证书、税务登记证正副本、2017 年 I 公司授予的最佳分销商奖杯；

二、驳回某科技公司的其他诉讼请求。

刘某不服一审判决，提出上诉。北京市第一中级人民法院经审理认为：首先，从刘某在某科技公司的任职情况考量。根据某科技公司章程的约定，某科技公司生产经营活动的管理者是刘某，刘某在其职权范围内有权保管案涉争议物品及资料。某科技公司股东的直接职权中并不包括对公司内部生产经营的管理权，故某科技公司股东并不享有直接决定公司资料和物品保管者的权限。

其次，从公司内部治理层面考量。股东可将公司的具体管理权限交付给执行董事及执行董事聘任的经理，亦可通过将自己选举为执行董事和经理的方式直接参与公司的经营管理。周某仅具有公司股东身份，其要求现任公司执行董事及经理将公司资料及物品直接返还给股东，与某科技公司内部治理结构明显不符。

最后，从公司内部各主体权责利平衡角度考量。在某科技公司经营权与所有权分离的情况下，一人公司股东的主张，不能当然反映公司的独立利益与意志。若刘某存在损害公司利益的行为，股东可就特定损害行为向刘某主张侵权责任，但不能据此直接否定刘某享有执行董事和经理的职权。周某一方面否认刘某享有法定代表人职权，另一方面又要求刘某继续承担法定代表人的义务，其主张明显缺乏合理性，亦有违公平原则。

北京市第一中级人民法院依照《中华人民共和国公司法》第二十条，《最高人民法院关于适用〈中华人民共和国民事诉讼法〉的解释》第九十条，《中华人民共和国民事诉讼法》第一百七十七条第一款第二项规定，判决如下：

一、撤销北京市昌平区人民法院（2020）京0114民初11065号民事判决；

二、驳回某科技公司的全部诉讼请求。

【法官后语】

本案的争议焦点在于作为公司权力机构的周某，能否要求作为执行机构的刘某返还公司经营管理所需的资料及物品。具体可从以下几点予以分析：

首先，应区分刘某与周某的职权范围。某科技公司的公司章程对各自权限有明确的约定，相关约定与公司法并无原则性出入，可作为确定双方职权范围的依据。根据章程约定，涉及某科技公司财务和经营管理的具体负责人是经理，周某要求返还的公司资料和物品，应由公司经理负责保管。周某提出，其为公司一人股东，对公司享有绝对控制权，公司章程中，明确写明执行董事要执行股东的决定，经理要组织实施股东决定，故周某已经书面作出决定，要求刘某返还公司资料和物品，刘某应当执行。针对该问题，二审判决采取了对章程进行体系解释的方法予以认定，根据某科技公司的章程，执行董事和经理需要执行一人股东的决定，但一人股东有权决定的事项应当限定于章程中明确约定的股东职权，将此处的股东决定扩大至公司的所有事项将与章程约定明显不符。由于某科技公司章程中一人股东并不享有公司经营和财务的管理权，故此处股东作出的交回公司资料和物品的决议缺乏章程的授权基础，不能对执行董事和经理产生约束力。

其次，应要求股东按法定路径管理公司。某科技公司的章程将公司管理权赋予执行机构，权力机构能否脱离章程约定直接替代行使，此时涉及权力机构的收权问题，即一人股东是否可以直接将公司章程中赋予执行机构的职权收回自行行使。公司治理模式要求公司所有权与经营权相分离，执行董事及经理作为管理者，享有法定的管理公司的权限，如允许权力机构收回管理权，则法律明确规定的公司内部职权划分将丧失必要意义，故应当对权力机构的收权行为持否定态度。权力机构仅能通过法定途径，即委派执行机构来间接行使对公司的管理权，而非直接越权行使。本案中，周某既可以选择以变更公司执行董事和经理的方式，收回刘某的管理权，亦可以通过将其自身委派为执行董事和经理直接行使对公司的管理权，在其未经公司内部法定程序变更执行机构前，不应认定其作为权力机构享有直接管理公司的权力。

最后，应从权责利平衡角度出发，考虑公司的整体利益。本案中，周某一方面认为刘某损害公司利益，不应再享有执行董事和经理职权，另一方面，又拒绝变更刘某的法定代表人（经理）职务，要求其继续履行法定代表人的义务。在委托合同法律关系项下，刘某根据章程对经理和执行董事职权的相关约定接受周某的委派，出任某科技公司的上述职务，其由此也需要担负法律、行政法规及章程对公司执行机构及法定代表人规定的责任。现，周某一方面收回章程赋予刘某的权利，但要求刘某继续履行义务，明显违反了合同法律关系项下权利义务对等原则。同时，上述内容，实际是对双方委托事项的根本性变更，上述变更并未征得刘某的同意，周某单方的意思表示不能成立。而公司的法定代表人，是公司的对外代表，是法人人格的具体化，某科技公司的主张，实际是要确立刘某的挂名法定代表人身份，上述法定代表人名实不符的情形，将影响某科技公司的正常对外经营，涉及市场交易风险和不特定债权人的利益，故从公司内外整体利益角度出发，某科技公司的主张，亦不应予以支持。

编写人：北京市第一中级人民法院　王晴

54

公司注销后又恢复登记，股东应否对公司债务承担赔偿责任

——某商贸公司诉某资产管理公司等票据追索权案

【案件基本信息】

1. 裁判书字号

山东省济南市中级人民法院（2023）鲁01民终7660号民事判决书

2. 案由：票据追索权纠纷

3. 当事人

原告（上诉人）：某商贸公司

被告（被上诉人）：黎某、雷某、某贸易公司、某园林绿化公司、某资产管理公司、某设备租赁公司、王某

【基本案情】

2020年12月14日，某园林绿化公司签发可转让电子商业承兑汇票一张，票据号码为23××77，收票人为某设备租赁公司，票面金额为574193.75元，到期日为2021年12月14日，承兑人某园林绿化公司。后，该汇票经以下连续背书转让：某设备租赁公司→某商贸公司→……→某资产管理公司→某商贸公司。2021年12月17日，某商贸公司提示付款，2021年12月21日被拒付，拒付理由为商业承兑汇票承兑人账户余额不足，后某商贸公司在电子商业汇票系统中提起拒付追索。

某商贸公司提交购销合同、送货单、对账单、支付证明等证据证明其取得涉案票据的基础法律关系。某设备租赁公司系王某占股100%的自然人独资有限责任公司。某园林绿化公司系某贸易公司占股100%的外商投资企业法人独

资有限责任公司。

某商贸公司由黎某、雷某于2016年3月4日出资设立，黎某、雷某系某商贸公司股东，均分别占股50%，认缴出资日期现登记为2036年12月30日。某商贸公司提起本案诉讼时该公司为注销状态，2023年1月11日，某商贸公司恢复登记，公司现状态为在营。经法院询问，某商贸公司未申请变更被告或追加某商贸公司为被告参加诉讼。

【案件焦点】

公司注销后又恢复登记，股东是否对公司债务承担清偿责任。

【法院裁判要旨】

山东省济南市济阳区人民法院经审理认为：某商贸公司因在票据到期后依法提示付款被拒付，某商贸公司依法取得票据追索权。在某商贸公司尚未终止且无证据证明某商贸公司财产不足以清偿债务，又无证据证明此前的注销行为系股东恶意实施的情况下，某商贸公司要求股东黎某、雷某承担责任，于法无据。王某、某贸易公司未举证证明公司资产独立于其个人财产的情况下，作为一人有限责任公司的股东应分别对某设备租赁公司、某园林绿化公司的涉案票据债务承担连带责任。

山东省济南市济阳区人民法院依照《中华人民共和国民法典》第五十七条、第五十九条，《中华人民共和国票据法》第六十一条、第六十八条第一款、第七十条，《中华人民共和国公司法》第五十七条第二款之规定，判决如下：

一、某资产管理公司、某园林绿化公司、某设备租赁公司于判决生效之日起十日内连带支付某商贸公司票据款574193.75元及利息；

二、王某对上述第一项中某设备租赁公司的债务承担连带付款责任；

三、某贸易公司对上述第一项中某园林绿化公司的债务承担连带付款责任；

四、驳回济某贸易公司的其他诉讼请求。

某商贸公司不服一审判决，提出上诉。山东省济南市中级人民法院经审理认为：某商贸公司在注销登记及恢复登记前后其资产或财产状况变化会影响公司承担责任能力及经营能力等，因此，某商贸公司在注销登记及恢复登记前后财产状况及有无变化系本案重点审查的内容。黎某、雷某未提交充分有效证据证明某商贸公司恢复登记后其财产状况恢复到注销登记前的财产状况，也不能证明在此期间某商贸公司所属财产没有减少或者排除股东财产与某商贸公司财产混同情况，故黎某、雷某依法应承担举证不能的不利后果。某商贸公司要求股东黎某、雷某承担责任，具有事实和法律依据，予以支持。

山东省济南市中级人民法院依照《中华人民共和国民事诉讼法》第一百七十条第一款第二项之规定，判决如下：

一、维持济南市济阳区人民法院（2022）鲁 0115 民初 3565 号民事判决第一项、第二项、第三项及一审诉讼费负担部分；

二、撤销济南市济阳区人民法院（2022）鲁 0115 民初 3565 号民事判决第四项；

三、被上诉人黎某、雷某分别在认缴出资额 250 万元范围内对第一项判决确定的债务承担连带付款责任；

四、驳回某商贸公司的其他诉讼请求。

【法官后语】

公司注销后又恢复登记，判断股东应否对公司债务承担清偿责任，不应仅对公司主体恢复情况作形式审查，还应对公司独立承担责任核心要素进行实质审查，并重点审查公司资产或者财产的恢复归位情况及公司经营、责任能力是否恢复到注销前状态，并科以股东较重的举证证明责任。同时，综合考虑以下因素：一是股东申请注销公司又恢复登记过程中是否损害债权人合法权益；二是股东行为与债权人所受损害之间是否具有因果关系；三是股东是否存在过错。

一、穿透性审查公司注销及恢复登记前后财产状况，并课以股东较重的举证证明责任

判断公司债权人利益是否受到影响或损害，应重点审查公司资产或财产状况是否恢复到注销前状态。（1）股东应举证证明公司注销前资产或者财产状况。股东注销公司登记前一般要经过清算程序：编制资产负债表及财产清单、

债权催收、债务清偿、账册（包括文件、记账凭证）等会计资料的保管、形成清算报告等。如果股东未依法履行清算义务，未经上述清算程序致使公司注销前财产状况无法查明，影响债权人权利实现，应作为股东应否承担责任的重要考量因素。(2) 股东应证明注销后财产保管处置情况，同时也要证明恢复登记后财产恢复归位情况及是否恢复注销之前状态。股东还应证明恢复登记后经营能力、经营状态是否恢复到公司注销前状态。同时审查是否存在资不抵债、明显缺乏清偿能力或者财产混同等情形。避免出现公司财产已被掏空，恢复登记只是“徒有虚名”。

二、股东是否负有过错及因果关系的考量

(1) 股东注销公司登记前通常要履行必要的通知、清理财产、债权催收、债务清偿、编制资产负债表、财产清单；保管账册、文件、会计资料凭证等清算义务，股东怠于履行、不履行法定义务的行为均可作为过错因素考量。(2) 因果关系判断。股东滥用权利等非法行为引起公司财产变动，又不能排除财产被侵蚀或混同等情形，直接影响债权人利益的实现，可被认定为具有因果关系。

三、股东责任认定及公司注销及恢复登记规制建议

公司注销后又恢复登记，股东不能证明公司财产以及经营、责任能力已恢复到注销前的状态公司，或恢复登记后原公司财产因法律不能或事实不能而不能恢复到公司名下；同时可能存在公司不能恢复正常经营状态，则可认定损害了债权人利益。损害的产生与股东的非法行为有因果关系，同时股东本身存在过错。因此，股东应对公司注销前债权人承担赔偿责任，该赔偿责任应以其出资额为限。

公司注销后未经验资及资本审查直接恢复登记，与现行市场准入、公司设立等制度相冲突，不利于维护公司设立、市场准入、资本维持等相关制度体系的内部和谐。实务中，若公司恢复登记后只是“空壳”而阻却股东责任承担，可能使股东因其非法或过错行为而获益，且有群起效尤之殆，不利于诚信体系构建，与优化营商环境相关政策制度相悖。从制度层面，公司注销后再恢复登

记，缺乏正当合理性，实务操作中不宜直接恢复登记，应严格遵循公司设立程序及制度规定。

编写人：山东省济南市中级人民法院　王立强

55

公司注销后仲裁协议对股东的效力延伸

——郭某诉王某、雷某申请确认仲裁协议效力案

【案件基本信息】

1. 裁判书字号

北京市第四中级人民法院（2023）京04民特975号民事裁定书

2. 案由：申请确认仲裁协议效力

3. 当事人

申请人：郭某

被申请人：王某、雷某

【基本案情】

2011年7月18日，郭某与某网络公司签订《服务合同》第7.5条约定："凡因移动云址及移动运营引起的或与移动云址及移动运营有关的任何争议，均应提交至中国国际经济贸易仲裁委员会进行仲裁。仲裁庭应当设立于北京。仲裁裁决是终局的，仲裁费用由败诉方承担。"

2012年1月18日，某网络公司名称变更为某科技公司，股东为王某、潘某。2012年6月6日，某科技公司作出股东会决议，同意申请公司注销并成立清算组，决议上有王某、潘某签字。2012年9月16日的《清算报告》载明："某科技公司经全体股东同意已办理公司注销事宜……已无其他应收及应付款。

剩余30000元资金按股东比例进行分配退还，王某应得16666元，潘某应得13334元。”《清算报告》上有某科技公司及清算组成员王某、潘某的签章。2012年9月16日的《担保证明》载明：“经某科技公司全体股东同意，已办理公司注销事宜，公司对外已无其他债务事宜，如有债务可按各自股东比例承担处理。”《担保证明》上有某科技公司及股东王某、潘某的签章。

在法院审查过程中，潘某、王某认可潘某已退股，在办理注销登记时根据工商机关的要求，经潘某电话授权，由王某代其签字。

【案件焦点】

1. 公司注销后仲裁协议效力能否进行延伸；2. 未办理变更登记的退股股东能否继受仲裁协议。

【法院裁判要旨】

北京市第四中级人民法院经审理认为：郭某主张《服务合同》中的仲裁条款对王某、潘某具有约束力。对此，首先，《中华人民共和国仲裁法》第十六条规定：“仲裁协议包括合同中订立的仲裁条款和以其他书面方式在纠纷发生前或者纠纷发生后达成的请求仲裁的协议。仲裁协议应当具有下列内容：（一）请求仲裁的意思表示；（二）仲裁事项；（三）选定的仲裁委员会。”本案中，《服务合同》中包含仲裁条款，郭某、某网络公司具有请求仲裁的意思表示，选定的仲裁委员会明确，仲裁事项为合同纠纷，属于可仲裁范围。故，《服务合同》中的仲裁条款具备上述规定的形式及实质要件，且不存在《中华人民共和国仲裁法》第十七条仲裁协议无效的情形，应属有效。其次，本案中某网络公司将名称变更为某科技公司，现某科技公司已注销，主体资格消灭。王某作为某科技公司登记的股东，在办理某科技公司注销程序时，出具《担保证明》，承诺“某科技公司对外已无其他债务事宜，如有债务可按各自股东比例承担处理”，应认定王某承继某科技公司在《服务合同》项下的权利义务，包括争议解决方式。潘某虽抗辩称其已退股，王某对此亦表示认可，但双方未办理工商变更登记，且王某、潘某均认可在某科技公司办理注销登记时，潘某系通过电话授权王某代其在《清算报告》《担保证明》上签字确认。在此情形下，从形式上看，潘某作为某科技公司登记的股东亦承继了某科技公司在《服务合同》项下的权利义务，至于其是否需要承担责任，应由仲裁庭在仲裁实体审查后作出相应处理。最后，郭某与某网络公司在《服务合同》中明确约定将合同相关争议提交贸仲仲裁，某科技公司注销系案涉合同履行过程中主体资格变化的特殊情形，不应因此而改变缔约时对争议解决方式的选择，故通过仲裁方式解决争议，符合当事人的预期。据此，《服务合同》中的仲裁条款对王某、潘某有约束力。

北京市第四中级人民法院依照《中华人民共和国仲裁法》第十六条、第十七条规定，裁定如下：

确认郭某与某网络公司于2011年7月18日签订的《服务合同》中的仲裁条款对王某、潘某有效。

【法官后语】

未经清算通知的债权人能否依据与公司签订的合同要求股东继受仲裁协议，我国法律并无明确规定。当前工商注销流程中的简易注销程序主要通过股东提供的承诺函来实现，因此简易注销中可能存在原公司的债权债务关系没有完成清理的情形。参照《最高人民法院关于适用〈中华人民共和国公司法〉若干问题的规定（二）》第十九条的规范意旨，股东以虚假陈述办理法人注销登记，应对公司债务承担相应责任，涉及原公司权利义务的仲裁协议和其他相关的程序性安排也应继续有效，股东作出承诺即表示同意遵守合同中原有的仲裁协议的约定。

一、仲裁协议效力扩张的条件

仲裁合意是仲裁协议最基本的要素，本质上是要求仲裁各方以书面协议的形式确认其选择仲裁作为争端解决方式的意愿。公司注销情形下，仲裁协议效力的延伸是为了保护债权人的利益免于因股东的行为而受损。

对于公司注销后的仲裁协议适用范围不能简单地认为适用或不适用于股东，需要综合全案情况具体认定，参考以下几个条件：一是该股东是否全面参与合同的缔结、履行或终止；二是该股东是否与债务人存在密切联系，一般表现为

《中华人民共和国公司法》上的密切联系；三是股东是否知道或应当知道仲裁协议的存在。除非当事人之间另有约定或明确作出拒绝仲裁的表示，否则权利义务承受人、受让人均无法阻断仲裁协议向其扩张的效力。股东因不实陈述进行简易注销，在其承诺按照股权比例对公司未清偿债务承担责任的情况下，应由原股东代替债务人作为原合同的接续履行人。本案中，王某系某科技公司控股股东，实际参与了公司经营与案涉合同的签订履行，且王某在《担保证明》承诺对某科技公司的债务按股东比例承担，应认定王某承继某科技公司在《服务合同》项下的权利义务，包括争议解决方式。

二、2023年《中华人民共和国公司法》对仲裁协议效力扩张的影响

2023年《中华人民共和国公司法》增设了简易注销，在债务人申请适用"无债权债务—债权债务已清算完毕"进行注销的情况下，作为股东必须按照工商登记机关的要求出具《简易注销全体投资人承诺书》，该承诺视为股东实质上接收了债务人的财产与债务。这份承诺经过公示后，相当于对广大非特定债权人的承诺，具有法律承继的效果。因此，经简易注销的公司，原公司的仲裁协议应对作出上述承诺的股东具有约束力。

三、股权变更未经登记不得对抗第三人

股权变更应依照公司法规定的条件和程序，订立股权转让协议经股东会决议同意，并进行工商变更登记。根据《中华人民共和国公司法》第三十四条的规定，有限责任公司的登记事项发生变更的，应当办理变更登记。未经登记或者变更登记的，不得对抗第三人。确认股权转让是否完成的关键在于权利义务的承受是否依法或依约已经完成。具体到本案中，虽然潘某主张其已退股，公司内部知晓并同意其股权转让一事，王某也向其支付了股权转让款，但潘某在退股后未进行股权变更登记，且在某科技公司注销登记时，其仍授权王某代其签字并承诺按股份比例承担公司债权债务。由此可见，潘某虽主张其鉴于办理简易注销登记时公司债务未清偿完毕，在没有完成合法清理的情形下，原仲裁协议对潘某具有约束力。

编写人：北京市第四中级人民法院　李晓蕊　张思凡

56

股权争议情形下异议股东股权回购请求权的行使

——王某、孙某诉某机械公司请求公司收购股份案

【案件基本信息】

1. 裁判书字号

山东省淄博市中级人民法院（2023）鲁03民终66号民事判决书

2. 案由：请求公司收购股份纠纷

3. 当事人

原告（反诉被告、上诉人）：王某、孙某

被告（反诉原告、被上诉人）：某机械公司

【基本案情】

某机械公司成立于1996年3月11日，公司成立时由五个单位组成，均为股东注资，公司章程载明王某、孙某等九人为公司董事会成员。公司经历过减资、变更名称。2003年11月1日，某机械公司股东会决议载明：新吸收王某、孙某等七人为公司新股东，某农药厂、某玻璃厂退出公司，其中，某农药厂转让给王某30万元、转让给孙某13万元，某玻璃厂转让给王某20万元、转让给孙某10万元，王某共持股50万元（出资比例为12.5%），孙某共持股23万元（出资比例为5.75%）。2014年7月4日，某机械公司股东会决议将公司注册资本由400万元变更为1200万元，其中新增的注册资本王某以货币认缴100万元、孙某以货币认缴46万元。至此，公司章程中载明王某共持股150万元（出资比例为12.5%），孙某共持股69万元（出资比例为5.75%）。2021年12月12日，某机械公司召开临时股东会，会议记录中载明："会议主要内容为：召

开本次股东会的议题是关于分红的有关事项但是由于公司仍有很多历史遗留问题亟须解决。因此，关于公司分红的事项在解决完这些历史遗留问题之前先不予讨论，等到这些遗留问题处理完毕以后再召开股东会讨论具体的分红数额和方式。”王某、孙某的签名处均注明“不同意本决议内容（本项决议）”。

【案件焦点】

股权争议情形下异议股东股权回购请求权的行使。

【法院裁判要旨】

山东省高青县人民法院经审理认为：本案系请求公司收购股份纠纷，应当依次解决四个问题：一是股东资格的确认；二是股权比例的确认；三是回购条件是否成就；四是回购款数额的确认。

关于原告（反诉被告）的股东资格问题。股东是向公司出资或认购公司股份，从而享有股东权利的人。股东资格主要取决于公司章程和股东名册的记载，原告（反诉被告）依据公司章程中的记载，认为自己享有被告某机械公司的股东资格，虽然被告（反诉原告）认为原告（反诉被告）大部分股权系代持，仅有很少一部分自有股权，但并未否认其股东资格，故对原告（反诉被告）享有被告某机械公司的股东资格不存在争议，本院予以确认。

关于原告（反诉被告）在被告（反诉原告）公司股权比例的问题。根据《中华人民共和国公司法》第三条第二款、第二十八条及第三十四条规定，本案中，某机械公司的章程中记载王某的出资额为150万元，持股比例为12.5%；孙某的出资额为69万元，持股比例为5.75%。根据《最高人民法院关于适用〈中华人民共和国公司法〉若干问题的规定（三）》第二十条的规定，王某、孙某未向本院提交出资证明书、股东名册等能够证明出资的文件，也未提供转账凭证或财务进账记录等能够证明出资的证据，不能证明对该款项已实际出资到位，且2014年7月4日的认缴时间约定为于2024年7月3日前全部缴纳，即使某机械公司曾于2014年7月22日按照12.5%和5.75%给王某、孙某的分红，也不必然地证明两原告已经按照该比例真实出资，结合当时企业改制时由企业高级管理人员或股东代持公司股份的通行做法，某机械公司认为系代持股的意见符合当时的实际情形，具有高度的盖然性，本院予以采信。故，王某、孙某以某机械公司章程中载明的持股比例主张权利的证据不足，本院不予支持。

关于回购条件是否成就的问题。《中华人民共和国公司法》第七十四条第一款第一项的规定是原告王某、孙某据以起诉的法律依据，根据本院调取的某机械公司财务报表显示，2019年的未分配利润（69476368.34元）少于2018年的未分配利润（75081397.66元），不满足“五年连续盈利”的条件，并且2021年12月12日的临时股东会也未否认分红，因此王某、孙某请求被告某机械公司回购股权的条件尚不具备。退一步讲，即使具备了回购的条件，因王某、孙某的股权比例未能确定，回购权亦不能实现。

关于回购款数额的确认问题。即使符合回购条件，回购款应当以公司净资产数额乘以股权比例计算得来，以所有者权益与股权比例计算于法无据。而某机械公司的净资产与原告的股权比例均未能确定，故原告王某、孙某主张的回购款数额不能确认。

山东省高青县人民法院依照《中华人民共和国公司法》第七十四条、《中华人民共和国民事诉讼法》第六十七第一款，《最高人民法院关于适用〈中华人民共和国民事诉讼法〉的解释》第九十条之规定，判决如下：

驳回原告（反诉被告）王某、孙某的诉讼请求。

原告（反诉被告）王某、孙某不服一审判决，提出上诉。山东省淄博市中级人民法院同意一审法院裁判意见。

山东省淄博市中级人民法院依照《中华人民共和国民事诉讼法》第一百七十七条第一款第一项规定，判决如下：

驳回上诉，维持原判。

【法官后语】

本案系请求公司收购股份纠纷，争议焦点为股权争议情形下异议股东股权回购请求权的行使。基于公司资本多数决与中小股东权利保护的利益衡平需要，

《中华人民共和国公司法》第八十九条赋予异议股东在法定情形下行使股权回购请求权。对于股权争议情形下异议股东股权回购请求权的行使应当从以下几个方面进行分析：

第一，关于异议股东股权回购请求权的行使。结合《中华人民共和国公司法》第八十九条的立法目的，只要具备公司连续五年盈利且该五年未分配盈余的前提，股东参加股东会决议并在不分配股利的决议中股东明确提出反对意见，异议股东就可以行使股权回购请求权。因此，异议股东需要参加股东会决议并在不分配股利的决议中投出反对票，股东会决议作出后，异议股东与公司仍然未能就股权回购达成一致协议的，异议股东可在法定期限内向人民法院提起诉讼。如果公司连续五年盈利且连续五年不分配利润，而公司根本未就分红事项召开过股东会会议，或者公司虽然召开了决议，但未对股利分配形成决议时，则原告股东将丧失在股东会上投反对票的前提条件。

第二，提起股权回购请求权的主体应是公司股东。在涉及股权回购请求权的诉讼纠纷中，原告应当为异议股东，这一点并无争议，但是如何确定可以行使股权回购请求权的异议股东范围，其判断标准并不统一，对于此类公司收购股份的案件审理首先要确定的是主体是否适格，因此应当对股权回购请求权的行使主体进行详细分析。股权回购请求权中的股东是向公司出资或认购公司股份，从而享有股东权利的人。股东资格主要取决于公司章程和股东名册的记载，隐名股东无权主张行使股权回购请求权，即股东资格主要取决于公司章程和股东名册的记载，排斥隐名股东行使该项权利，但其受损利益可以依据其与显名股东的协议向显名股东进行追偿。出资是股东应当履行的法定义务，是取得股权的实质要件，因此出资瑕疵股东完成实际出资缴纳后，也可以行使股权回购请求权。

第三，关于股东股权持有的确定。股权持有的确定是异议股东行使股权回购请求权的前提和必要条件。股东是向公司出资或认购公司股份，从而享有股东权利的人，股东资格主要取决于公司章程和股东名册的记载。一般而言，工商登记中的公司章程记载的股权比例以及出资证明书、股东名册具有较强的证明力，但工商登记不具有设权效力，仅具有证权功能，而这种证权的功能最主要的是体现在公司的对外关系中，在公司内部关系中，如果发生章程记载与出资证明书、股东名册不一致时，抑或与实际出资不一致时，章程对于股权的证明作用将大大降低。根据《中华人民共和国公司法》第四条“有限责任公司的股东以其认缴的出资额为限对公司承担责任”，第四十九条“股东应当按期足额缴纳公司章程中规定的各自所认缴的出资额”的规定可见，公司的资本是公司成立和存续的基础，出资是股东应当履行的法定义务，是取得股权的实质要件。故，在涉及股东与股东之间、股东与公司之间的内部法律关系发生争议时，应重点审查股东是否符合股权取得的实质要件，即是否向公司履行出资义务在处理公司内部事务中，应当以股东实缴出资额为依据。

具体到本案中，原告王某、孙某诉请行使异议股东的股权回购请求权，但其未向本院提交出资证明书、股东名册等能够证明出资的文件，也未提供转账凭证或财务进账记录等能够证明出资的证据，不能证明对该款项已实际出资到位，且2014年7月4日的认缴时间约定为于2024年7月3日前全部缴纳，即使某机械公司曾于2014年7月22日按照12.5%和5.75%给王某、孙某的分红，也不必然地证明两原告已经按照该比例真实出资，故王某、孙某以某机械公司章程中载明的持股比例主张权利的证据不足，其在不能确定股权持有的情形下无权行使股权回购请求权。

编写人：山东省高青县人民法院　苏洪财　段明宏

57

全民所有制企业被吊销营业执照后，其负责人和主管部门对企业债务是否负有清偿责任

——某资产管理公司诉王某、某政府办事处与企业有关的纠纷案

【案件基本信息】

1. 裁判书字号

北京市第二中级人民法院（2023）京02民终7538号民事判决书

2. 案由：与企业有关的纠纷

3. 当事人

原告（上诉人）：某资产管理公司

被告（被上诉人）：王某、某政府办事处

【基本案情】

2004年7月9日，北京市房山区人民法院（以下简称房山法院）针对某银行与甲百货公司、乙百货公司之间的借款合同纠纷作出（2004）房民初字第4290号民事判决：甲百货公司归还某银行本金497万元并支付利息及复利，乙百货公司对前述甲百货公司的债务承担连带清偿责任。

2004年12月20日，房山法院作出（2004）房执字第3320号民事裁定：（2004）房民初字第4290号民事判决书中止执行。2019年9月16日，房山法院作出（2019）京0111执异321号执行裁定：变更为某资产管理公司为上述案件的申请执行人。

乙百货公司为全民所有制企业，其股东为某政府办事处，持股比例为100%。2011年10月7日，北京市工商行政管理局燕山分局作出行政处罚决定：

吊销乙百货公司的营业执照。至开庭审理之日，乙百货公司未办理工商注销登记。

某资产管理公司作为乙百货公司的债权人，向一审法院提起诉讼，认为在乙百货公司被吊销营业执照后，甲百货公司的经理王某、乙百货公司的股东某政府办事处作为清算义务人未及时履行清算义务，致使执行中房产灭失，其债权无法得到清偿，应该承担相应的清偿责任。

【案件焦点】

全民所有制企业被吊销营业执照后，其负责人和主管部门是否系清算义务人，应否依据《中华人民共和国公司法》的规定对其企业债务承担清偿责任。

【法院裁判要旨】

北京市房山区人民法院经审理认为：第一，乙百货公司是全民所有制企业，不适用《中华人民共和国公司法》及相关司法解释。虽然《最高人民法院关于适用〈中华人民共和国公司法〉若干问题的规定（二）》第十八条规定，有限责任公司的股东、股份有限公司的董事和控股股东未在法定期限内成立清算组开始清算，导致公司财产贬值、流失、毁损或者灭失，债权人主张其在造成损失范围内对公司债务承担赔偿责任的，人民法院应依法予以支持。有限责任公司的股东、股份有限公司的董事和控股股东因怠于履行义务，导致公司主要财产、账册、重要文件等灭失，无法进行清算，债权人主张其对公司债务承担连带清偿责任的，人民法院应依法予以支持。上述情形系实际控制人原因造成，债权人主张实际控制人对公司债务承担相应民事责任的，人民法院应依法予以支持。但根据《中华人民共和国公司法》第二条的规定，本法所称公司是指依照本法在中国境内设立的有限责任公司和股份有限公司。本案中，乙百货公司经济性质系全民所有制，并非有限责任公司和股份有限公司。《中华人民共和国全民所有制工业企业法》第二条规定，全民所有制工业企业是依法自主经营、自负盈亏、独立核算的社会主义商品生产的经营单位。故，全民所有制企业并不属于公司法调整范畴，某资产管理公司依据公司法相关规定要求某政府办事处及王某承担怠于清算的清偿责任，缺乏依据。

根据《中华人民共和国全民所有制工业企业法》第十九条、第二十条以及《全民所有制工业企业转换经营机制条例》第三十六条规定，企业经停产整顿仍然达不到扭亏目标，并且无法实行合并的，以及因其他原因应当终止的，在保证清偿债务的前提下，由政府主管部门提出，经省级政府或者国务院主管部门批准，可以依法予以解散。企业解散，由政府主管部门指定成立的清算组进行清算。本案中，原告认为乙百货公司被吊销营业执照后，某政府办事处及王某负有清算义务而未及时清算，侵害其合法权益，故要求某政府办事处承担相应清偿责任。根据本案查明的事实，乙百货公司系全民所有制企业，应由政府主管部门指定成立的清算组进行清算。某资产管理公司并未提供证据证明某政府办事处及王某系乙百货公司的清算组，亦没有证据证明某政府办事处及王某作为清算义务人因未及时履行清算义务而给其造成损害。某资产管理公司诉称乙百货公司、乙百货公司名下的房产已经灭失，但未提交充分证据证明。

北京市房山区人民法院依照《中华人民共和国民事诉讼法》第六十七条第一款规定，判决如下：

驳回某资产管理公司的全部诉讼请求。

某资产管理公司不服一审判决，提起上诉。北京市第二中级人民法院同意一审法院裁判意见。

北京市第二中级人民法院依照《中华人民共和国民事诉讼法》第一百七十七条第一款第一项规定，判决如下：

驳回上诉，维持原判。

【法官后语】

全民所有制企业是指企业财产属于全民所有的，依法自主经营、自负盈亏、独立核算的商品生产和经营单位。全民所有制企业系在我国社会发展在一定历史时期特有的产物，在其主管部门或者决策机构未申请清算的，全民所有制企业的债务人能否依据《中华人民共和国公司法》及司法解释的规定，要求主管部门或者负责人承担因未履行清算义务的责任，值得探讨。本案的认定对审理此类问题具有一定的参考价值。

第一，全民所有制企业能否适用《中华人民共和国公司法》相关法律法规及司法解释处理有关的纠纷。

全民所有制企业是我国社会发展一定历史时期的法人存续形式。《中华人民共和国全民所有制工业企业法》第十九条规定其清算需由其政府主管部门规定。而《中华人民共和国公司法》规定，其所称公司是指依照本法在中国境内设立的有限责任公司和股份有限公司，全民所有制企业并非依据公司法设立，也非有限责任公司和股份有限公司，而是依据原《中华人民共和国民法通则》设立的全民所有制企业法人，故全民所有制企业并不属于公司法调整的对象。企业债务人依据《中华人民共和国公司法》中关于清算的规定要求其主管部门和负责人承担未履行清算义务带来的损失，缺乏请求权的基础。

第二，全民所有制企业的主管部门和负责人是否负有清算义务，并承担未履行清算义务给债权人带来的损失。

全民所有制企业被吊销营业执照后长期不清算的，清算义务人如何确定，负责人、主管部门对企业债务是否负有赔偿责任，以及如何选择法律适用在实践中存在争议。《中华人民共和国民法典》对法人的解散和清算义务人作出了规定，但未规定全民所有制企业的主管部门为清算义务人，对于法律和行政法规另有规定的，仍应依照其规定。《中华人民共和国全民所有制工业企业法》对于主管部门怠于履行清算义务如何承担责任未作出规定。因此，在特别法没有规定的情况下，应适用一般法。依据《中华人民共和国民法典》第七十条第三款的规定，清算义务人因未履行清算义务，造成损害的，应当承担民事责任。政府主管部门在全民所有制企业陷入僵局之后，应该主动申请批准，成立清算组进行清算。企业债务人要求承担主管机构承担清偿责任的，应根据侵权责任理论，对造成损失的因果关系举证证明。

本案中，全民所有制企业乙百货公司的营业执照被吊销后，其名下仍有房产可供执行，某资产管理公司亦未能举证证明某政府办事处怠于履行清算义务对其债务造成了损失，因此应当承担举证不能的法律后果。

编写人：北京市房山区人民法院　王嘉
北京市第四中级人民法院　王同鑫

ISBN 978-7-5216-5064-8

图书在版编目（CIP）数据

中国法院2025年度案例. 公司纠纷 / 国家法官学院，最高人民法院司法案例研究院编. -- 北京 : 中国法治出版社，2025. 5. -- ISBN 978-7-5216-5064-8

Ⅰ. D920. 5

中国国家版本馆CIP数据核字第2025FG4601号

策划编辑：李小草　韩璐玮　白天园

责任编辑：贺鹏娟

封面设计：李宁

中国法院2025年度案例. 公司纠纷

ZHONGGUO FAYUAN 2025 NIANDU ANLI. GONGSI JIUFEN

编者/国家法官学院，最高人民法院司法案例研究院

经销/新华书店

印刷/三河市紫恒印装有限公司

开本/730毫米×1030毫米　16开

印张/ 19. 75　字数/ 239千

版次/2025年5月第1版

2025年5月第1次印刷

中国法治出版社出版

书号 ISBN 978-7-5216-5064-8

定价：68. 00元

北京市西城区西便门西里甲16号西便门办公区

邮政编码：100053

传真：010-63141600

网址：http：//www. zgfzs. com

编辑部电话：010-63141791

市场营销部电话：010-63141612

印务部电话：010-63141606

（如有印装质量问题，请与本社印务部联系。）